全国普法学习读本

最新农村发展法律法规读本

土地使用法律法规学习读本

土地承包经营法律法规

李 勇 主编

加大全民普法力度，建设社会主义法治文化，树立宪法法律至上、法律面前人人平等的法治理念。
——中国共产党第十九次全国代表大会《决胜全面建成小康社会 夺取新时代中国特色社会主义伟大胜利》

汕头大学出版社

图书在版编目（CIP）数据

土地承包经营法律法规/李勇主编. -- 汕头：汕头大学出版社，2023.4（重印）

（土地使用法律法规学习读本）

ISBN 978-7-5658-3671-8

Ⅰ.①土… Ⅱ.①李… Ⅲ.①农村土地承包法-基本知识-中国 Ⅳ.①D922.304

中国版本图书馆 CIP 数据核字（2018）第 143183 号

土地承包经营法律法规　TUDI CHENGBAO JINGYING FALÜ FAGUI

主　　编：	李　勇
责任编辑：	邹　峰
责任技编：	黄东生
封面设计：	大华文苑
出版发行：	汕头大学出版社
	广东省汕头市大学路 243 号汕头大学校园内　邮政编码：515063
电　　话：	0754-82904613
印　　刷：	三河市元兴印务有限公司
开　　本：	690mm×960mm 1/16
印　　张：	18
字　　数：	226 千字
版　　次：	2018 年 7 月第 1 版
印　　次：	2023 年 4 月第 2 次印刷
定　　价：	59.60 元（全 2 册）

ISBN 978-7-5658-3671-8

版权所有，翻版必究
如发现印装质量问题，请与承印厂联系退换

前　言

习近平总书记指出："推进全民守法，必须着力增强全民法治观念。要坚持把全民普法和守法作为依法治国的长期基础性工作，采取有力措施加强法制宣传教育。要坚持法治教育从娃娃抓起，把法治教育纳入国民教育体系和精神文明创建内容，由易到难、循序渐进不断增强青少年的规则意识。要健全公民和组织守法信用记录，完善守法诚信褒奖机制和违法失信行为惩戒机制，形成守法光荣、违法可耻的社会氛围，使遵法守法成为全体人民共同追求和自觉行动。"

中共中央、国务院曾经转发了中央宣传部、司法部关于在公民中开展法治宣传教育的规划，并发出通知，要求各地区各部门结合实际认真贯彻执行。通知指出，全民普法和守法是依法治国的长期基础性工作。深入开展法治宣传教育，是全面建成小康社会和新农村的重要保障。

普法规划指出：各地区各部门要根据实际需要，从不同群体的特点出发，因地制宜开展有特色的法治宣传教育坚持集中法治宣传教育与经常性法治宣传教育相结合，深化法律进机关、进乡村、进社区、进学校、进企业、进单位的"法律六进"主题活动，完善工作标准，建立长效机制。

特别是农业、农村和农民问题，始终是关系党和人民事业发展的全局性和根本性问题。党中央、国务院发布的《关于推进社会主义新农村建设的若干意见》中明确提出要"加强农村法制建设，深入开展农村普法教育，增强农民的法制观念，提高农民依法行使权利和履行义务的自觉性。"多年普法实践证明，普及法律知识，提高法制观念，增强全社会依法办事意识具有重要作用。特别是在广大农村进行普法教育，是提高全民法律素质的需要。

多年来，我国在农村实行的改革开放取得了极大成功，农村发生了翻天覆地的变化，广大农民生活水平大大得到了提高。但是，由于历史和社会等原因，现阶段我国一些地区农民文化素质还不高，不学法、不懂法、不守法现象虽然较原来有所改变，但仍有相当一部分群众的法制观念仍很淡化，不懂、不愿借助法律来保护自身权益，这就极易受到不法的侵害，或极易进行违法犯罪活动，严重阻碍了全面建成小康社会和新农村步伐。

为此，根据党和政府的指示精神以及普法规划，特别是根据广大农村农民的现状，在有关部门和专家的指导下，特别编辑了这套《全国普法学习读本》。主要包括了广大人民群众应知应懂、实际实用的法律法规。为了辅导学习，附录还收入了相应法律法规的条例准则、实施细则、解读解答、案例分析等；同时为了突出法律法规的实际实用特点，兼顾地方性和特殊性，附录还收入了部分某些地方性法律法规以及非法律法规的政策文件、管理制度、应用表格等内容，拓展了本书的知识范围，使法律法规更"接地气"，便于读者学习掌握和实际应用。

在众多法律法规中，我们通过甄别，淘汰了废止的，精选了最新的、权威的和全面的。但有部分法律法规有些条款不适应当下情况了，却没有颁布新的，我们又不能擅自改动，只得保留原有条款，但附录却有相应的补充修改意见或通知等。众多法律法规根据不同内容和受众特点，经过归类组合，优化配套。整套普法读本非常全面系统，具有很强的学习性、实用性和指导性，非常适合用于广大农村和城乡普法学习教育与实践指导。总之，是全国全民普法的良好读本。

目 录

中华人民共和国农村土地承包法

第一章　总　则 …………………………………………（1）
第二章　家庭承包 …………………………………………（3）
第三章　其他方式的承包 …………………………………（9）
第四章　争议的解决和法律责任 …………………………（10）
第五章　附　则 ……………………………………………（12）
附　录
　中华人民共和国农村土地承包经营权证管理办法 ……（13）
　关于完善农村土地所有权承包权经营权分置办法的意见 …（19）
　农村土地《"三权分置"意见》政策解读 ………………（26）
　最高人民法院关于审理涉及农村土地承包纠纷案件
　　适用法律问题的解释 …………………………………（37）

农村土地承包经营权流转管理办法

第一章　总　则 ……………………………………………（44）
第二章　流转当事人 ………………………………………（45）
第三章　流转方式 …………………………………………（46）
第四章　流转合同 …………………………………………（47）
第五章　流转管理 …………………………………………（48）
第六章　附　则 ……………………………………………（49）

— 1 —

附 录

关于引导农村土地经营权有序流转发展农业适度
规模经营的意见 …………………………………（51）
关于认真做好农村土地承包经营权确权
登记颁证工作的意见 ……………………………（65）
农村土地承包经营权确权登记颁证档案管理办法 ………（75）
农村土地承包经营权确权登记颁证成果检查
验收办法（试行）…………………………………（79）
国务院办公厅关于引导农村产权流转交易市场
健康发展的意见 …………………………………（85）
农村土地经营权流转交易市场运行规范（试行）………（91）
国家林业局关于规范集体林权流转市场运行的意见 ……（98）

中华人民共和国农村土地承包
经营纠纷调解仲裁法

第一章　总　　则 ……………………………………（103）
第二章　调　　解 ……………………………………（104）
第三章　仲　　裁 ……………………………………（105）
第四章　附　　则 ……………………………………（113）
附　录
农村土地承包经营纠纷仲裁规则 ……………………（114）
农村土地承包仲裁委员会示范章程 …………………（128）
最高人民法院关于审理涉及农村土地承包经营
纠纷调解仲裁案件适用法律若干问题的解释 ………（132）
农业部关于加强基层农村土地承包调解体系建设的意见 …（135）

中华人民共和国农村土地承包法

中华人民共和国主席令
第十八号

《全国人民代表大会常务委员会关于修改部分法律的决定》已由中华人民共和国第十一届全国人民代表大会常务委员会第十次会议于2009年8月27日通过，现予公布，自公布之日起施行。

中华人民共和国主席　胡锦涛
2009年8月27日

（2002年8月29日第九届全国人民代表大会常务委员会第二十九次会议通过；根据2009年8月27日第十一届全国人民代表大会常务委员会第十次会议《关于修改部分法律的决定》修改）

第一章　总　　则

第一条　为稳定和完善以家庭承包经营为基础、统分结合的双层经营体制，赋予农民长期而有保障的土地使用权，维护农村土地承包当事人的合法权益，促进农业、农村经济发展和农村社会稳定，根据宪法，制定本法。

第二条 本法所称农村土地，是指农民集体所有和国家所有依法由农民集体使用的耕地、林地、草地，以及其他依法用于农业的土地。

第三条 国家实行农村土地承包经营制度。

农村土地承包采取农村集体经济组织内部的家庭承包方式，不宜采取家庭承包方式的荒山、荒沟、荒丘、荒滩等农村土地，可以采取招标、拍卖、公开协商等方式承包。

第四条 国家依法保护农村土地承包关系的长期稳定。

农村土地承包后，土地的所有权性质不变。承包地不得买卖。

第五条 农村集体经济组织成员有权依法承包由本集体经济组织发包的农村土地。

任何组织和个人不得剥夺和非法限制农村集体经济组织成员承包土地的权利。

第六条 农村土地承包，妇女与男子享有平等的权利。承包中应当保护妇女的合法权益，任何组织和个人不得剥夺、侵害妇女应当享有的土地承包经营权。

第七条 农村土地承包应当坚持公开、公平、公正的原则，正确处理国家、集体、个人三者的利益关系。

第八条 农村土地承包应当遵守法律、法规，保护土地资源的合理开发和可持续利用。未经依法批准不得将承包地用于非农建设。

国家鼓励农民和农村集体经济组织增加对土地的投入，培肥地力，提高农业生产能力。

第九条 国家保护集体土地所有者的合法权益，保护承包方的土地承包经营权，任何组织和个人不得侵犯。

第十条 国家保护承包方依法、自愿、有偿地进行土地承包经营权流转。

第十一条 国务院农业、林业行政主管部门分别依照国务院规定的职责负责全国农村土地承包及承包合同管理的指导。县级以上地方人民政府农业、林业等行政主管部门分别依照各自职责，负责本行政区域内农村土地承包及承包合同管理。乡（镇）人民政府负责本行政区域内农村土地承包及承包合同管理。

第二章 家庭承包

第一节 发包方和承包方的权利和义务

第十二条 农民集体所有的土地依法属于村农民集体所有的，由村集体经济组织或者村民委员会发包；已经分别属于村内两个以上农村集体经济组织的农民集体所有的，由村内各该农村集体经济组织或者村民小组发包。村集体经济组织或者村民委员会发包的，不得改变村内各集体经济组织农民集体所有的土地的所有权。

国家所有依法由农民集体使用的农村土地，由使用该土地的农村集体经济组织、村民委员会或者村民小组发包。

第十三条 发包方享有下列权利：

（一）发包本集体所有的或者国家所有依法由本集体使用的农村土地；

（二）监督承包方依照承包合同约定的用途合理利用和保护土地；

（三）制止承包方损害承包地和农业资源的行为；

（四）法律、行政法规规定的其他权利。

第十四条 发包方承担下列义务：

（一）维护承包方的土地承包经营权，不得非法变更、解除承包合同；

（二）尊重承包方的生产经营自主权，不得干涉承包方依法进行正常的生产经营活动；

（三）依照承包合同约定为承包方提供生产、技术、信息等服务；

（四）执行县、乡（镇）土地利用总体规划，组织本集体经济组织内的农业基础设施建设；

（五）法律、行政法规规定的其他义务。

第十五条 家庭承包的承包方是本集体经济组织的农户。

第十六条 承包方享有下列权利：

（一）依法享有承包地使用、收益和土地承包经营权流转的权利，有权自主组织生产经营和处置产品；

（二）承包地被依法征收、征用、占用的，有权依法获得相应的补偿；

（三）法律、行政法规规定的其他权利。

第十七条 承包方承担下列义务：

（一）维持土地的农业用途，不得用于非农建设；

（二）依法保护和合理利用土地，不得给土地造成永久性损害；

（三）法律、行政法规规定的其他义务。

第二节 承包的原则和程序

第十八条 土地承包应当遵循以下原则：

（一）按照规定统一组织承包时，本集体经济组织成员依法平等地行使承包土地的权利，也可以自愿放弃承包土地的权利；

（二）民主协商，公平合理；

（三）承包方案应当按照本法第十二条的规定，依法经本集体经济组织成员的村民会议三分之二以上成员或者三分之二以上村民代表的同意；

（四）承包程序合法。

第十九条 土地承包应当按照以下程序进行：

（一）本集体经济组织成员的村民会议选举产生承包工作小组；

（二）承包工作小组依照法律、法规的规定拟订并公布承包方案；

（三）依法召开本集体经济组织成员的村民会议，讨论通过承包方案；

（四）公开组织实施承包方案；

（五）签订承包合同。

第三节　承包期限和承包合同

第二十条 耕地的承包期为三十年。草地的承包期为三十年至五十年。林地的承包期为三十年至七十年；特殊林木的林地承包期，经国务院林业行政主管部门批准可以延长。

第二十一条 发包方应当与承包方签订书面承包合同。

承包合同一般包括以下条款：

（一）发包方、承包方的名称，发包方负责人和承包方代表的姓名、住所；

（二）承包土地的名称、坐落、面积、质量等级；

（三）承包期限和起止日期；

（四）承包土地的用途；

（五）发包方和承包方的权利和义务；

（六）违约责任。

第二十二条 承包合同自成立之日起生效。承包方自承包合同生效时取得土地承包经营权。

第二十三条 县级以上地方人民政府应当向承包方颁发土地承包经营权证或者林权证等证书，并登记造册，确认土地承包经营权。

颁发土地承包经营权证或者林权证等证书，除按规定收取证书工本费外，不得收取其他费用。

第二十四条 承包合同生效后，发包方不得因承办人或者负责人的变动而变更或者解除，也不得因集体经济组织的分立或者合并而变更或者解除。

第二十五条 国家机关及其工作人员不得利用职权干涉农村土地承包或者变更、解除承包合同。

第四节 土地承包经营权的保护

第二十六条 承包期内，发包方不得收回承包地。

承包期内，承包方全家迁入小城镇落户的，应当按照承包方的意愿，保留其土地承包经营权或者允许其依法进行土地承包经营权流转。

承包期内，承包方全家迁入设区的市，转为非农业户口的，应当将承包的耕地和草地交回发包方。承包方不交回的，发包方可以收回承包的耕地和草地。

承包期内，承包方交回承包地或者发包方依法收回承包地时，承包方对其在承包地上投入而提高土地生产能力的，有权获得相应的补偿。

第二十七条 承包期内，发包方不得调整承包地。

承包期内，因自然灾害严重毁损承包地等特殊情形对个别农户之间承包的耕地和草地需要适当调整的，必须经本集体经济组织成员的村民会议三分之二以上成员或者三分之二以上村民代表的同意，并报乡（镇）人民政府和县级人民政府农业等行政主管部门批准。承包合同中约定不得调整的，按照其约定。

第二十八条 下列土地应当用于调整承包土地或者承包给新增人口：

（一）集体经济组织依法预留的机动地；

（二）通过依法开垦等方式增加的；

（三）承包方依法、自愿交回的。

第二十九条 承包期内，承包方可以自愿将承包地交回发包方。承包方自愿交回承包地的，应当提前半年以书面形式通知发包方。承包方在承包期内交回承包地的，在承包期内不得再要求承包土地。

第三十条 承包期内，妇女结婚，在新居住地未取得承包地的，发包方不得收回其原承包地；妇女离婚或者丧偶，仍在原居住地生活或者不在原居住地生活但在新居住地未取得承包地的，发包方不得收回其原承包地。

第三十一条 承包人应得的承包收益，依照继承法的规定继承。

林地承包的承包人死亡，其继承人可以在承包期内继续承包。

第五节　土地承包经营权的流转

第三十二条 通过家庭承包取得的土地承包经营权可以依法采取转包、出租、互换、转让或者其他方式流转。

第三十三条 土地承包经营权流转应当遵循以下原则：

（一）平等协商、自愿、有偿，任何组织和个人不得强迫或者阻碍承包方进行土地承包经营权流转；

（二）不得改变土地所有权的性质和土地的农业用途；

（三）流转的期限不得超过承包期的剩余期限；

（四）受让方须有农业经营能力；

（五）在同等条件下，本集体经济组织成员享有优先权。

第三十四条 土地承包经营权流转的主体是承包方。承包方有权依法自主决定土地承包经营权是否流转和流转的方式。

第三十五条 承包期内，发包方不得单方面解除承包合同，不得假借少数服从多数强迫承包方放弃或者变更土地承包经营权，不得以划分"口粮田"和"责任田"等为由收回承包地搞招标承包，不得将承包地收回抵顶欠款。

第三十六条 土地承包经营权流转的转包费、租金、转让费等，应当由当事人双方协商确定。流转的收益归承包方所有，任何组织和个人不得擅自截留、扣缴。

第三十七条 土地承包经营权采取转包、出租、互换、转让或者其他方式流转，当事人双方应当签订书面合同。采取转让方式流转的，应当经发包方同意；采取转包、出租、互换或者其他方式流转的，应当报发包方备案。

土地承包经营权流转合同一般包括以下条款：

（一）双方当事人的姓名、住所；

（二）流转土地的名称、坐落、面积、质量等级；

（三）流转的期限和起止日期；

（四）流转土地的用途；

（五）双方当事人的权利和义务；

（六）流转价款及支付方式；

（七）违约责任。

第三十八条 土地承包经营权采取互换、转让方式流转，当事人要求登记的，应当向县级以上地方人民政府申请登记。未经登记，不得对抗善意第三人。

第三十九条 承包方可以在一定期限内将部分或者全部土地承

包经营权转包或者出租给第三方，承包方与发包方的承包关系不变。

承包方将土地交由他人代耕不超过一年的，可以不签订书面合同。

第四十条　承包方之间为方便耕种或者各自需要，可以对属于同一集体经济组织的土地的土地承包经营权进行互换。

第四十一条　承包方有稳定的非农职业或者有稳定的收入来源的，经发包方同意，可以将全部或者部分土地承包经营权转让给其他从事农业生产经营的农户，由该农户同发包方确立新的承包关系，原承包方与发包方在该土地上的承包关系即行终止。

第四十二条　承包方之间为发展农业经济，可以自愿联合将土地承包经营权入股，从事农业合作生产。

第四十三条　承包方对其在承包地上投入而提高土地生产能力的，土地承包经营权依法流转时有权获得相应的补偿。

第三章　其他方式的承包

第四十四条　不宜采取家庭承包方式的荒山、荒沟、荒丘、荒滩等农村土地，通过招标、拍卖、公开协商等方式承包的，适用本章规定。

第四十五条　以其他方式承包农村土地的，应当签订承包合同。当事人的权利和义务、承包期限等，由双方协商确定。以招标、拍卖方式承包的，承包费通过公开竞标、竞价确定；以公开协商等方式承包的，承包费由双方议定。

第四十六条　荒山、荒沟、荒丘、荒滩等可以直接通过招标、拍卖、公开协商等方式实行承包经营，也可以将土地承包经营权折股分给本集体经济组织成员后，再实行承包经营或者股份合作经营。

承包荒山、荒沟、荒丘、荒滩的，应当遵守有关法律、行政法规的规定，防止水土流失，保护生态环境。

第四十七条　以其他方式承包农村土地，在同等条件下，本集体经济组织成员享有优先承包权。

第四十八条　发包方将农村土地发包给本集体经济组织以外的单位或者个人承包，应当事先经本集体经济组织成员的村民会议三分之二以上成员或者三分之二以上村民代表的同意，并报乡（镇）人民政府批准。

由本集体经济组织以外的单位或者个人承包的，应当对承包方的资信情况和经营能力进行审查后，再签订承包合同。

第四十九条　通过招标、拍卖、公开协商等方式承包农村土地，经依法登记取得土地承包经营权证或者林权证等证书的，其土地承包经营权可以依法采取转让、出租、入股、抵押或者其他方式流转。

第五十条　土地承包经营权通过招标、拍卖、公开协商等方式取得的，该承包人死亡，其应得的承包收益，依照继承法的规定继承；在承包期内，其继承人可以继续承包。

第四章　争议的解决和法律责任

第五十一条　因土地承包经营发生纠纷的，双方当事人可以通过协商解决，也可以请求村民委员会、乡（镇）人民政府等调解解决。

当事人不愿协商、调解或者协商、调解不成的，可以向农村土地承包仲裁机构申请仲裁，也可以直接向人民法院起诉。

第五十二条　当事人对农村土地承包仲裁机构的仲裁裁决不服的，可以在收到裁决书之日起三十日内向人民法院起诉。逾期不起诉的，裁决书即发生法律效力。

第五十三条 任何组织和个人侵害承包方的土地承包经营权的，应当承担民事责任。

第五十四条 发包方有下列行为之一的，应当承担停止侵害、返还原物、恢复原状、排除妨害、消除危险、赔偿损失等民事责任：

（一）干涉承包方依法享有的生产经营自主权；

（二）违反本法规定收回、调整承包地；

（三）强迫或者阻碍承包方进行土地承包经营权流转；

（四）假借少数服从多数强迫承包方放弃或者变更土地承包经营权而进行土地承包经营权流转；

（五）以划分"口粮田"和"责任田"等为由收回承包地搞招标承包；

（六）将承包地收回抵顶欠款；

（七）剥夺、侵害妇女依法享有的土地承包经营权；

（八）其他侵害土地承包经营权的行为。

第五十五条 承包合同中违背承包方意愿或者违反法律、行政法规有关不得收回、调整承包地等强制性规定的约定无效。

第五十六条 当事人一方不履行合同义务或者履行义务不符合约定的，应当依照《中华人民共和国合同法》的规定承担违约责任。

第五十七条 任何组织和个人强迫承包方进行土地承包经营权流转的，该流转无效。

第五十八条 任何组织和个人擅自截留、扣缴土地承包经营权流转收益的，应当退还。

第五十九条 违反土地管理法规，非法征收、征用、占用土地或者贪污、挪用土地征用补偿费用，构成犯罪的，依法追究刑事责任；造成他人损害的，应当承担损害赔偿等责任。

第六十条 承包方违法将承包地用于非农建设的，由县级以上地方人民政府有关行政主管部门依法予以处罚。

承包方给承包地造成永久性损害的，发包方有权制止，并有权要求承包方赔偿由此造成的损失。

第六十一条 国家机关及其工作人员有利用职权干涉农村土地承包，变更、解除承包合同，干涉承包方依法享有的生产经营自主权，或者强迫、阻碍承包方进行土地承包经营权流转等侵害土地承包经营权的行为，给承包方造成损失的，应当承担损害赔偿等责任；情节严重的，由上级机关或者所在单位给予直接责任人员行政处分；构成犯罪的，依法追究刑事责任。

第五章 附 则

第六十二条 本法实施前已经按照国家有关农村土地承包的规定承包，包括承包期限长于本法规定的，本法实施后继续有效，不得重新承包土地。未向承包方颁发土地承包经营权证或者林权证等证书的，应当补发证书。

第六十三条 本法实施前已经预留机动地的，机动地面积不得超过本集体经济组织耕地总面积的百分之五。不足百分之五的，不得再增加机动地。

本法实施前未留机动地的，本法实施后不得再留机动地。

第六十四条 各省、自治区、直辖市人民代表大会常务委员会可以根据本法，结合本行政区域的实际情况，制定实施办法。

第六十五条 本法自2003年3月1日起施行。

附 录

中华人民共和国农村土地承包经营权证管理办法

中华人民共和国农业部令

第 33 号

《中华人民共和国农村土地承包经营权证管理办法》已于 2003 年 10 月 9 日农业部第 23 次常务会议审议通过，现予发布，从 2004 年 1 月 1 日起实施。

农业部部长
二〇〇三年十一月十四日

第一条 为稳定和完善农村土地承包关系，维护承包方依法取得的土地承包经营权，加强农村土地承包经营权证管理，根据《中华人民共和国农村土地承包法》，制定本办法。

第二条 农村土地承包经营权证是农村土地承包合同生效后，国家依法确认承包方享有土地承包经营权的法律凭证。

农村土地承包经营权证只限承包方使用。

第三条 承包耕地、园地、荒山、荒沟、荒丘、荒滩等农村土地从事种植业生产活动，承包方依法取得农村土地承包经营权后，应颁发农村土地承包经营权证予以确认。

承包草原、水面、滩涂从事养殖业生产活动的，依照《中华人民共和国草原法》、《中华人民共和国渔业法》等有关规定确权发证。

第四条 实行家庭承包经营的承包方，由县级以上地方人民政府颁发农村土地承包经营权证。

实行其它方式承包经营的承包方，经依法登记，由县级以上地方人民政府颁发农村土地承包经营权证。

县级以上地方人民政府农业行政主管部门负责农村土地承包经营权证的备案、登记、发放等具体工作。

第五条 农村土地承包经营权证所载明的权利有效期限，应与依法签订的土地承包合同约定的承包期一致。

第六条 农村土地承包经营权证应包括以下内容：

（一）名称和编号；

（二）发证机关及日期；

（三）承包期限和起止日期；

（四）承包土地名称、坐落、面积、用途；

（五）农村土地承包经营权变动情况；

（六）其他应当注明的事项。

第七条 实行家庭承包的，按下列程序颁发农村土地承包经营权证：

（一）土地承包合同生效后，发包方应在30个工作日内，将土地承包方案、承包方及承包土地的详细情况、土地承包合同等材料一式两份报乡（镇）人民政府农村经营管理部门。

（二）乡（镇）人民政府农村经营管理部门对发包方报送的材料予以初审。材料符合规定的，及时登记造册，由乡（镇）人民政府向县级以上地方人民政府提出颁发农村土地承包经营权证的书面申请；材料不符合规定的，应在15个工作日内补正。

（三）县级以上地方人民政府农业行政主管部门对乡（镇）人民政府报送的申请材料予以审核。申请材料符合规定的，编制农村土地承包经营权证登记簿，报同级人民政府颁发农村土地承包经营权证；申请材料不符合规定的，书面通知乡（镇）人民政府补正。

第八条　实行招标、拍卖、公开协商等方式承包农村土地的，按下列程序办理农村土地承包经营权证：

（一）土地承包合同生效后，承包方填写农村土地承包经营权证登记申请书，报承包土地所在乡（镇）人民政府农村经营管理部门。

（二）乡（镇）人民政府农村经营管理部门对发包方和承包方的资格、发包程序、承包期限、承包地用途等予以初审，并在农村土地承包经营权证登记申请书上签署初审意见。

（三）承包方持乡（镇）人民政府初审通过的农村土地承包经营权登记申请书，向县级以上地方人民政府申请农村土地承包经营权证登记。

（四）县级以上地方人民政府农业行政主管部门对登记申请予以审核。申请材料符合规定的，编制农村土地承包经营权证登记簿，报请同级人民政府颁发农村土地承包经营权证；申请材料不符合规定的，书面通知申请人补正。

第九条　农村土地承包经营权证登记簿记载农村土地承包经营权的基本内容。农村土地承包经营权证、农村土地承包合同、农村土地承包经营权证登记簿记载的事项应一致。

第十条　农村土地承包经营权证登记簿、承包合同登记及其他登记材料，由县级以上地方农业行政主管部门管理。

农村土地承包方有权查阅、复制农村土地承包经营权证登记簿和其他登记材料。县级以上农业行政主管部门不得限制和阻挠。

第十一条　农村土地承包当事人认为农村土地承包经营权证和登记簿记载错误的，有权申请更正。

第十二条　乡（镇）农村经营管理部门和县级以上地方人民政府农业行政主管部门在办理农村土地承包经营权证过程中应当履行下列职责：

（一）查验申请人提交的有关材料；

（二）就有关登记事项询问申请人；

（三）如实、及时地登记有关事项；

（四）需要实地查看的，应进行查验。在实地查验过程中，申请人有义务给予协助。

第十三条　乡（镇）人民政府农村经营管理部门领取农村土地承包经营权证后，应在30个工作日内将农村土地承包经营权证发给承包方。发包方不得为承包方保存农村土地承包经营权证。

第十四条　承包期内，承包方采取转包、出租、入股方式流转土地承包经营权的，不须办理农村土地承包经营权证变更。

采取转让、互换方式流转土地承包经营权的，当事人可以要求办理农村土地承包经营权证变更登记。

因转让、互换以外的其他方式导致农村土地承包经营权分立、合并的，应当办理农村土地承包经营权证变更。

第十五条　办理农村土地承包经营权变更申请应提交以下材料：

（一）变更的书面请求；

（二）已变更的农村土地承包合同或其它证明材料；

（三）农村土地承包经营权证原件。

第十六条　乡（镇）人民政府农村经营管理部门受理变更申请后，应及时对申请材料进行审核。符合规定的，报请原发证机关办理变更手续，并在农村土地承包经营权证登记簿上记载。

第十七条　农村土地承包经营权证严重污损、毁坏、遗失的，承包方应向乡（镇）人民政府农村经营管理部门申请换发、补发。

经乡（镇）人民政府农村经营管理部门审核后，报请原发证机关办理换发、补发手续。

第十八条　办理农村土地承包经营权证换发、补发手续，应以农村土地经营权证登记簿记载的内容为准。

第十九条　农村土地承包经营权证换发、补发，应当在农村土地承包经营权证上注明"换发"、"补发"字样。

第二十条　承包期内，发生下列情形之一的，应依法收回农村土地承包经营权证：

（一）承包期内，承包方全家迁入设区的市，转为非农业户口的。

（二）承包期内，承包方提出书面申请，自愿放弃全部承包土地的。

（三）承包土地被依法征用、占用，导致农村土地承包经营权全部丧失的。

（四）其他收回土地承包经营权证的情形。

第二十一条　符合本办法第二十条规定，承包方无正当理由拒绝交回农村土地承包经营权证的，由原发证机关注销该证（包括编号），并予以公告。

第二十二条　收回的农村土地承包经营权证，应退回原发证机关，加盖"作废"章。

第二十三条　县级人民政府农业行政主管部门和乡（镇）人民政府要完善农村土地承包方案、农村土地承包合同、农村土地承包经营权证及其相关文件档案的管理制度，建立健全农村土地承包信息化管理系统。

第二十四条　地方各级人民政府农业行政主管部门要加强对农

村土地承包经营权证的发放管理，确保农村土地承包经营权证全部落实到户。

第二十五条 对不按规定及时发放农村土地承包经营权证的责任人，予以批评教育；造成严重后果的，应追究行政责任。

第二十六条 颁发农村土地承包经营权证，除工本费外，不得向承包方收取任何费用。

农村土地承包经营权证工本费的支出要严格执行国家有关财务管理的规定。

第二十七条 本办法实施以前颁发的农村土地承包经营权证，符合《农村土地承包法》有关规定，并已加盖县级以上地方人民政府印章的，继续有效。个别条款如承包期限、承包方承担义务等违反《农村土地承包法》规定的，该条款无效，是否换发新证，由承包方决定。

未加盖县级以上地方人民政府印章的，应按本《办法》规定重新颁发。重新颁发农村土地承包经营权证，土地承包期限应符合《农村土地承包法》的有关规定，不得借机调整土地。

第二十八条 农村土地承包经营权证由农业部监制，由省级人民政府农业行政主管部门统一组织印制，加盖县级以上地方人民政府印章。

第二十九条 本办法由农业部负责解释。

第三十条 本办法自2004年1月1日起正式施行。

关于完善农村土地所有权承包权经营权分置办法的意见

(新华社北京 2016 年 10 月 30 日电)

近日,中共中央办公厅、国务院办公厅印发了《关于完善农村土地所有权承包权经营权分置办法的意见》,并发出通知,要求各地区各部门结合实际认真贯彻落实。

《关于完善农村土地所有权承包权经营权分置办法的意见》主要内容如下。

为进一步健全农村土地产权制度,推动新型工业化、信息化、城镇化、农业现代化同步发展,现就完善农村土地所有权、承包权、经营权分置(以下简称"三权分置")办法提出以下意见。

一、重要意义

改革开放之初,在农村实行家庭联产承包责任制,将土地所有权和承包经营权分设,所有权归集体,承包经营权归农户,极大地调动了亿万农民积极性,有效解决了温饱问题,农村改革取得重大成果。现阶段深化农村土地制度改革,顺应农民保留土地承包权、流转土地经营权的意愿,将土地承包经营权分为承包权和经营权,实行所有权、承包权、经营权(以下简称"三权")分置并行,着力推进农业现代化,是继家庭联产承包责任制后农村改革又一重大制度创新。"三权分置"是农村基本经营制度的自我完善,符合生产关系适应生产力发展的客观规律,展现了农村基本经营制度的持久活力,有利于明晰土地产权关系,更好地维护农民集体、承包农户、经营主体的权益;有利于促进土地资源合理利用,构建新型农业经营体系,发展多种形式适度规模经营,提高土地产出率、劳动生产率和资源利用率，推动现代农业发展。各地区各有关部门要充分认识"三权分置"的重要意义，妥善处理"三权"的相互关系，正确运用"三权分置"理论指导改革实践，不断探索和丰富"三权分置"的具体实现形式。

二、总体要求

（一）指导思想。全面贯彻党的十八大和十八届三中、四中、五中全会精神，深入学习贯彻习近平总书记系列重要讲话精神，紧紧围绕统筹推进"五位一体"总体布局和协调推进"四个全面"战略布局，牢固树立新发展理念，认真落实党中央、国务院决策部署，围绕正确处理农民和土地关系这一改革主线，科学界定"三权"内涵、权利边界及相互关系，逐步建立规范高效的"三权"运行机制，不断健全归属清晰、权能完整、流转顺畅、保护严格的农村土地产权制度，优化土地资源配置，培育新型经营主体，促进适度规模经营发展，进一步巩固和完善农村基本经营制度，为发展现代农业、增加农民收入、建设社会主义新农村提供坚实保障。

（二）基本原则

——尊重农民意愿。坚持农民主体地位，维护农民合法权益，把选择权交给农民，发挥其主动性和创造性，加强示范引导，不搞强迫命令、不搞一刀切。

——守住政策底线。坚持和完善农村基本经营制度，坚持农村土地集体所有，坚持家庭经营基础性地位，坚持稳定土地承包关系，不能把农村土地集体所有制改垮了，不能把耕地改少了，不能把粮食生产能力改弱了，不能把农民利益损害了。

——坚持循序渐进。充分认识农村土地制度改革的长期性和复杂性，保持足够历史耐心，审慎稳妥推进改革，由点及面开展，不操之过急，逐步将实践经验上升为制度安排。

——坚持因地制宜。充分考虑各地资源禀赋和经济社会发展差异，鼓励进行符合实际的实践探索和制度创新，总结形成适合不同地区的"三权分置"具体路径和办法。

三、逐步形成"三权分置"格局

完善"三权分置"办法，不断探索农村土地集体所有制的有效实现形式，落实集体所有权，稳定农户承包权，放活土地经营权，充分发挥"三权"的各自功能和整体效用，形成层次分明、结构合理、平等保护的格局。

(一) 始终坚持农村土地集体所有权的根本地位。农村土地农民集体所有，是农村基本经营制度的根本，必须得到充分体现和保障，不能虚置。土地集体所有权人对集体土地依法享有占有、使用、收益和处分的权利。农民集体是土地集体所有权的权利主体，在完善"三权分置"办法过程中，要充分维护农民集体对承包地发包、调整、监督、收回等各项权能，发挥土地集体所有的优势和作用。农民集体有权依法发包集体土地，任何组织和个人不得非法干预；有权因自然灾害严重毁损等特殊情形依法调整承包地；有权对承包农户和经营主体使用承包地进行监督，并采取措施防止和纠正长期抛荒、毁损土地、非法改变土地用途等行为。承包农户转让土地承包权的，应在本集体经济组织内进行，并经农民集体同意；流转土地经营权的，须向农民集体书面备案。集体土地被征收的，农民集体有权就征地补偿安置方案等提出意见并依法获得补偿。通过建立健全集体经济组织民主议事机制，切实保障集体成员的知情权、决策权、监督权，确保农民集体有效行使集体土地所有权，防止少数人私相授受、谋取私利。

(二) 严格保护农户承包权。农户享有土地承包权是农村基本经营制度的基础，要稳定现有土地承包关系并保持长久不变。土地承包权人对承包土地依法享有占有、使用和收益的权利。农村集体土地由作为本集体经济组织成员的农民家庭承包,不论经营权如何流转,集体土地承包权都属于农民家庭。任何组织和个人都不能取代农民家庭的土地承包地位,都不能非法剥夺和限制农户的土地承包权。在完善"三权分置"办法过程中,要充分维护承包农户使用、流转、抵押、退出承包地等各项权能。承包农户有权占有、使用承包地,依法依规建设必要的农业生产、附属、配套设施,自主组织生产经营和处置产品并获得收益;有权通过转让、互换、出租(转包)、入股或其他方式流转承包地并获得收益,任何组织和个人不得强迫或限制其流转土地;有权依法依规就承包土地经营权设定抵押、自愿有偿退出承包地,具备条件的可以因保护承包地获得相关补贴。承包土地被征收的,承包农户有权依法获得相应补偿,符合条件的有权获得社会保障费用等。不得违法调整农户承包地,不得以退出土地承包权作为农民进城落户的条件。

(三)加快放活土地经营权。赋予经营主体更有保障的土地经营权,是完善农村基本经营制度的关键。土地经营权人对流转土地依法享有在一定期限内占有、耕作并取得相应收益的权利。在依法保护集体所有权和农户承包权的前提下,平等保护经营主体依流转合同取得的土地经营权,保障其有稳定的经营预期。在完善"三权分置"办法过程中,要依法维护经营主体从事农业生产所需的各项权利,使土地资源得到更有效合理的利用。经营主体有权使用流转土地自主从事农业生产经营并获得相应收益,经承包农户同意,可依法依规改良土壤、提升地力,建设农业生产、附属、配套设施,并依照流转合同约定获得合理补偿;有权在流转合同到期后按照同等条件优先续租承包土地。经营主体再流转土地经营权或依法依规设定抵押,须经承包农户或其委托代理人书面同意,并向农民集体书面备案。流转土地被征收的,地上附着物及青苗补偿费应按照流转合同约定确定其归属。承包农户流转出土地经营权的,不应妨碍经营主体行使合法权利。加强对土地经营权的保护，引导土地经营权流向种田能手和新型经营主体。支持新型经营主体提升地力、改善农业生产条件、依法依规开展土地经营权抵押融资。鼓励采用土地股份合作、土地托管、代耕代种等多种经营方式，探索更多放活土地经营权的有效途径。

（四）逐步完善"三权"关系。农村土地集体所有权是土地承包权的前提，农户享有承包经营权是集体所有的具体实现形式，在土地流转中，农户承包经营权派生出土地经营权。支持在实践中积极探索农民集体依法依规行使集体所有权、监督承包农户和经营主体规范利用土地等的具体方式。鼓励在理论上深入研究农民集体和承包农户在承包土地上、承包农户和经营主体在土地流转中的权利边界及相互权利关系等问题。通过实践探索和理论创新，逐步完善"三权"关系，为实施"三权分置"提供有力支撑。

四、确保"三权分置"有序实施

完善"三权分置"办法涉及多方权益，是一个渐进过程和系统性工程，要坚持统筹谋划、稳步推进，确保"三权分置"有序实施。

（一）扎实做好农村土地确权登记颁证工作。确认"三权"权利主体，明确权利归属，稳定土地承包关系，才能确保"三权分置"得以确立和稳步实施。要坚持和完善土地用途管制制度，在集体土地所有权确权登记颁证工作基本完成的基础上，进一步完善相关政策，及时提供确权登记成果，切实保护好农民的集体土地权益。加快推进农村承包地确权登记颁证，形成承包合同网签管理系统，健全承包合同取得权利、登记记载权利、证书证明权利的确权登记制度。提倡通过流转合同鉴证、交易鉴证等多种方式对土地经营权予以确认，促进土地经营权功能更好实现。

（二）建立健全土地流转规范管理制度。规范土地经营权流转交易，因地制宜加强农村产权交易市场建设，逐步实现涉农县（市、区、旗）全覆盖。健全市场运行规范，提高服务水平，为流转双方提供信息发布、产权交易、法律咨询、权益评估、抵押融资等服务。加强流转合同管理，引导流转双方使用合同示范文本。完善工商资本租赁农地监管和风险防范机制，严格准入门槛，确保土地经营权规范有序流转，更好地与城镇化进程和农村劳动力转移规模相适应，与农业科技进步和生产手段改进程度相适应，与农业社会化服务水平相适应。加强农村土地承包经营纠纷调解仲裁体系建设，完善基层农村土地承包调解机制，妥善化解土地承包经营纠纷，有效维护各权利主体的合法权益。

（三）构建新型经营主体政策扶持体系。完善新型经营主体财政、信贷保险、用地、项目扶持等政策。积极创建示范家庭农场、农民专业合作社示范社、农业产业化示范基地、农业示范服务组织，加快培育新型经营主体。引导新型经营主体与承包农户建立紧密利益联结机制，带动普通农户分享农业规模经营收益。支持新型经营主体相互融合，鼓励家庭农场、农民专业合作社、农业产业化龙头企业等联合与合作，依法组建行业组织或联盟。依托现代农业人才支撑计划，健全新型职业农民培育制度。

（四）完善"三权分置"法律法规。积极开展土地承包权有偿退出、土地经营权抵押贷款、土地经营权入股农业产业化经营等试点，总结形成可推广、可复制的做法和经验，在此基础上完善法律制度。加快农村土地承包法等相关法律修订完善工作。认真研究农村集体经济组织、家庭农场发展等相关法律问题。研究健全农村土地经营权流转、抵押贷款和农村土地承包权退出等方面的具体办法。

实施"三权分置"是深化农村土地制度改革的重要举措。各地区各有关部门要认真贯彻本意见要求，研究制定具体落实措施。加大政策宣传力度，统一思想认识，加强干部培训，提高执行政策能力和水平。坚持问题导向，对实践中出现的新情况新问题要密切关注，及时总结，适时调整完善措施。加强工作指导，建立检查监督机制，督促各项任务稳步开展。农业部、中央农办要切实承担起牵头责任，健全沟通协调机制，及时向党中央、国务院报告工作进展情况。各相关部门要主动支持配合，形成工作合力，更好推动"三权分置"有序实施。

农村土地《"三权分置"意见》政策解读

(摘自中华人民共和国国务院新闻办公室网站)

近日,中共中央办公厅、国务院办公厅印发了《关于完善农村土地所有权承包权经营权分置办法的意见》(以下简称《"三权分置"意见》)。国务院新闻办公室于2016年11月3日上午举行新闻发布会,农业部部长韩长赋,农村经济体制与经营管理司司长张红宇介绍《意见》有关情况,回答记者提问,从《"三权分置"意见》的重要意义、主要内容、核心内涵、主要目的、基本精神,中国特色农村土地制度创新发展的过程,正确处理农民和土地关系的主线底线,推进现代农业的举措等方面进行了政策解读。

农村土地"三权分置"是农村的重大改革 重大政策

农村土地《"三权分置"意见》涉及亿万农民的切身利益,是农村的重大改革,重大政策。中央多次强调,"三农"工作是全党工作的重中之重。从一定意义上讲,土地问题就是"三农"问题的重中之重。十八大以来,中央从党和国家全局高度,对深化农村土地产权制度改革作出了一系列部署安排。近日,中央印发了《关于完善农村土地所有权承包权经营权分置办法的意见》,对今后一段时期农村土地产权制度改革具有重要的指导意义,将产生非常深远的影响。

农村土地"三权分置"的主线是处理好农民和土地的关系

2013年7月,习近平总书记明确提出,深化农村改革,完善农村基本经营制度,要好好研究农村土地所有权、承包权、经营权三者之间的关系。今年4月25日,总书记在小岗村农村改革座谈会上强调,新形势下深化农村改革,主线仍是处理好农民和土地的关系。这为我国农村土地产权制度改革指明了方向。党的十八届五中全会明确提出，完善土地所有权承包权经营权分置办法，依法推进土地经营权有序流转。

《"三权分置"意见》的主要内容和基本精神

为贯彻落实中央要求和总书记指示，农业部会同有关部门组织起草了《"三权分置"意见》，并经中央全面深化改革领导小组第二十七次会议审议通过。其主要内容和基本精神包括：

一是明确了实行"三权分置"的历史必然性，以及对促进现代农业发展的重要意义；

二是强调了落实"三权分置"的指导思想和基本原则，对坚持土地集体所有权根本地位、严格保护农户承包权、加快放活土地经营权、完善"三权"关系作出了具体规定；

三是提出了确保"三权分置"有序实施的任务和工作要求。

总之，《"三权分置"意见》反映了实践需求，凝聚了群众智慧，体现了中央意图。

"三部曲"是中国特色农村土地制度不断创新的过程

改革开放以来，中央关于农村土地制度改革安排，始终遵循着生产关系适应生产力的客观规律，始终坚持尊重农民意愿和维护农民的权利，在推进过程中环环相扣、循序渐进，其过程像一个"三部曲"，不断丰富和完善了中国特色的农村土地制度。

改革开放之初，根据当时农业生产力水平低下、解决吃饭问题是当务之急，在坚持农村土地集体所有的前提下，把土地承包经营权赋予农户家庭，实行家庭联产承包责任制。实际上是"两权分离"，充分调动了亿万农民群众的生产积极性，解决了温饱问题，也使几亿农村贫困人口脱贫，为国民经济的持续快速发展提供了基础支撑，这是我国农村改革重大成果，是带有根本性、基础性的成果。

经过三十多年的发展，随着社会主义市场经济的不断发展完善，按照归属清晰、权能完整、流转顺畅、保护严格的产权制度要求，中央又部署开展了农村土地集体所有权、农户承包经营权的确权登记颁证，向农民"确实权、颁铁证"，稳定农村土地承包关系并保持长久不变，进一步夯实了制度根基。

现阶段，随着工业化、城镇化深入推进，农村劳动力大量转移进城，到二、三产业就业，相当一部分农户将土地流转给他人经营，承包主体与经营主体分离，顺应这样一个发展现代农业的趋势和农户保留承包权，愿意流转经营权的需要，现在又实行集体所有权、农户承包权、土地经营权"三权分置"并行。中央这些重大的政策和新的重大制度安排，是土地制度改革的"三部曲"。"三权分置"这一制度安排，坚持了土地集体所有权，稳定了农户承包权，放活了土地经营权，为引导土地经营权有序流转，发展农业适度规模经营，推动现代农业发展奠定了制度基础。

"三权分置"是在新的历史条件下，继家庭联产承包责任制后农村改革又一重大制度创新，也是中央关于农村土地问题出台的又一重大政策。随着《"三权分置"意见》的贯彻实施，我国农村基本经营制度将更加巩固完善，现代农业将健康发展、农民收入将稳步增加、社会主义新农村建设将加快推进。

"三权分置"重大改革的核心内涵

"三权分置"是重大的改革创新，内涵丰富。概括地讲"三权分置"是指农村的土地集体所有权、农户的承包权、土地的经营权这"三权"分置并行。

改革开放之初，实行家庭承包责任制，所有权归集体，承包经营权归农户，称之为"两权分离"。现在顺应农民要保留自己的土地承包权，农民无论进二、三产业还是进城市，还想给自己留一个后路，同时他又有流转土地经营权的意愿，这次又将土地承包经营权分为承包权和经营权。这样就形成了所有权、承包权、经营权"三权分置"并行的格局。

在这个框架下,农村土地的集体所有权归集体所有,是土地承包权的前提。农户享有的承包经营权在土地流转中又派生出经营权,集体所有权是根本,农户承包权是基础,土地经营权是关键,这三者统一于农村的基本经营制度。

"三权分置"主要目的是解决两个问题

这种制度设计是来源于实践的,也是问题导向,主要目的是想解决两个问题:

第一是通过科学界定三权的内涵、边界以及相互间的关系,来巩固和完善农村的基本经营制度,能够更好地维护、实现农民集体、承包农户以及新型经营主体的权益。

第二是通过实行"三权分置"促进土地资源优化配置,土地作为要素要流动起来,培育新型经营主体发展适度的规模经营,推进农业的供给侧结构性改革。这样就可以为发展现代农业、增加农民收入提供新的路径和制度保证。

"三权分置"的三点重要意义

第一,它丰富了双层经营体制的内涵。双层经营体制是农村改革开放之后确立的基本制度。从"两权分离"到"三权分置",从集体所有、农户承包经营到集体所有、农户承包、多元经营,应该说"三权分置"展现了我国农村基本经营制度的持久活力,它是不断往前走、不断发展的,因为它涉及亿万农民的切身利益,是农村的重大改革,重大政策。小规模的一家一户的经营有它的基础性意义,同时也面临着规模小、竞争力不足、现代因素引入不畅等问题,通过这个制度设计,既保持了集体所有权、承包关系的稳定,同时又使土地要素能够流动起来,所以说它使农村基本经营制度保持了新的持久的活力。

第二,开辟了中国特色新型农业现代化的新路径。实行"三权分置",在保护农户承包权益的基础上,赋予新型经营主体更多的土地经营权,有利于促进土地经营权在更大范围内优化配置,从而提高土地产出率、劳动生产率、资源利用率。这为加快转变农业发展方式,发挥适度规模经营在农业现代化中的引领作用,走出一条"产出高效、产品安全、资源节约、环境友好"的中国特色新型农业现代化道路开辟了新路径。

第三,它还有重要理论意义,丰富了我党的"三农"理论。"三权分置"实现集体、承包农户、新型经营主体对土地权利的共享,有利于促进分工分业,让流出土地经营权的农户增加财产收入,土地承包权是一种用益物权,让新型农业经营主体实现规模收益,所以它是充满智慧的制度安排、内涵丰富的理论创新,具有鲜明的中国特色。

"三权分置"体现了中国特色社会主义理论的魅力,是习近平同志"三农"思想的重要内容,为发展现代农业、实现城乡协调发展、全面建成小康社会提供了新的理论支撑。

"三权分置"要正确处理农民和土地的关系

我国很重要的一个国情是人口多,特别是农村人口多。农民问题始终是贯穿我党领导的革命、建设、改革开放进程中的根本性问题。"三农"问题的核心是农民问题,农民问题核心现阶段仍然是土地问题。今年4月,习近平总书记在小岗村的座谈会上指出,我国农村改革是从调整农民和土地的关系开启的,新形势下深化农村改革主线仍然是处理好农民和土地的关系。改革开放之初主要处理好农村土地集体所有和农户家庭承包经营之间的关系,那时候实行"两权分离",打破了大锅饭,调动了积极性,取得了很好的成效。现阶段处理好农民与土地的关系,很重要的方面就是处理好土地流转中的承包农户和经营主体之间的关系。

近年来大量的农业人口转向二、三产业，家家包地、户户种田的局面已经发生很大的变化。截至今年6月，全国2.3亿农户中流转土地的农户超过了7000万，比例超过30%，东部沿海发达省份农民转移多的地区这一比例更高，超过50%。土地承包权主体同经营权主体分离现象越来越普遍，农业生产者的构成发生了深刻的变化，2.3亿农户还是土地承包者，但是已经将很大一部分承包的土地流转出去，不再从事农业生产。哪些新主体呢？就是家庭农场、农民合作社、农业企业，全国已经有270多万，它们不一定拥有土地承包权，但是流入了较大规模的土地搞农业，拥有土地经营权，是真正的农业生产经营者。所以在实行"三权分置"之后需要在坚持农村土地集体所有基础上，处理好传统承包农户和新型经营主体二者的关系。为此《"三权分置"意见》作出了规定，概括起来是两方面：

一是明确严格保护承包权，强调维护好承包农户使用、流转承包地的各项权益，任何组织和个人都不能取代农民家庭的土地承包地位，任何组织和个人都不得强迫或者限制其流转土地。同时根据形势发展需要，又赋予承包农户在抵押担保等方面更充分的土地权能。

二是要求加快放活土地经营权，赋予新的经营主体在流转土地上享有占有、耕作并取得相应收益的权利，稳定经营预期，使其放心投入、培肥地力、完善农业基础设施，这样才能推动现代农业的发展。总之，《"三权分置"意见》把承包农户、新型经营主体双方在承包地上权利厘清了，可以有效地避免和化解流转中产生的纠纷，确保农业的健康发展和农村的社会稳定。

坚持农村土地集体所有是农村改革的一条底线

农村土地属于农民集体所有，这是《宪法》明确规定的，是农村最大最根本的制度，必须长期坚持毫不动摇。农村的土地只有不到10%是国家的，90%都是农民集体的，是以土地集体所有制为主，10%主要是国有农垦。土地归农民集体所有，如果从层次来说，大概40%左右的集体土地是村级所有，60%左右是村民小组所有，就是过去的生产队所有。坚持农村土地的集体所有，有利于保证广大农民群众平等享有基本生产资料，是实现共同富裕的一个重要基础。习近平总书记指出，坚持农村土地农民集体所有是坚持农村基本经营制度的"魂"，土地制度无论怎么改，不能把农村土地集体所有制改垮了。讲底线思维，是农村改革的一条底线。

目前我国农村集体经济拥有大量的资产，包括资源性资产、经营性资产和非经营性资产。仅耕地、草地、林地有60多亿亩，经营性资产达到2.86万亿。实行"三权分置"是新形势下集体所有制具体实现形式的探索和创新，在"三权分置"过程中，集体所有权必须得到更加充分的体现和保证，不能被虚置。因此《"三权分置"意见》强调要始终坚持农村集体土地所有权的根本地位。具体来讲有几条：

一是要维护农民集体在承包地的发包、调整、收回、征收以及监督使用等方面的权能，包括集体有权依法发包集体土地，因自然灾害严重损毁等特殊情况下，可以依法调整承包地，有权就征地补偿安置方案提出意见依法获得补偿。流转进来的新经营主体，不得长期撂荒、抛荒，集体有监督权。

二是要健全集体所有权行使的机制。有权利怎么行使？确实有些地方监督的机制不健全，使集体所有权有被虚化的现象，《"三权分置"意见》要求建立健全集体组织民主议事的机制，切实保障集体成员的知情权、监督权、决策权，确保农民集体有效行使集体土地的所有权，防止少数人私相授受，谋取私利。承包农户想把土地流转给其他人经营，需要告知集体。集体所有权无论怎么改，都是不能动摇的，"三权分置"的基础是保证土地的集体所有制。

农户流转土地要依法运行不得强迫

农户的承包权属于用益物权。农户流转土地给经营主体,把经营权转让出去。实行合同管理就是承包农户和流入土地的新经营主体要签订合同。签订合同要按照农村土地承包法的规定来规范运行,农民集体以及政府的农业经营管理部门可以加以指导。这个制度安排可以从法律和政策上,使多方的权益得到保障,特别是承包农户的权益,任何个人和组织不得强迫或者限制他们流转土地,但要按规定备案。

保留进城农民承包地的探索应审慎进行

现在一部分农民进城了,是否可以依法退出他的承包地。文件和政策当中,如果他确实有真实意愿,可以依法有偿退出。现在全国的一部分县搞试点,试点涉及的农户也不多。在农民退出承包地的问题上,现在只有少部分农民有这个意愿。进城农民退出承包地,要有足够长的历史过程,要有足够的历史耐心。农村人口多,农民举家进城是少数,多数是年轻人在城市打工,父母、孩子在农村生活。特别是当前经济下行压力大的情况,城市的就业也不那么宽松。农民进城就业,没有足够稳定的时候,还要保留他的承包地,使得他进退有据,所以探索也应当是审慎的。

必须坚持保护农民土地承包权的基本原则

中央在十八大以后进行部署,在农村全面开展农民土地承包经营权的确权登记颁证。目前,已经有2545个县(市、区)、2.9万个乡镇、49.2个村开展,已经完成确权面积7.5亿亩,接近家庭承包耕地面积的60%。开展这项工作有两点好处:

一是"确实权、颁铁证",让农民放心。土地承包权长久不变,不会因为农民出去打工了,承包权利就没有了。确权颁证使农民能够放心地转移就业,放心地流转土地。

二是确权颁证后,承包农户和流入土地的新经营主体心里都有底，流转时间可以长一点、稳定一点，也便于新主体拿到土地生产经营的长远预期，这也是当前的一项重大政策，一项重要的工作。所以它和"三权分置"是配套的，都属于农村土地制度改革的重要内容。

习近平总书记特别指出，农民家庭承包的土地可以由农民家庭经营，也可以通过流转经营权由其他主体经营，但是无论土地承包经营权如何流转，土地承包权都属于农户家庭。这个基本原则，搞"三权分置"和土地流转都要继续坚持。

《"三权分置"意见》围绕放活经营权的三方面规定

总的前提是要引导土地规范地流转，没有流转谈不上经营权，没有相对独立的土地经营权也就没有"三权分置"。加快放活土地经营权，优化土地资源配置，是实施"三权分置"的重要目标之一。通过"农地农民有，农地农业用"的制度安排，可以更好地促进规模经营和现代农业发展。截至今年6月底，全国承包耕地流转面积达到了4.6亿亩，超过承包地的三分之一。在一些沿海地区这一比例已经达到二分之一。现在经营耕地面积50亩以上的规模经营农户超过350万户。《"三权分置"意见》围绕放活经营权作出相应规定：

一是明确了经营权内涵。明确土地经营权人对流转土地依法享有一定期限内的占有、耕作并取得相应收益的权利。强调在保护集体所有权、农户承包权的基础上，平等保护经营主体以流转合同取得土地经营权。

二是明确了经营权的权能。经营主体有权使用流转土地自主从事农业生产经营并获得相应收益，有权在流转合同到期后按照同等条件优先续租承包土地，经过承包农户同意，经营主体可以依法依规，改善土壤、提升地力、建设农业生产附属配套设施。还可以经承包农户同意，向农民集体备案后再流转给其他主体，或者依法依规设定抵押。流转土地被征收时，可以按照合同获得地上的附着物和青苗的补偿费。

三是鼓励创新方式。鼓励采用土地入股、土地托管、代耕代种，通过多种方式来发展适度规模经营，探索更有效的放活经营权的途径。《"三权分置"意见》对经营权内涵、权能以及流转形式都作出了规定。目的就是保证经营权的实现，稳定经营者预期。

最近，因为农产品价格方面的变化和劳动力成本的上升，确实有少数经营主体的经营状况出现了亏损，也有个别出现了退地现象。农业部门已组织开展了调研，一方面要引导经营主体更好地应对风险，一方面通过指导合同履行减少纠纷。总的来说，土地经营权流转、发展适度规模经营的大趋势不会变。

全国土地流转和适度规模经营发展绝不搞行政命令

土地经营权流转户数和面积逐步增加，这是大趋势。发挥适度规模经营在建设现代农业中的引领作用是大方向。现在全国土地流转面积占承包地面积的比例是三分之一左右，沿海发达地区二分之一左右。近期，局部地方有可能增速会有所放缓。原因主要是一些农产品价格有所下行。至于具体比例，这要从实际出发，不同地区不可能一样。有的地方城市化很快，二、三产业就业渠道多可能就快一点。有的地方不够发达，可能就慢一点。总的说，土地流转和适度规模经营发展程度要与城镇化进程和农村劳动力转移规模相适应，与农业科技进步和生产手段改进程度相适应，与农业社会化服务水平提高相适应。要从实际出发、顺其自然、因势利导，绝不搞行政命令、不下指标、不搞一刀切。

农业补贴政策增量向新型主体倾斜是大方向

通过培育新的经营主体，发展适度规模经营是大趋势，"三权分置"对农业政策，包括补贴政策都会产生深刻的影响。总的趋势是新增的农业补贴向适度规模经营的家庭农场、合作社等新型主体适度倾斜，比如建立担保体系或提供购置农机具补贴等。在东北地区，耕地比较多，新型主体经营面积大，购置农机具动辄需要几十万，甚至上百万，只靠一个家庭农场甚至一个合作社，一次性支付恐怕比较困难，就需要政府对他们进行支持。在这种情况下，适当地提高相关的补贴比例，也是必需的。农业补贴下一步的趋势，增量向新型主体倾斜，这是大方向。主要应当补贴在支持新型经营主体开展基础设施建设，特别是农业生产条件改善等方面。要创造条件，促进新型经营主体和适度规模经营健康持续地发展，对建设现代农业、增加农民收入都会产生一系列的积极影响。

农业补贴改革的原则和政策导向

第一，农业是基础产业。农业要为全国人民搞饭，要为农民搞钱，要为城里人搞绿，所以必须保护和支持。国家还会继续稳定和增加对农业的补贴，包括各种农业生产建设的投入。这也是国际通行的标准，很多发达国家都对农业进行补贴，有的国家农民收入的50%、60%是来自政府补贴。所以农业补贴不会因为"三权分置"而减少，只会增加不会减少。

第二，进行农业补贴改革，目的不是改少而是改的更合理、更有针对性、更有有效性。基本原则是存量调整、增量倾斜。存量，已经给农民装到口袋里的钱，政府不会再掏出来。但是要优化，使它能够用的更好。同时，增量要向新的生产经营主体倾斜。引导土地流转、适度规模经营、发展现代农业、提高农业的质量、效益和竞争力，这是政策导向。

最高人民法院关于审理涉及农村土地承包纠纷案件适用法律问题的解释

中华人民共和国最高人民法院公告

法释〔2005〕6号

《最高人民法院关于审理涉及农村土地承包纠纷案件适用法律问题的解释》已于2005年3月29日由最高人民法院审判委员会第1346次会议通过,现予公布,自2005年9月1日起施行。

二〇〇五年七月二十九日

根据《中华人民共和国民法通则》、《中华人民共和国合同法》、《中华人民共和国民事诉讼法》、《中华人民共和国农村土地承包法》、《中华人民共和国土地管理法》等法律的规定,结合民事审判实践,对审理涉及农村土地承包纠纷案件适用法律的若干问题解释如下:

第一章 受理与诉讼主体

第一条 下列涉及农村土地承包民事纠纷,人民法院应当依法受理:

(一)承包合同纠纷;
(二)承包经营权侵权纠纷;
(三)承包经营权流转纠纷;
(四)承包地征收补偿费用分配纠纷;

（五）承包经营权继承纠纷。

集体经济组织成员因未实际取得土地承包经营权提起民事诉讼的，人民法院应当告知其向有关行政主管部门申请解决。

集体经济组织成员就用于分配的土地补偿费数额提起民事诉讼的，人民法院不予受理。

第二条 当事人自愿达成书面仲裁协议的，受诉人民法院应当参照最高人民法院《关于适用〈中华人民共和国民事诉讼法〉若干问题的意见》第145条至第148条的规定处理。

当事人未达成书面仲裁协议，一方当事人向农村土地承包仲裁机构申请仲裁，另一方当事人提起诉讼的，人民法院应予受理，并书面通知仲裁机构。但另一方当事人接受仲裁管辖后又起诉的，人民法院不予受理。

当事人对仲裁裁决不服并在收到裁决书之日起三十日内提起诉讼的，人民法院应予受理。

第三条 承包合同纠纷，以发包方和承包方为当事人。

前款所称承包方是指以家庭承包方式承包本集体经济组织农村土地的农户，以及以其他方式承包农村土地的单位或者个人。

第四条 农户成员为多人的，由其代表人进行诉讼。

农户代表人按照下列情形确定：

（一）土地承包经营权证等证书上记载的人；

（二）未依法登记取得土地承包经营权证等证书的，为在承包合同上签字的人；

（三）前两项规定的人死亡、丧失民事行为能力或者因其他原因无法进行诉讼的，为农户成员推选的人。

第二章 家庭承包纠纷案件的处理

第五条 承包合同中有关收回、调整承包地的约定违反农村土地承包法第二十六条、第二十七条、第三十条、第三十五条规定的，应当认定该约定无效。

第六条　因发包方违法收回、调整承包地，或者因发包方收回承包方弃耕、撂荒的承包地产生的纠纷，按照下列情形，分别处理：

（一）发包方未将承包地另行发包，承包方请求返还承包地的，应予支持；

（二）发包方已将承包地另行发包给第三人，承包方以发包方和第三人为共同被告，请求确认其所签订的承包合同无效、返还承包地并赔偿损失的，应予支持。但属于承包方弃耕、撂荒情形的，对其赔偿损失的诉讼请求，不予支持。

前款第（二）项所称的第三人，请求受益方补偿其在承包地上的合理投入的，应予支持。

第七条　承包合同约定或者土地承包经营权证等证书记载的承包期限短于农村土地承包法规定的期限，承包方请求延长的，应予支持。

第八条　承包方违反农村土地承包法第十七条规定，将承包地用于非农建设或者对承包地造成永久性损害，发包方请求承包方停止侵害、恢复原状或者赔偿损失的，应予支持。

第九条　发包方根据农村土地承包法第二十六条规定收回承包地前，承包方已经以转包、出租等形式将其土地承包经营权流转给第三人，且流转期限尚未届满，因流转价款收取产生的纠纷，按照下列情形，分别处理：

（一）承包方已经一次性收取了流转价款，发包方请求承包方返还剩余流转期限的流转价款的，应予支持；

（二）流转价款为分期支付，发包方请求第三人按照流转合同的约定支付流转价款的，应予支持。

第十条 承包方交回承包地不符合农村土地承包法第二十九条规定程序的,不得认定其为自愿交回。

第十一条 土地承包经营权流转中,本集体经济组织成员在流转价款、流转期限等主要内容相同的条件下主张优先权的,应予支持。但下列情形除外:

(一)在书面公示的合理期限内未提出优先权主张的;

(二)未经书面公示,在本集体经济组织以外的人开始使用承包地两个月内未提出优先权主张的。

第十二条 发包方强迫承包方将土地承包经营权流转给第三人,承包方请求确认其与第三人签订的流转合同无效的,应予支持。

发包方阻碍承包方依法流转土地承包经营权,承包方请求排除妨碍、赔偿损失的,应予支持。

第十三条 承包方未经发包方同意,采取转让方式流转其土地承包经营权的,转让合同无效。但发包方无法定理由不同意或者拖延表态的除外。

第十四条 承包方依法采取转包、出租、互换或者其他方式流转土地承包经营权,发包方仅以该土地承包经营权流转合同未报其备案为由,请求确认合同无效的,不予支持。

第十五条 承包方以其土地承包经营权进行抵押或者抵偿债务的,应当认定无效。对因此造成的损失,当事人有过错的,应当承担相应的民事责任。

第十六条 因承包方不收取流转价款或者向对方支付费用的约定产生纠纷,当事人协商变更无法达成一致,且继续履行又显失公平的,人民法院可以根据发生变更的客观情况,按照公平原则处理。

第十七条 当事人对转包、出租地流转期限没有约定或者约定不明的，参照合同法第二百三十二条规定处理。除当事人另有约定或者属于林地承包经营外，承包地交回的时间应当在农作物收获期结束后或者下一耕种期开始前。

对提高土地生产能力的投入，对方当事人请求承包方给予相应补偿的，应予支持。

第十八条　发包方或者其他组织、个人擅自截留、扣缴承包收益或者土地承包经营权流转收益，承包方请求返还的，应予支持。

发包方或者其他组织、个人主张抵销的，不予支持。

第三章　其他方式承包纠纷的处理

第十九条　本集体经济组织成员在承包费、承包期限等主要内容相同的条件下主张优先承包权的，应予支持。但在发包方将农村土地发包给本集体经济组织以外的单位或者个人，已经法律规定的民主议定程序通过，并由乡（镇）人民政府批准后主张优先承包权的，不予支持。

第二十条　发包方就同一土地签订两个以上承包合同，承包方均主张取得土地承包经营权的，按照下列情形，分别处理：

（一）已经依法登记的承包方，取得土地承包经营权；

（二）均未依法登记的，生效在先合同的承包方取得土地承包经营权；

（三）依前两项规定无法确定的，已经根据承包合同合法占有使用承包地的人取得土地承包经营权，但争议发生后一方强行先占承包地的行为和事实，不得作为确定土地承包经营权的依据。

第二十一条　承包方未依法登记取得土地承包经营权证等证书，即以转让、出租、入股、抵押等方式流转土地承包经营权，发包方请求确认该流转无效的，应予支持。但非因承包方原因未登记取得土地承包经营权证等证书的除外。

承包方流转土地承包经营权,除法律或者本解释有特殊规定外,按照有关家庭承包土地承包经营权流转的规定处理。

第四章　土地征收补偿费用分配及土地承包经营权继承纠纷的处理

第二十二条　承包地被依法征收,承包方请求发包方给付已经收到的地上附着物和青苗的补偿费的,应予支持。

承包方已将土地承包经营权以转包、出租等方式流转给第三人的,除当事人另有约定外,青苗补偿费归实际投入人所有,地上附着物补偿费归附着物所有人所有。

第二十三条　承包地被依法征收,放弃统一安置的家庭承包方,请求发包方给付已经收到的安置补助费的,应予支持。

第二十四条　农村集体经济组织或者村民委员会、村民小组,可以依照法律规定的民主议定程序,决定在本集体经济组织内部分配已经收到的土地补偿费。征地补偿安置方案确定时已经具有本集体经济组织成员资格的人,请求支付相应份额的,应予支持。但已报全国人大常委会、国务院备案的地方性法规、自治条例和单行条例、地方政府规章对土地补偿费在农村集体经济组织内部的分配办法另有规定的除外。

第二十五条　林地家庭承包中,承包方的继承人请求在承包期内继续承包的,应予支持。

其他方式承包中,承包方的继承人或者权利义务承受者请求在承包期内继续承包的,应予支持。

第五章　其他规定

第二十六条　人民法院在审理涉及本解释第五条、第六条第一款第（二）项及第二款、第十六条的纠纷案件时，应当着重进行调解。必要时可以委托人民调解组织进行调解。

  第二十七条　本解释自 2005 年 9 月 1 日起施行。施行后受理的第一审案件，适用本解释的规定。

  施行前已经生效的司法解释与本解释不一致的，以本解释为准。

农村土地承包经营权流转管理办法

中华人民共和国农业部令

第 47 号

《农村土地承包经营权流转管理办法》已于 2005 年 1 月 7 日经农业部第 2 次常务会议审议通过，现予公布，自 2005 年 3 月 1 日起施行。

农业部部长
二〇〇五年一月十九日

第一章 总 则

第一条 为规范农村土地承包经营权流转行为，维护流转双方当事人合法权益，促进农业和农村经济发展，根据《农村土地承包法》及有关规定制定本办法。

第二条 农村土地承包经营权流转应当在坚持农户家庭承包经营制度和稳定农村土地承包关系的基础上，遵循平等协商、依法、自愿、有偿的原则。

第三条　农村土地承包经营权流转不得改变承包土地的农业用途，流转期限不得超过承包期的剩余期限，不得损害利害关系人和农村集体经济组织的合法权益。

第四条　农村土地承包经营权流转应当规范有序。依法形成的流转关系应当受到保护。

第五条　县级以上人民政府农业行政主管（或农村经营管理）部门依照同级人民政府规定的职责负责本行政区域内的农村土地承包经营权流转及合同管理的指导。

第二章　流转当事人

第六条　承包方有权依法自主决定承包土地是否流转、流转的对象和方式。任何单位和个人不得强迫或者阻碍承包方依法流转其承包土地。

第七条　农村土地承包经营权流转收益归承包方所有，任何组织和个人不得侵占、截留、扣缴。

第八条　承包方自愿委托发包方或中介组织流转其承包土地的，应当由承包方出具土地流转委托书。委托书应当载明委托的事项、权限和期限等，并有委托人的签名或盖章。

没有承包方的书面委托，任何组织和个人无权以任何方式决定流转农户的承包土地。

第九条　农村土地承包经营权流转的受让方可以是承包农户，也可以是其他按有关法律及有关规定允许从事农业生产经营的组织和个人。在同等条件下，本集体经济组织成员享有优先权。

受让方应当具有农业经营能力。

第十条　农村土地承包经营权流转方式、期限和具体条件，由流转双方平等协商确定。

第十一条　承包方与受让方达成流转意向后,以转包、出租、互换或者其他方式流转的,承包方应当及时向发包方备案;以转让方式流转的,应当事先向发包方提出转让申请。

第十二条　受让方应当依照有关法律、法规的规定保护土地,禁止改变流转土地的农业用途。

第十三条　受让方将承包方以转包、出租方式流转的土地实行再流转,应当取得原承包方的同意。

第十四条　受让方在流转期间因投入而提高土地生产能力的,土地流转合同到期或者未到期由承包方依法收回承包土地时,受让方有权获得相应的补偿。具体补偿办法可以在土地流转合同中约定或双方通过协商解决。

第三章　流转方式

第十五条　承包方依法取得的农村土地承包经营权可以采取转包、出租、互换、转让或者其他符合有关法律和国家政策规定的方式流转。

第十六条　承包方依法采取转包、出租、入股方式将农村土地承包经营权部分或者全部流转的,承包方与发包方的承包关系不变,双方享有的权利和承担的义务不变。

第十七条　同一集体经济组织的承包方之间自愿将土地承包经营权进行互换,双方对互换土地原享有的承包权利和承担的义务也相应互换,当事人可以要求办理农村土地承包经营权证变更登记手续。

第十八条　承包方采取转让方式流转农村土地承包经营权的,经发包方同意后,当事人可以要求及时办理农村土地承包经营权证变更、注销或重发手续。

第十九条　承包方之间可以自愿将承包土地入股发展农业合作生产,但股份合作解散时入股土地应当退回原承包农户。

第二十条　通过转让、互换方式取得的土地承包经营权经依法登记获得土地承包经营权证后,可以依法采取转包、出租、互换、转让或者其他符合法律和国家政策规定的方式流转。

第四章　流转合同

第二十一条　承包方流转农村土地承包经营权,应当与受让方在协商一致的基础上签订书面流转合村土地承包经营权流转合同一式四份,流转双方各执一份,发包方和乡(镇)人民政府农村土地承包管理部门各备案一份。

承包方将土地交由他人代耕不超过一年的,可以不签订书面合同。

第二十二条　承包方委托发包方或者中介服务组织流转其承包土地的,流转合同应当由承包方或其书面委托的代理人签订。

第二十三条　农村土地承包经营权流转合同一般包括以下内容:

(一)双方当事人的姓名、住所;

(二)流转土地的四至、座落、面积、质量等级;

(三)流转的期限和起止日期;

(四)流转方式;

(五)流转土地的用途;

(六)双方当事人的权利和义务;

(七)流转价款及支付方式;

(八)流转合同到期后地上附着物及相关设施的处理;

(九)违约责任。

村土地承包经营权流转合同文本格式由省级人民政府农业行政主管部门确定。

第二十四条 农村土地承包经营权流转当事人可以向乡（镇）人民政府农村土地承包管理部门申请合同鉴证。

乡（镇）人民政府农村土地承包管理部门不得强迫土地承包经营权流转当事人接受鉴证。

第五章 流转管理

第二十五条 发包方对承包方提出的转包、出租、互换或者其他方式流转承包土地的要求，应当及时办理备案，并报告乡（镇）人民政府农村土地承包管理部门。

承包方转让承包土地，发包方同意转让的，应当及时向乡（镇）人民政府农村土地承包管理部门报告，并配合办理有关变更手续；发包方不同意转让的，应当于七日内向承包方书面说明理由。

第二十六条 乡（镇）人民政府农村土地承包管理部门应当及时向达成流转意向的承包方提供统一文本格式的流转合同，并指导签订。

第二十七条 乡（镇）人民政府农村土地承包管理部门应当建立农村土地承包经营权流转情况登记册，及时准确记载农村土地承包经营权流转情况。以转包、出租或者其他方式流转承包土地的，及时办理相关登记；以转让、互换方式流转承包土地的，及时办理有关承包合同和土地承包经营权证变更等手续。

第二十八条 乡（镇）人民政府农村土地承包管理部门应当对农村土地承包经营权流转合同及有关文件、文本、资料等进行归档并妥善保管。

第二十九条　采取互换、转让方式流转土地承包经营权,当事人申请办理土地承包经营权流转登记的,县级人民政府农业行政(或农村经营管理)主管部门应当予以受理,并依照《农村土地承包经营权办法》的规定办理。

第三十条　从事农村土地承包经营权流转服务的中介组织应当向县级以上地方人民政府农业行政(或农村经营管理)主管部门备案并接受其指导,依照法律和有关规定提供流转中介服务。

第三十一条　乡(镇)人民政府农村土地承包管理部门在指导流转合同签订或流转合同鉴证中,发现流转双方有违反法律法规的约定,要及时予以纠正。

第三十二条　县级以上地方人民政府农业行政(或农村经营管理)主管部门应当加强对乡(镇)人民政府农村土地承包管理部门工作的指导。乡(镇)人民政府农村土地承包管理部门应当依法开展农村土地承包经营权流转的指导和管理工作,正确履行职责。

第三十三条　农村土地承包经营权流转发生争议或者纠纷,当事人应当依法协商解决。

当事人协商不成的,可以请求村民委员会、乡(镇)人民政府调解。

当事人不愿协商或者调解不成的,可以向农村土地承包仲裁机构申请仲裁,也可以直接向人民法院起诉。

第六章　附　则

第三十四条　通过招标、拍卖和公开协商等方式承包荒山、荒沟、荒丘、荒滩等农村土地,经依法登记取得农村土地承包经营权证的,可以采取转让、出租、入股、抵押或者其他方式流转,其流转管理参照本办法执行。

第三十五条 本办法所称转让是指承包方有稳定的非农职业或者有稳定的收入来源，经承包方申请和发包方同意，将部分或全部土地承包经营权让渡给其他从事农业生产经营的农户，由其履行相应土同的权利和义务。转让后原土地承包关系自行终止，原承包方承包期内的土地承包经营权部分或全部灭失。

转包是指承包方将部分或全部土地承包经营权以一定期限转给同一集体经济组织的其他农户从事农业生产经营。转包后原土地承包关系不变，原承包方继续履行原土地承包合同规定的权利和义务。接包方按转包时约定的条件对转包方负责。承包方将土地交他人代耕不足一年的除外。

互换是指承包方之间为方便耕作或者各自需要，对属于同一集体经济组织的承包地块进行交换，同时交换相应的土地承包经营权。

入股是指实行家庭承包方式的承包方之间为发展农业经济，将土地承包经营权作为股权，自愿联合从事农业合作生产经营；其他承包方式的承包方将土地承包经营权量化为股权，入股组成股份公司或者合作社等，从事农业生产经营。

出租是指承包方将部分或全部土地承包经营权以一定期限租赁给他人从事农业生产经营。出租后原土地承包关系不变，原承包方继续履行原土地承包合同规定的权利和义务。承租方按出租时约定的条件对承包方负责。

本办法所称受让方包括接包方、承租方等。

第三十六条 本办法自 2005 年 3 月 1 日起正式施行。

附 录

关于引导农村土地经营权有序流转发展农业适度规模经营的意见

中办发〔2014〕61号

新华社北京2014年11月20日电 近日，中共中央办公厅、国务院办公厅印发了《关于引导农村土地经营权有序流转发展农业适度规模经营的意见》，并发出通知，要求各地区各部门结合实际认真贯彻执行。

《关于引导农村土地经营权有序流转发展农业适度规模经营的意见》全文如下。

伴随我国工业化、信息化、城镇化和农业现代化进程，农村劳动力大量转移，农业物质技术装备水平不断提高，农户承包土地的经营权流转明显加快，发展适度规模经营已成为必然趋势。实践证明，土地流转和适度规模经营是发展现代农业的必由之路，有利于优化土地资源配置和提高劳动生产率，有利于保障粮食安全和主要农产品供给，有利于促进农业技术推广应用和农业增效、农民增收，应从我国人多地少、农村情况千差万别的实际出发，积极稳妥地推进。为引导农村土地（指承包耕地）经营权有序流转、发展农业适度规模经营，现提出如下意见。

一、对于农村土地流转政策的总体要求：

（一）指导思想

全面理解、准确把握中央关于全面深化农村改革的精神，按照加快构建以农户家庭经营为基础、合作与联合为纽带、社会化服务为支撑的立体式复合型现代农业经营体系和走生产技术先进、经营规模适度、市场竞争力强、生态环境可持续的中国特色新型农业现代化道路的要求，以保障国家粮食安全、促进农业增效和农民增收为目标，坚持农村土地集体所有，实现所有权、承包权、经营权三权分置，引导土地经营权有序流转，坚持家庭经营的基础性地位，积极培育新型经营主体，发展多种形式的适度规模经营，巩固和完善农村基本经营制度。改革的方向要明，步子要稳，既要加大政策扶持力度，加强典型示范引导，鼓励创新农业经营体制机制，又要因地制宜、循序渐进，不能搞大跃进，不能搞强迫命令，不能搞行政瞎指挥，使农业适度规模经营发展与城镇化进程和农村劳动力转移规模相适应，与农业科技进步和生产手段改进程度相适应，与农业社会化服务水平提高相适应，让农民成为土地流转和规模经营的积极参与者和真正受益者，避免走弯路。

（二）基本原则

——坚持农村土地集体所有权，稳定农户承包权，放活土地经营权，以家庭承包经营为基础，推进家庭经营、集体经营、合作经营、企业经营等多种经营方式共同发展。

——坚持以改革为动力，充分发挥农民首创精神，鼓励创新，支持基层先行先试，靠改革破解发展难题。

——坚持依法、自愿、有偿，以农民为主体，政府扶持引导，市场配置资源，土地经营权流转不得违背承包农户意愿、不得损害农民权益、不得改变土地用途、不得破坏农业综合生产能力和农业生态环境。

——坚持经营规模适度，既要注重提升土地经营规模，又要防止土地过度集中，兼顾效率与公平，不断提高劳动生产率、土地产出率和资源利用率，确保农地农用，重点支持发展粮食规模化生产。

二、稳定完善农村土地承包关系

（一）健全土地承包经营权登记制度。

建立健全承包合同取得权利、登记记载权利、证书证明权利的土地承包经营权登记制度，是稳定农村土地承包关系、促进土地经营权流转、发展适度规模经营的重要基础性工作。完善承包合同，健全登记簿，颁发权属证书，强化土地承包经营权物权保护，为开展土地流转、调处土地纠纷、完善补贴政策、进行征地补偿和抵押担保提供重要依据。建立健全土地承包经营权信息应用平台，方便群众查询，利于服务管理。土地承包经营权确权登记原则上确权到户到地，在尊重农民意愿的前提下，也可以确权确股不确地。切实维护妇女的土地承包权益。

（二）推进土地承包经营权确权登记颁证工作。

按照中央统一部署、地方全面负责的要求，在稳步扩大试点的基础上，用5年左右时间基本完成土地承包经营权确权登记颁证工作，妥善解决农户承包地块面积不准、四至不清等问题。在工作中，各地要保持承包关系稳定，以现有承包台账、合同、证书为依据确认承包地归属；坚持依法规范操作，严格执行政策，按照规定内容和程序开展工作；充分调动农民群众积极性，依靠村民民主协商，自主解决矛盾纠纷；从实际出发，以农村集体土地所有权确权为基础，以第二次全国土地调查成果为依据，采用符合标准规范、农民群众认可的技术方法；坚持分级负责，强化县乡两级的责任，建立健全党委和政府统一领导、部门密切协作、群众广泛参与的工作机制；科学制定工作方案，明确时间表和路线图，确保工作质量。有关部门要加强调查研究，有针对性地提出操作性政策建议和具体工作指导意见。土地承包经营权确权登记颁证工作经费纳入地方财政预算，中央财政给予补助。

三、规范引导农村土地经营权有序流转

（一）鼓励创新土地流转形式。

鼓励承包农户依法采取转包、出租、互换、转让及入股等方式流转承包地。鼓励有条件的地方制定扶持政策，引导农户长期流转承包地并促进其转移就业。鼓励农民在自愿前提下采取互换并地方式解决承包地细碎化问题。在同等条件下，本集体经济组织成员享有土地流转优先权。以转让方式流转承包地的，原则上应在本集体经济组织成员之间进行，且需经发包方同意。以其他形式流转的，应当依法报发包方备案。抓紧研究探索集体所有权、农户承包权、土地经营权在土地流转中的相互权利关系和具体实现形式。按照全国统一安排，稳步推进土地经营权抵押、担保试点，研究制定统一规范的实施办法，探索建立抵押资产处置机制。

（二）严格规范土地流转行为。

土地承包经营权属于农民家庭，土地是否流转、价格如何确定、形式如何选择，应由承包农户自主决定，流转收益应归承包农户所有。流转期限应由流转双方在法律规定的范围内协商确定。没有农户的书面委托，农村基层组织无权以任何方式决定流转农户的承包地，更不能以少数服从多数的名义，将整村整组农户承包地集中对外招商经营。防止少数基层干部私相授受，谋取私利。严禁通过定任务、下指标或将流转面积、流转比例纳入绩效考核等方式推动土地流转。

（三）加强土地流转管理和服务。

有关部门要研究制定流转市场运行规范，加快发展多种形式的土地经营权流转市场。依托农村经营管理机构健全土地流转服务平台，完善县乡村三级服务和管理网络，建立土地流转监测制度，为流转双方提供信息发布、政策咨询等服务。土地流转服务主体可以开展信息沟通、委托流转等服务，但禁止层层转包从中牟利。土地流转给非本村（组）集体成员或村（组）集体受农户委托统一组织流转并利用集体资金改良土壤、提高地力的，可向本集体经济组织以外的流入方收取基础设施使用费和土地流转管理服务费，用于农田基本建设或其他公益性支出。引导承包农户与流入方签订书面流转合同，并使用统一的省级合同示范文本。依法保护流入方的土地经营权益，流转合同到期后流入方可在同等条件下优先续约。加强农村土地承包经营纠纷调解仲裁体系建设，健全纠纷调处机制，妥善化解土地承包经营流转纠纷。

（四）合理确定土地经营规模。

各地要依据自然经济条件、农村劳动力转移情况、农业机械化水平等因素，研究确定本地区土地规模经营的适宜标准。防止脱离实际、违背农民意愿，片面追求超大规模经营的倾向。现阶段，对土地经营规模相当于当地户均承包地面积10至15倍、务农收入相当于当地二三产业务工收入的，应当给予重点扶持。创新规模经营方式，在引导土地资源适度集聚的同时，通过农民的合作与联合、开展社会化服务等多种形式，提升农业规模化经营水平。

（五）扶持粮食规模化生产。

加大粮食生产支持力度，原有粮食直接补贴、良种补贴、农资综合补贴归属由承包农户与流入方协商确定，新增部分应向粮食生产规模经营主体倾斜。在有条件的地方开展按照实际粮食播种面积或产量对生产者补贴试点。对从事粮食规模化生产的农民合作社、家庭农场等经营主体，符合申报农机购置补贴条件的，要优先安排。探索选择运行规范的粮食生产规模经营主体开展目标价格保险试点。抓紧开展粮食生产规模经营主体营销贷款试点，允许用粮食作物、生产及配套辅助设施进行抵押融资。粮食品种保险要逐步实现粮食生产规模经营主体愿保尽保,并适当提高对产粮大县稻谷、小麦、玉米三大粮食品种保险的保费补贴比例。各地区各有关部门要研究制定相应配套办法,更好地为粮食生产规模经营主体提供支持服务。

(六) 加强土地流转用途管制。

坚持最严格的耕地保护制度,切实保护基本农田。严禁借土地流转之名违规搞非农建设。严禁在流转农地上建设或变相建设旅游度假村、高尔夫球场、别墅、私人会所等。严禁占用基本农田挖塘栽树及其他毁坏种植条件的行为。严禁破坏、污染、圈占闲置耕地和损毁农田基础设施。坚决查处通过"以租代征"违法违规进行非农建设的行为,坚决禁止擅自将耕地"非农化"。利用规划和标准引导设施农业发展,强化设施农用地的用途监管。采取措施保证流转土地用于农业生产,可以通过停发粮食直接补贴、良种补贴、农资综合补贴等办法遏制撂荒耕地的行为。在粮食主产区、粮食生产功能区、高产创建项目实施区,不符合产业规划的经营行为不再享受相关农业生产扶持政策。合理引导粮田流转价格,降低粮食生产成本,稳定粮食种植面积。

四、加快培育新型农业经营主体

(一) 发挥家庭经营的基础作用。

在今后相当长时期内,普通农户仍占大多数,要继续重视和扶持其发展农业生产。重点培育以家庭成员为主要劳动力、以农业为主要收入来源,从事专业化、集约化农业生产的家庭农场,使之成为引领适度规模经营、发展现代农业的有生力量。分级建立示范家庭农场名录,健全管理服务制度,加强示范引导。鼓励各地整合涉农资金建设连片高标准农田,并优先流向家庭农场、专业大户等规模经营农户。

（二）探索新的集体经营方式。

集体经济组织要积极为承包农户开展多种形式的生产服务，通过统一服务降低生产成本、提高生产效率。有条件的地方根据农民意愿，可以统一连片整理耕地，将土地折股量化、确权到户，经营所得收益按股分配，也可以引导农民以承包地入股组建土地股份合作组织，通过自营或委托经营等方式发展农业规模经营。各地要结合实际不断探索和丰富集体经营的实现形式。

（三）加快发展农户间的合作经营。

鼓励承包农户通过共同使用农业机械、开展联合营销等方式发展联户经营。鼓励发展多种形式的农民合作组织，深入推进示范社创建活动，促进农民合作社规范发展。在管理民主、运行规范、带动力强的农民合作社和供销合作社基础上，培育发展农村合作金融。引导发展农民专业合作社联合社，支持农民合作社开展农社对接。允许农民以承包经营权入股发展农业产业化经营。探索建立农户入股土地生产性能评价制度，按照耕地数量质量、参照当地土地经营权流转价格计价折股。

（四）鼓励发展适合企业化经营的现代种养业。

鼓励农业产业化龙头企业等涉农企业重点从事农产品加工流通和农业社会化服务，带动农户和农民合作社发展规模经营。引导工商资本发展良种种苗繁育、高标准设施农业、规模化养殖等适合企业化经营的现代种养业，开发农村"四荒"资源发展多种经营。支持农业企业与农户、农民合作社建立紧密的利益联结机制，实现合理分工、互利共赢。支持经济发达地区通过农业示范园区引导各类经营主体共同出资、相互持股，发展多种形式的农业混合所有制经济。

（五）加大对新型农业经营主体的扶持力度。

鼓励地方扩大对家庭农场、专业大户、农民合作社、龙头企业、农业社会化服务组织的扶持资金规模。支持符合条件的新型农业经营主体优先承担涉农项目，新增农业补贴向新型农业经营主体倾斜。加快建立财政项目资金直接投向符合条件的合作社、财政补助形成的资产转交合作社持有和管护的管理制度。各省（自治区、直辖市）根据实际情况，在年度建设用地指标中可单列一定比例专门用于新型农业经营主体建设配套辅助设施，并按规定减免相关税费。综合运用货币和财税政策工具，引导金融机构建立健全针对新型农业经营主体的信贷、保险支持机制，创新金融产品和服务，加大信贷支持力度，分散规模经营风险。鼓励符合条件的农业产业化龙头企业通过发行短期融资券、中期票据、中小企业集合票据等多种方式，拓宽融资渠道。鼓励融资担保机构为新型农业经营主体提供融资担保服务，鼓励有条件的地方通过设立融资担保专项资金、担保风险补偿基金等加大扶持力度。落实和完善相关税收优惠政策，支持农民合作社发展农产品加工流通。

（六）加强对工商企业租赁农户承包地的监管和风险防范。

各地对工商企业长时间、大面积租赁农户承包地要有明确的上限控制，建立健全资格审查、项目审核、风险保障金制度，对租地条件、经营范围和违规处罚等作出规定。工商企业租赁农户承包地要按面积实行分级备案，严格准入门槛，加强事中事后监管，防止浪费农地资源、损害农民土地权益，防范承包农户因流入方违约或经营不善遭受损失。定期对租赁土地企业的农业经营能力、土地用途和风险防范能力等开展监督检查，查验土地利用、合同履行等情况，及时查处纠正违法违规行为，对符合要求的可给予政策扶持。有关部门要抓紧制定管理办法，并加强对各地落实情况的监督检查。

五、建立健全农业社会化服务体系

（一）培育多元社会化服务组织。

巩固乡镇涉农公共服务机构基础条件建设成果。鼓励农技推广、动植物防疫、农产品质量安全监管等公共服务机构围绕发展农业适度规模经营拓展服务范围。大力培育各类经营性服务组织，积极发展良种种苗繁育、统防统治、测土配方施肥、粪污集中处理等农业生产性服务业，大力发展农产品电子商务等现代流通服务业，支持建设粮食烘干、农机场库棚和仓储物流等配套基础设施。农产品初加工和农业灌溉用电执行农业生产用电价格。鼓励以县为单位开展农业社会化服务示范创建活动。开展政府购买农业公益性服务试点，鼓励向经营性服务组织购买易监管、可量化的公益性服务。研究制定政府购买农业公益性服务的指导性目录，建立健全购买服务的标准合同、规范程序和监督机制。积极推广既不改变农户承包关系，又保证地有人种的托管服务模式，鼓励种粮大户、农机大户和农机合作社开展全程托管或主要生产环节托管，实现统一耕作，规模化生产。

（二）开展新型职业农民教育培训。

制定专门规划和政策，壮大新型职业农民队伍。整合教育培训资源，改善农业职业学校和其他学校涉农专业办学条件，加快发展农业职业教育，大力发展现代农业远程教育。实施新型职业农民培育工程，围绕主导产业开展农业技能和经营能力培养培训，扩大农村实用人才带头人示范培养培训规模，加大对专业大户、家庭农场经营者、农民合作社带头人、农业企业经营管理人员、农业社会化服务人员和返乡农民工的培养培训力度，把青年农民纳入国家实用人才培养计划。努力构建新型职业农民和农村实用人才培养、认定、扶持体系，建立公益性农民培养培训制度，探索建立培育新型职业农民制度。

（三）发挥供销合作社的优势和作用。

扎实推进供销合作社综合改革试点，按照改造自我、服务农民的要求，把供销合作社打造成服务农民生产生活的生力军和综合平台。利用供销合作社农资经营渠道,深化行业合作,推进技物结合,为新型农业经营主体提供服务。推动供销合作社农产品流通企业、农副产品批发市场、网络终端与新型农业经营主体对接,开展农产品生产、加工、流通服务。鼓励基层供销合作社针对农业生产重要环节,与农民签订服务协议,开展合作式、订单式服务,提高服务规模化水平。

土地问题涉及亿万农民切身利益,事关全局。各级党委和政府要充分认识引导农村土地经营权有序流转、发展农业适度规模经营的重要性、复杂性和长期性,切实加强组织领导,严格按照中央政策和国家法律法规办事,及时查处违纪违法行为。坚持从实际出发,加强调查研究,搞好分类指导,充分利用农村改革试验区、现代农业示范区等开展试点试验,认真总结基层和农民群众创造的好经验好做法。加大政策宣传力度,牢固树立政策观念,准确把握政策要求,营造良好的改革发展环境。加强农村经营管理体系建设,明确相应机构承担农村经管工作职责,确保事有人干、责有人负。各有关部门要按照职责分工,抓紧修订完善相关法律法规,建立工作指导和检查监督制度,健全齐抓共管的工作机制,引导农村土地经营权有序流转,促进农业适度规模经营健康发展。

六、农村土地使用权流转改革方案

1. 国有化方案

对于农村集体土地所有权的改革而言,集体土地国有化能够得到中国政治体制的支持,有利于国土综合整治,有利于土地管理和国家对农村经济的宏观调节,且符合农业生产规模化经营的要求。

但是农民的心里能否接受的问题。在1956年,中国实际农业合作化的时候,就曾提出过国有化方案,之所以没有采纳,主要拍引起农民的误解。"如果说，在当时党风、政风相当廉政，各级政府在农民心中享有很高威信、社会十分稳定的情况下，尚且有这样的顾虑，那么在今天我们受到腐败现象和其他种种社会不稳定因素严重困扰的情况下，这个问题就更应该加以慎重的对待。

总之，国有化方案如果无法克服上述种种困难，而"匆忙的采用政治手段强行推之，将导致另一个'合作化运动'的悲剧，确须慎之又慎"。

2. 私有化方案

这种方案首先不为我国现行的政治体制所接受。我国是社会主义国家，而坚持公有制的主体地位是社会主义制度的主要特征之一，集体所有利的公有制的重要组成部分，这样，坚持社会主义道路，就必须坚持土地公有制（土地是集体财产的主要部分）。因此，实行土地私有化的改革必然遭到基础政治制度的强烈反对。

其次，私有化后的土地兼并问题，"土地兼并是中国历史上困扰中国土地制度并影响中国政治生活和经济生活的一大问题"。在当代，如果出现这种情况，其结果不仅仅是扩大农村贫富差距，而且可能导致大量的农民涌入城市，这给城市的就业、居住、治安等问题增加压力。

3. 多种所有权并存的方案

这种方案是部分取消集体土地所有权，实行农村土地混合所有的方式，即国家所有、集体所有和个人所有并存的局面它在于调和前两种方案。

4. 回避集体土地所有权，强调以利用为中心的土地制度改革思路

这种观点主张以物的"利用"为中心代替物的"所有"为中

心,通过改革用益物权制度解决农村土地制度问题。2002年8月29日,通过的《农村土地承包法》就是这种思路的直接反映、整部法律仅有一个条文间接提到有关集体土地所有权的问题,但这种观点和立法思路也是不现实的。

首先,这种思路无法克服农村集体土地制度改革中最严重的顽症——所有权主体虚位。由于所有权主体虚位,那么,实际掌握土地支配权的少数乡村干部便可以随意侵害和干涉土地使用人,使土地承包关系不稳定,如果不通过一定的法律机制来控制发包方滥用所有权限,那么将土地承包经营权由债权性变为物权性的成效也就要大打折扣。因为无论土地承包经营权是债权抑或是物权,对发包方都是有法律的拘束力和不可侵犯性,至于承包方是以违约还是以违法作为请求发包方承担民事责任的依据,在后果上是微不足道的。可见,这种改革方案虽有一定的积极意义,但绝非釜底抽薪之策。

其次,用益物权的种种理论与规则皆是围绕所有问题而顺利展开。对所有权的尊重仍是建立用益物权的必要前提,对财产归属的强调仍然是有重要的现实意义。

因而,中国农村集体土地制度的立法还是不能忽视有关所有权的规定。

七、农村土地使用权流转流转模式

1. 互换

互换土地,是农村集体经济组织内部的农户,为方便耕种和各自的需要,对各自土地的承包经营权进行的简单交换,是促进农村规模化、产业化、集约化经营的必由之路。30年前,中国农村实行土地联产承包责任制,农民分到了土地。但由于土地肥瘦不一,大块的土地被分割成条条块块。划分土地时留下的种种弊病,严重制约着生产力的发展和产量的提高。如何让土地集中连片,实现规模化、集约化经营，于是互换这种最为原始的交易方式，进入农民视野。

2. 交租

在市场利益驱动和政府引导下，农民将其承包土地经营权出租给大户、业主或企业法人等承租方，出租的期限和租金支付方式由双方自行约定，承租方获得一定期限的土地经营权，出租方按年度以实物或货币的形式获得土地经营权租金。其中，有大户承租型、公司租赁型、反租倒包型等。

3. 入股

入股，亦称"股田制"或股份合作经营，是指在坚持承包户自愿的基础上，将承包土地经营权作价入股，建立股份公司。在土地入股过程中，实行农村土地经营的双向选择（农民将土地入股给公司后，既可继续参与土地经营，也可不参与土地经营），农民凭借土地承包权可拥有公司股份，并可按股分红。该形式的最大优点在于产权清晰、利益直接，以价值形态形式把农户的土地承包经营权长期确定下来，农民既是公司经营的参与者，也是利益的所有者，是当前农村土地使用权流转机制的新突破。

4. 宅基地换住房，承包地换社保

以重庆为例，去年被国家批准为统筹城乡综合配套改革试验区后，在土地改革领域率先进行大胆探索，创造了土地流转的九龙坡模式即宅基地换住房、承包地换社保。也就是说，农民放弃农村宅基地，宅基地被置换为城市发展用地，农民在城里获得一套住房。农民放弃农村土地承包经营权，享受城市社保，建立城乡统一的公共服务体制。

5. 股份+合作

中国山东省宁阳县探索土地承包经营权流转新机制，建立起"股份+合作"的土地流转分配方式。这种模式是，农户以土地经营权为股份共同组建合作社。村里按照"群众自愿、土地入股、集约经营、收益分红、利益保障"的原则,引导农户以土地承包经营权入股。合作社按照民主原则对土地统一管理,不再由农民分散经营。合作社挂靠龙头企业进行生产经营。合作社实行按土地保底和按效益分红的方式,年度分配时,首先支付社员土地保底收益每股（亩）700元,留足公积公益金、风险金,然后再按股进行二次分红。

2014年11月20日

关于认真做好农村土地承包经营权确权登记颁证工作的意见

农经发〔2015〕2号

按照2015年中央1号文件和《中共中央办公厅 国务院办公厅印发〈关于引导农村土地经营权有序流转发展农业适度规模经营的意见〉的通知》（中办发〔2014〕61号）有关精神要求，现就认真做好农村土地承包经营权确权登记颁证工作提出如下意见。

一、进一步统一思想认识

以家庭承包经营为基础、统分结合的双层经营体制是我国农村的基本经营制度，近年来，各地围绕坚持和完善这一制度，按照有关法律政策要求，积极开展土地承包管理服务工作，保持了现有土地承包关系的稳定，为发展现代农业、维护农村稳定奠定了坚实的制度基础。但是，随着工业化、信息化、城镇化和农业现代化深入发展，因历史原因形成的承包地块面积不准、四至不清等问题逐渐显现，成为制约农业适度规模经营和"四化"同步发展的突出问题，必须高度重视，认真加以解决。

农村土地承包经营权确权登记颁证是集中开展的土地承包经营权登记，是完善农村基本经营制度、保护农民土地权益、促进现代农业发展、健全农村治理体系的重要基础性工作，事关农村长远发展和亿万农民切身利益。开展这项工作，有利于强化对农民土地承包经营权的物权保护，稳定农民土地经营的预期，增加农民的财产性收入；有利于保持土地承包关系稳定，激发农村生产要素的内在活力，促进土地经营权流转，发展农业适度规模经营；有利于完善农村社会管理，妥善解决土地承包的突出问题，促进农村社会和谐稳定，推进城乡发展一体化。各地区、各部门要进一步统一思想认识，站在战略和全局的高度，把它作为全面深化农村改革的重要任务，作为一件非做不可、必须做好的大事，从农村的实际出发，深刻认识开展土地承包经营权确权登记颁证工作的重大意义，自觉把思想和行动统一到中央的决策部署上来，以高度的政治责任感和历史使命感做实做细这项工作。

二、进一步明确总体要求

开展农村土地承包经营权确权登记颁证工作，必须准确把握中央关于全面深化农村改革的精神，坚持和完善农村基本经营制度，按照保持稳定、依法规范、民主协商、因地制宜的原则，采取中央统一部署、地方全面负责的办法，积极稳妥地推进。要通过确权登记颁证，解决好承包地块面积不准、四至不清、空间位置不明、登记簿不健全等问题，为开展土地经营权流转、调处土地纠纷、完善补贴政策、进行征地补偿和抵押担保提供重要依据；要通过确权登记颁证，建立涉及土地承包经营权的设立、转让、互换、变更、抵押等内容的登记制度，确认农户对承包地的占有、使用、收益等各项权利，强化对土地承包经营权的物权保护；要通过确权登记颁证，建立健全土地承包经营权信息应用平台，实现对土地承包合同、登记簿和权属证书管理的信息化，加强土地承包经营权确权登记成果的应用，方便群众查询，利于服务管理，更好地服务于现代农业和新农村建设。

各地要按照中央要求，在稳步扩大试点的基础上，用5年左右时间基本完成土地承包经营权确权登记颁证工作。要结合当地实际，科学制定工作方案，明确时间表和路线图，先易后难，试点先行，分期分批地推进，既不能急于求成，也不要等待观望，确保进度服从质量。对一些试点工作有基础的地区，要认真总结经验，加强监督检查，抓紧健全制度，为整体推开创造条件；对一些先期已开展过确权登记颁证工作的地方，可以对照这次土地承包经营权确权登记颁证要求，本着缺什么、补什么的原则进行完善；对一些少数民族及边疆地区，可以在确保社会稳定的前提下，从当地实际出发，合理安排时间进度。

2015年继续扩大试点范围，在2014年进行3个整省和27个整县试点的基础上，再选择江苏、江西、湖北、湖南、甘肃、宁夏、吉林、贵州、河南等9个省（区）开展整省试点。其他省（区、市）根据本地情况，扩大开展以县为单位的整体试点。

三、进一步把握政策原则

开展农村土地承包经营权确权登记颁证工作，政策性、专业性强，既要解决问题，又要防止引发矛盾，必须把握好政策原则，得到群众认可，经得起历史检验。

（一）坚持稳定土地承包关系。开展土地承包经营权确权登记颁证，是对现有土地承包关系的进一步完善，不是推倒重来、打乱重分，不能借机调整或收回农户承包地。要以现有承包台账、合同、证书为依据确认承包地归属。对个别村部分群众要求调地的，按照法律法规和政策规定，慎重把握、妥善处理。对于确因自然灾害毁损等原因，需要个别调整的，应当按照法定条件和程序调整后再予确权。

（二）坚持以确权确地为主。土地承包经营权确权，要坚持确权确地为主，总体上要确地到户，从严掌握确权确股不确地的范围，坚持农地农用。对农村土地已经承包到户的，都要确权到户到地。实行确权确股不确地的条件和程序，由省级人民政府有关部门作出规定，切实保障农民土地承包权益。不得违背农民意愿，行政推动确权确股不确地，也不得简单地以少数服从多数的名义，强迫不愿确股的农民确股。

(三)坚持依法依规有序操作。按照物权法定精神,严格执行《物权法》、《农村土地承包法》、《土地管理法》等法律法规和政策规定,按照农业部制发的相关规范和标准,开展土地承包经营权调查,完善承包合同,建立登记簿,颁发权属证书,确保登记成果完整、真实、准确。对确权登记颁证中的争议,有法律政策规定的,依法依政策进行调处。对于一些疑难问题,在不违背法律政策精神的前提下,通过民主协商妥善处理。权属争议未解决的,不进行土地承包经营权确权登记颁证。加强土地承包经营权确权登记颁证成果的保密管理,保护土地承包权利人的隐私。

(四)坚持以农民群众为主体。农民群众主动参与、积极配合是搞好土地承包经营权确权登记颁证的关键。要做深入细致的宣传、动员和解释工作,让农民充分了解确权登记颁证工作的目的、意义、作用和程序要求,充分发挥农民群众的主体作用,变"要我确权"为"我要确权"。特别要注意组织老党员、老干部参与确权登记颁证工作,充分发挥他们熟悉情况、调解纷争的积极作用。村组集体的土地承包经营权确权登记颁证方案,要在本集体成员内部充分讨论,达成一致,切实做到农民的事让农民自己做主。承包地块面积、四至等表格材料要经过农户签字认可。对于外出不在家的农户,要采取多种方式及时通知到户到人,充分保障其知情权、选择权、决策权。

(五)坚持进度服从质量。土地承包经营权确权登记颁证是长久大计,不能怕麻烦、图省事,必须做细做实,确保质量。各地要根据实际,统筹安排资源,科学把握进度,分期分批,积极稳妥推进。先抓好试点,及时发现问题,找到解决办法,然后在总结经验的基础上逐步扩大范围,不搞齐步走,不强求百分之百。要实行全程质量控制,把握关键环节,守好质量关口。

（六）坚持实行地方分级负责。按照中央要求，地方各级尤其是县乡两级对本行政区域内的土地承包经营权确权登记颁证工作全面负责。要强化属地管理，层层落实责任。省级主要承担组织领导责任；地市级主要承担组织协调责任；县乡两级主要承担组织实施责任，是开展土地承包经营权确权登记颁证工作的关键主体，领导要亲自挂帅、精心组织、全面落实。

四、进一步抓好重点任务

开展农村土地承包经营权确权登记颁证，核心是确权，重点在登记，关键在权属调查，各地要从实际出发，一个环节一个环节地做好工作。

（一）开展土地承包档案资料清查。依据农村土地所有权确权登记发证材料、土地承包方案、承包台账、承包合同、承包经营权证书等相关权属档案资料进行清查整理、组卷，按要求进行补建、修复和保全，摸清承包地现状，查清承包地块的名称、坐落、面积、四至、用途、流转等原始记载；摸清农户家庭承包状况，收集、整理、核对承包方代表、家庭成员及其变动等信息。有条件的地方，可以把档案清查、整理与土地承包管理信息化结合起来，推进土地承包原始档案管理数字化。

（二）开展土地承包经营权调查。对农村集体耕地开展土地承包经营权调查，查清承包地权利归属。重点是做好发包方、承包方和承包地块调查，如实准确填写发包方调查表、承包方调查表、承包地块调查表，制作调查结果公示表和权属归户表。以农村集体土地所有权确权登记结果为基础，以第二次全国土地调查成果为依据，充分利用现有的图件、影像等数据，绘制工作底图、调查草图，采用符合标准规范、农民群众认可的技术方法，查清农户承包地块的面积、四至、空间位置，制作承包地块分布图。调查成果经审核公示确认，作为土地承包经营权确实权的现实依据。对公示内容有异议的，进行补测核实。

（三）完善土地承包合同。根据公示确认的调查成果，完善土地承包合同，作为承包户取得土地承包经营权的法定依据。对没有签订土地承包合同的，要重新签订承包合同；对承包合同丢失、残缺的，进行补签、完善。实际承包面积与原土地承包合同、权属证书记载面积不一致的，要根据本集体通过的土地承包经营权确权登记颁证方案进行确权。属于原承包地块四至范围内的，原则上应确权给原承包农户。未经本集体成员协商同意，不得将承包方多出的承包面积转为其他方式承包并收取承包费。土地承包合同记载期限应以当地统一组织二轮延包的时点起算，承包期为30年，本轮土地承包期限届满，按届时的法律和保持现有土地承包关系稳定并长久不变的政策规定执行。

（四）建立健全登记簿。根据这次确权登记颁证完善后的承包合同，以承包农户为基本单位，按照一户一簿原则，明确每块承包地的范围、面积及权利归属，由县级人民政府农村经营管理机构建立健全统一规范的土地承包经营权登记簿，作为今后不动产统一登记的基础依据。登记簿应当记载发包方、承包方的姓名、地址，承包共有人，承包方式，承包地块的面积、坐落、界址、编码、用途、权属、地类及是否基本农田，承包合同编号、成立时间、期限，权利的内容及变化等。已经建立登记簿的，补充完善相关登记信息；未建立的，要抓紧建立。承包农户自愿提出变更、注销登记申请的，经核实确认后，予以变更或注销，并在登记簿中注明。

（五）颁发土地承包经营权证书。根据完善后的土地承包合同和建立健全的土地承包经营权登记簿，在确保信息准确无误、责任权利明确的基础上，按规定程序和修订后的土地承包经营权证书样本，向承包方颁发土地承包经营权证书，原已发的土地承包经营权权属证书收回销毁。承包经营权证书载明的户主或共有人，要体现男女平等的原则，切实保护妇女土地承包权益。实行确权确股不确地的，也要向承包方颁发土地承包经营权证书，并注明确权方式为确权确股；承包方有意愿要求的，发包方可以向承包方颁发农村集体的土地股权证。为与不动产统一登记工作衔接，今后可按照"不变不换"的原则，承包农户可以自愿申请、免费换取与不动产统一登记相衔接的证书，避免工作重复和资金浪费。抓紧研究制定统一的不动产登记簿册和权属证书办法，在条件具备时实施。

（六）推进信息应用平台建设。充分利用现有资源，完善、建立中央与地方互联互通的土地承包经营权信息应用平台，并以县级为单位建立土地承包经营权确权登记颁证数据库和土地承包经营权登记业务系统，实现土地承包合同管理、权属登记、经营权流转和纠纷调处等业务工作的信息化，避免重复建设和各自为政。以县级土地承包经营权确权登记结果和现有资源为基础，逐级汇总，完善、建立中央和省地县四级土地承包经营权确权登记颁证数据汇总和动态管理制度。研究制定土地承包经营权登记业务系统与不动产登记信息平台的数据交换协议，与不动产登记信息平台实现信息共享。

（七）建立健全档案管理制度。土地承包经营权确权登记颁证过程中形成的文字、图表、声像、数据等文件材料，是对国家、社会有保存价值的重要凭证和历史记录。各地要按照农业部、国家档案局制发的《农村土地承包经营权确权登记颁证档案管理办法》，坚持统一领导、分级实施、分类管理、集中保管的原则，认真做好土地承包经营权确权档案的收集、整理、鉴定、保管、编研和利用等工作。档案管理工作应当与土地承包经营权确权登记颁证工作同步部署、实施、检查和验收，做到组织有序、种类齐全、保管安全,确保管有人、存有地、查有序。

五、进一步加强组织领导

农村土地承包经营权确权登记颁证事关重大,各地要强化组织领导,确保各项工作稳步推进,把好事办好。

(一)健全工作机制。各地要按照中央要求,建立健全党委政府统一领导、部门分工协作、群众广泛参与的工作机制,统筹协调,合力推进。各有关部门要按照当地党委政府的任务分工,认真履行好职责。农业部门承担牵头职责,负责综合协调、组织实施和工作指导;财政部门负责根据实际需要统筹安排相关资金,加强资金监管;国土资源部门负责免费提供最新的全国土地调查和农村集体土地所有权确权登记等成果,并配合做好土地承包经营权确权登记颁证与不动产登记工作的有效衔接;农村工作综合部门负责研究有关政策;法制工作部门负责研究完善有关法律法规;档案部门负责指导土地承包档案管理。要加强村组土地承包经营权确权登记颁证工作的组织领导,切实发挥农村基层党组织、村委会和农村集体经济组织的职能作用,动员和组织广大农民群众积极参与到土地承包经营权确权登记颁证工作中。

(二)加大宣传培训。采取多种形式,利用各种媒介,生动形象地开展宣传活动,引导和营造稳步推进土地承包经营权确权登记颁证工作的良好舆论氛围和工作环境。根据当地实际,编印土地承包经营权确权登记颁证的明白纸、宣传册,解读政策,澄清疑惑,明确要求。创新宣传方式方法,把贴标语、刷宣传栏、写公开信等传统手段与电视、电话、广播、网络等现代手段相结合,融合群众喜闻乐见的现场解答、戏曲表演等手段,扩大宣传范围,提高宣传效果。加强培训,形成具有专业素质的政策指导队伍、现场操作队伍。要制定培训计划,编印培训教材,培养师资,分层次、分对象开展培训。创新培训方式,把专家讲解和现场教学有机结合,提高培训的针对性和实用性，确保广大基层干部和相关技术人员得到必要的培训。

（三）严格资金管理。土地承包经营权确权登记颁证工作经费纳入地方财政预算，中央财政给予补助。各地要切实强化土地承包经营权确权登记颁证工作经费管理，严格执行预算法律法规及财政资金管理规定，努力降低工作成本，确保资金使用安全、高效。

（四）探索创新解决问题的方式方法。鼓励各地从实际出发，探索解决土地承包经营权确权登记颁证工作遇到的困难和问题。深入基层，深入群众，深入实际，开展调查研究，及时掌握和反映土地承包经营权确权登记颁证工作出现的新情况、新问题。认真总结试点中各地创造的好做法、好经验，加强交流学习，更好地指导面上工作。对于苗头性、倾向性和具有共性的问题，要在深入研究和广泛论证的基础上，提出政策建议，涉及全国性的重大政策要及时请示。对局部性的问题，鼓励各地按照"一村一策"或"一事一议"的办法，通过实行差异化、区别性的措施予以解决。具体到一个村，要注意依靠群众，用群众接受的办法解决问题。

（五）强化监督检查。建立健全土地承包经营权确权登记颁证工作情况报告、监督检查和成果验收制度。认真执行土地承包经营权确权登记颁证工作进展情况定期上报规定，定期通报各地工作进展情况。加强检查监督和情况调度，及时掌握工作进展情况，对发现的问题及时提出处理意见。研究制定土地承包经营权确权登记颁证成果检查验收办法。土地承包经营权确权登记颁证任务完成后，原则上由县级组织自查，地市级组织核查，省级组织验收，具体由各省确定。全国将适时组织抽查，工作整体完成后向党中央、国务院报告。

各省（区、市）要按照本意见的要求制定具体的实施方案，并报农业部备案。工作中遇到的困难和问题及时报告。

农业部　中央农村工作领导小组办公室
财政部　国土资源部
国务院法制办　国家档案局
2015 年 1 月 27 日

农村土地承包经营权确权
登记颁证档案管理办法

农业部 国家档案局关于印发《农村土地承包经营权确权登记颁证档案管理办法》的通知

农经发〔2014〕12号

各省、自治区、直辖市农业（农牧、农村经济）厅（局、委、办），档案局：

为贯彻落实2014年中央1号文件和《中共中央办公厅 国务院办公厅印发〈关于引导农村土地经营权有序流转发展农业适度规模经营的意见〉的通知》（中办发〔2014〕61号）精神，切实做好农村土地承包经营权确权登记颁证档案工作，农业部、国家档案局组织制定了《农村土地承包经营权确权登记颁证档案管理办法》，现印发给你们，请结合本地区实际，遵照执行。

农业部 国家档案局
2014年11月20日

第一条 为了规范农村土地承包经营权确权登记颁证工作，加强管理和有效利用农村土地承包经营权确权登记颁证档案，根据《档案法》、《农村土地承包法》和《物权法》等有关法律法规，制定本办法。

第二条 本办法所称农村土地承包经营权确权登记颁证档案是指在农村土地承包经营权确权登记颁证（以下简称承包地确权）工

作中形成的，对国家、社会和个人有保存价值的文字、图表、声像、数据等各种形式和载体的文件材料的总称，是承包地确权的重要凭证和历史记录。

第三条 本办法所称承包地确权档案工作是指承包地确权档案的收集、整理、鉴定、保管、编研、利用等工作。

第四条 承包地确权档案工作坚持统一领导、分级实施、分类管理、集中保管的原则。承包地确权档案工作应当与承包地确权工作同步部署、同步实施、同步检查、同步验收。

第五条 县级以上农村土地承包管理部门负责对本级承包地确权档案工作的领导，将档案工作纳入本行政区域内承包地确权工作中统筹规划、组织协调、检查验收；同级档案行政管理部门负责对承包地确权文件材料的形成、积累、归档和移交工作进行业务培训和监督指导。

第六条 县级以上农村土地承包管理部门和档案行政管理部门应当建立健全承包地确权文件材料的收集、整理、归档、保管、利用等各项制度，确保承包地确权档案资料的齐全、完整、真实、有效。

第七条 县、乡（镇）和村应当将承包地确权文件材料的收集、整理、归档纳入总体工作计划。县、乡（镇）要制定相关工作方案、健全档案工作规章制度、落实专项工作经费、指定工作人员、配备必要设施设备，确保档案完整与安全。

第八条 承包地确权档案主要包括综合管理、确权登记、纠纷调处和特殊载体类，其保管期限分为永久和定期。具有重要凭证、依据和查考利用价值的，应当永久保存；具有一般利用保存价值的，应当定期保存，期限为30年或者10年。具体应当按照本办法《农村土地承包经营权确权登记颁证文件材料归档范围和档案保管期限表》（见附件）进行收集并确定保管期限。

县、乡（镇）和村在组织归档时，对同一归档材料，原则上不重复归档。因工作特殊需要的，可以建立副本。

第九条 承包地确权纸质档案应按照《文书档案案卷格式》（GB/T9705-2008）和《归档文件整理规则》（DA/T22-2000）等有关标准要求进行整理。

第十条 确权登记类中具体涉及农户的有关确权申请、身份信息、确认权属、实地勘界、界限图表、登记和权证审核发放等文件材料，应当以农户为单位"一户一卷"进行整理组卷。

第十一条 归档的承包地确权文件材料应当字迹工整、数字准确、图样清晰、手续完备。归档文件材料的印制书写材料、纸张和装订材料等应符合档案保管的要求。

第十二条 归档的非纸质材料，应当单独整理编目，并与纸质材料建立对应关系。

录音、录像材料要保证载体的安全可靠性，电子文件和利用信息系统采集、贮存的数据以及航空航天遥感影像应当用不可擦写光盘等可靠方式保存。

照片和图片应当配有文字说明，标明时间、地点、人物和事由。

电子文件生成的软硬件环境及参数须符合《农村土地承包经营权调查规程》（NY/T2537-2014）、《农村土地承包经营权要素编码规则》（NY/T2538-2014）、《农村土地承包经营权确权登记数据库规范》（NY/T2539-2014）及相关电子档案管理的要求。

第十三条 省、市级土地承包管理部门和档案行政管理部门应组织对承包地确权档案工作的检查，重点检查承包地确权档案的完整、准确、系统情况和档案的安全保管情况。

对于承包地确权档案检查不合格的单位，应督促其及时纠正。

第十四条 县级农村土地承包管理部门应当按照国家有关规定

及时向县级国家档案馆移交验收合格的承包地确权档案。经协商同意，承包地确权档案可以提前移交，并按规定办理相关手续。

第十五条 村级承包地确权档案一般由乡（镇）人民政府档案机构代为保管，必要时经县级档案行政管理部门验收后，可移交县级国家档案馆统一保管。

符合档案保管条件的村，经申请并由乡镇人民政府批准后，可自行保管本村承包地确权档案。

第十六条 各级农村土地承包管理部门和国家档案馆应当按照规定向社会开放承包地确权档案，为社会提供利用服务，但涉及国家秘密、个人隐私和法律另有规定的除外。

第十七条 县级以上农村土地承包管理部门和档案行政管理部门应当积极推进承包地确权档案的数字化和信息化建设，加强承包地确权电子文件归档和电子档案的规范化管理，通过农村档案信息资源共享平台，提供网上服务、方便社会查询。

第十八条 各级人民政府及农村土地承包管理部门、档案行政管理部门对在承包地确权档案的收集、整理、利用等各项工作中做出突出成绩的单位和个人，应给予奖励。

第十九条 在承包地确权档案工作中，对于违反有关规定，造成承包地确权档案失真、损毁或丢失的，由有关部门依法追究相关人员的法律责任；涉嫌犯罪的，移送司法机关依法追究刑事责任。

第二十条 各省、自治区、直辖市农村土地承包管理部门、档案行政管理部门可根据本办法，结合本地实际，制定承包地确权档案工作的有关规定。

第二十一条 本办法由农业部、国家档案局负责解释。

第二十二条 本办法自发布之日起施行。

农村土地承包经营权确权登记颁证成果检查验收办法（试行）

农业部办公厅关于印发《农村土地承包经营权确权登记颁证成果检查验收办法（试行）》的通知

农办经〔2015〕5号

各省、自治区、直辖市农业（农牧、农村经济）厅（局、委、办）：

按照农业部、中央农办、财政部、国土资源部、国务院法制办、国家档案局联合下发的《关于认真做好农村土地承包经营权确权登记颁证工作的意见》（农经发〔2015〕2号）和全国农村土地承包经营权确权登记颁证工作视频会议的要求，我部组织制定了《农村土地承包经营权确权登记颁证成果检查验收办法（试行）》，现印发给你们。请结合本地区实际，参照执行。

农业部办公厅
2015年2月27日

1. 总则

1.1 目的

为保证农村土地承包经营权确权登记颁证成果的质量，规范成果检查验收程序、内容和方法，特制订本办法。

1.2 适用范围

本办法适用于本次农村土地承包经营权确权登记颁证成果的检

查验收。中华人民共和国农业部公告第 2062 号实施以前已经签约立项形成的农村土地承包经营权确权登记颁证成果,按农办经〔2012〕19 号文件的相关要求参照本办法进行检查验收。

1.3 检查验收的依据

《中共中央办公厅 国务院办公厅印发〈关于引导农村土地经营权有序流转发展农业适度规模经营的意见〉的通知》(中办发〔2014〕61 号)

《农业部、财政部、国土资源部、中央农村工作领导小组办公室、国务院法制办、国家档案局关于开展农村土地承包经营权登记试点工作的意见》(农经发〔2011〕2 号)

《农业部 国家档案局关于印发〈农村土地承包经营权确权登记颁证档案管理办法〉的通知》(农经发〔2014〕12 号)

《农村土地承包经营权调查规程》(NY/T 2537-2014)

《农村土地承包经营权要素编码规则》(NY/T 2538-2014)

《农村土地承包经营权确权登记数据库规范》(NY/T 2539-2014)

《测绘技术总结编写规定》(CH/T 1001-2005)

2. 检查验收的组织实施

农村土地承包经营权确权登记颁证成果检查验收工作以县级行政区为基本单位,检查验收的组织工作由各级农村土地承包经营权确权登记颁证工作领导小组办公室(以下简称"确权办")负责。

农村土地承包经营权确权登记颁证成果检查验收采取县级自检、地市核查、省级验收的检查验收制度,国家采取抽查的方式加强指导管理。

3. 承包地块测绘成果监督检查

农村土地承包经营权调查项目作业单位应按照相关技术规范的要求进行承包地块测绘作业过程检查和最终检查。根据 CH/T 1001-

2005编写测绘专业技术总结，由负责人审核签章并通过项目承担单位签章确认，可分标段或生产环节向委托单位（业主单位）申请承包地块测绘成果专项验收。

委托单位可组织专家或委托第三方社会机构，组织进行承包地块测绘成果的检查验收。检查验收工作完成后，实施检查验收方应出具承包地块测绘成果检查验收报告，报告应有具体的负责人签章或单位签章信息。检查验收报告应作为农村土地承包经营权确权登记颁证成果自查的一部分，在上级单位进行检查验收时一并提交。

4. 检查验收的内容与方法

检查验收的主要内容包括工作保障落实情况、农村土地承包经营权调查完成情况、农村土地承包经营权登记完成情况、农村土地承包管理信息化建设情况。

检查验收工作主要采用内业查看、外业抽样检测的方法，重点检查确权登记颁证成果的真实性、完整性、规范性。

4.1　工作保障落实情况检查

通过内业查看检查农村土地承包经营权确权登记颁证工作保障的落实情况，填写《工作保障落实情况检查表》（见表4）。

4.2　农村土地承包经营权调查完成情况检查

通过内业查看和外业抽样检测的方法检查承包经营权调查成果，填写《承包经营权调查完成情况检查表》（见表5）、《承包经营权调查面积精度检查表》（见表6）和《承包经营权调查界址点精度检查表》（见表7）。

4.3　农村土地承包经营权登记完成情况检查

通过内业查看的方法检查农村土地承包经营权确权登记颁证完成情况，填写《承包经营权登记完成情况检查表》（见表8）。

4.4　农村土地承包管理信息化检查

通过内业查看的方法检查数据库和信息系统建设情况，填写

《农村土地承包管理信息化检查表》(见表9)。

5. 检查验收的程序

5.1 准备工作

5.1.1 组织准备

接受检查验收方：

a) 按要求进行自检或预检，完成自检或预检报告。

b) 完成本辖区内总体完成情况判断，填写《总体完成情况检查表》(见表10)。

c) 向上级确权办提出检查验收书面申请。

实施检查验收方：

a) 接收下级确权办的检查验收申请，并做出是否受理决定。

b) 受理检查验收申请的，按如下要求做好组织准备：

1) 成立检查验收组，推荐确定组长，确定外业小组和内业小组专家成员。检查验收组专家的专业背景应涵盖农经或土地管理、测绘地理信息、空间数据库等领域。

2) 研究确定外业抽样检测的区域、线路、具体方法和时间安排，并准备外业检查所需的仪器设备。研究确定内业资料查看的重点、具体方法和时间安排。

3) 告知被检查验收单位需要配合的事项。

4) 召开检查验收工作布置会。

c) 不受理检查验收的，应及时告知不受理的原因及相关事项。

5.1.2 资料准备

接受检查验收的确权办统一组织准备检查验收所需的资料，主要包括：

a) 农村土地承包经营权调查资料。包括发包方调查表、承包方调查表、承包地块调查表、调查信息公示表、公示结果归户表、调查草图、地块分布图、农村土地承包经营纠纷调解仲裁结果材料、完善后的农村土地承包合同、土地承包台账等。

b) 农村土地承包经营权登记资料。包括农村土地承包经营权登记申请书、登记申请审批材料、农村土地承包经营权登记薄、农村土地承包经营权证书等。

c) 农村土地承包管理信息化成果资料。包括农村土地承包经营权确权登记数据库、农村土地承包管理信息系统、农村土地承包经营权调查和登记过程中的其他数字化档案资料等。

d) 其他资料。包括工作方案、实施方案、技术设计书、招投标结果公告、工作报告、技术报告、日志简报、宣传培训、检查验收、会议纪要、确权登记颁证工作涉及的组织实施和政策技术文件以及本行政区内的县级行政区、发包方和承包方清单等。

5.2 确定抽样样本

由接受检查验收单位提供发包方和承包方清单以及历次检查验收样本抽取情况，检查验收组按表1规定随机确定检查验收抽样样本。

抽样样本的确定应充分顾及农村土地承包经营状况、地形地貌、招投标标段或作业区划分等情况，兼顾不同类别，提高样本代表性。

同一县级行政区接受不同级别的检查验收时，应避免选择已被抽取过的发包方、承包方或承包地块。

情况特殊需调整抽样样本量的，由接受检查验收的确权办依据本办法的要求，结合本地实际情况，按发包方、承包方、承包地块的数量做适当调整，并报上级确权办备案。

5.3 内外业检查

内业小组按照检查验收规定审查成果资料，并做好检查验收记录。

外业小组按照检查验收规定进行检查对照、审查成果资料，并做好检查记录。

检查验收组针对内外业检查情况提出质询,被检查验收单位答疑。

5.4 形成检查验收报告

检查验收组召开内外业检查验收情况工作会议,形成检查验收报告。

检查验收报告应包括检查验收的组织形式、时间、对象,检查验收的依据,提交检查验收的成果资料,检查验收的数量,工作评价、成果评价、整改意见、检查验收结论等。检查验收报告应由检查验收组成员签章确认并存档。

形成检查验收报告后,应对检查验收情况进行总结,向接受检查验收的单位通报检查验收情况、宣布检查验收结果。

6. 检查验收的结果评定

6.1 检查验收评分

检查验收评分执行百分制,满分为100分。各类检查内容满分均为100分,各类检查内容在评分中所占权重执行表2的规定。

检查要素分值由省级确权办统一制订,特殊情况需要调整权重的,由本级确权办向上级确权办申请,批准后执行。

以发包方、承包方、承包地块为基本单位的检查内容,计分方法按合格比例计算各要素得分(小数点后保留两位有效数字),计算公式:要素得分=要素分值×合格样本数÷总样本数。

附表:(略)

国务院办公厅关于引导农村产权流转交易市场健康发展的意见

国办发〔2014〕71号

各省、自治区、直辖市人民政府，国务院各部委、各直属机构：

近年来，随着农村劳动力持续转移和农村改革不断深化，农户承包土地经营权、林权等各类农村产权流转交易需求明显增长，许多地方建立了多种形式的农村产权流转交易市场和服务平台，为农村产权流转交易提供了有效服务。但是，各地农村产权流转交易市场发展不平衡，其设立、运行、监管有待规范。引导农村产权流转交易市场健康发展，事关农村改革发展稳定大局，有利于保障农民和农村集体经济组织的财产权益，有利于提高农村要素资源配置和利用效率，有利于加快推进农业现代化。为此，经国务院同意，现提出以下意见。

一、总体要求

（一）指导思想。以邓小平理论、"三个代表"重要思想、科学发展观为指导，深入贯彻习近平总书记系列重要讲话精神，全面落实党的十八大和十八届三中、四中全会精神，按照党中央、国务院决策部署，以坚持和完善农村基本经营制度为前提，以保障农民和农村集体经济组织的财产权益为根本，以规范流转交易行为和完善服务功能为重点，扎实做好农村产权流转交易市场建设工作。

（二）基本原则。

——坚持公益性为主。必须坚持为农服务宗旨，突出公益性，不以盈利为目的，引导、规范和扶持农村产权流转交易市场发展，充分发挥其服务农村改革发展的重要作用。

——坚持公开公正规范。必须坚持公开透明、自主交易、公平竞争、规范有序，逐步探索形成符合农村实际和农村产权流转交易特点的市场形式、交易规则、服务方式和监管办法。

——坚持因地制宜。是否设立市场、设立什么样的市场、覆盖多大范围等，都要从各地实际出发，统筹规划、合理布局，不能搞强迫命令，不能搞行政瞎指挥。

——坚持稳步推进。充分利用和完善现有农村产权流转交易市场，在有需求、有条件的地方积极探索新的市场形式，稳妥慎重、循序渐进，不急于求成，不片面追求速度和规模。

二、定位和形式

（三）性质。农村产权流转交易市场是为各类农村产权依法流转交易提供服务的平台，包括现有的农村土地承包经营权流转服务中心、农村集体资产管理交易中心、林权管理服务中心和林业产权交易所，以及各地探索建立的其他形式农村产权流转交易市场。现阶段通过市场流转交易的农村产权包括承包到户的和农村集体统一经营管理的资源性资产、经营性资产等，以农户承包土地经营权、集体林地经营权为主，不涉及农村集体土地所有权和依法以家庭承包方式承包的集体土地承包权，具有明显的资产使用权租赁市场的特征。流转交易以服务农户、农民合作社、农村集体经济组织为主，流转交易目的以从事农业生产经营为主，具有显著的农业农村特色。流转交易行为主要发生在县、乡范围内，区域差异较大，具有鲜明的地域特点。

（四）功能。农村产权流转交易市场既要发挥信息传递、价格发现、交易中介的基本功能，又要注意发挥贴近"三农"，为农户、农民合作社、农村集体经济组织等主体流转交易产权提供便利和制度保障的特殊功能。适应交易主体、目的和方式多样化的需求，不断拓展服务功能，逐步发展成集信息发布、产权交易、法律咨询、资产评估、抵押融资等为一体的为农服务综合平台。

（五）设立。农村产权流转交易市场是政府主导、服务"三农"的非盈利性机构，可以是事业法人，也可以是企业法人。设立农村产权流转交易市场，要经过科学论证，由当地政府审批。当地政府要成立由相关部门组成的农村产权流转交易监督管理委员会，承担组织协调、政策制定等方面职责，负责对市场运行进行指导和监管。

（六）构成。县、乡农村土地承包经营权和林权等流转服务平台，是现阶段农村产权流转交易市场的主要形式和重要组成部分。利用好现有的各类农村产权流转服务平台，充分发挥其植根农村、贴近农户、熟悉农情的优势，做好县、乡范围内的农村产权流转交易服务工作。现阶段市场建设应以县域为主。确有需要的地方，可以设立覆盖地（市）乃至省（区、市）地域范围的市场，承担更大范围的信息整合发布和大额流转交易。各地要加强统筹协调，理顺县、乡农村产权流转服务平台与更高层级农村产权流转交易市场的关系，可以采取多种形式合作共建，也可以实行一体化运营，推动实现资源共享、优势互补、协同发展。

（七）形式。鼓励各地探索符合农村产权流转交易实际需要的多种市场形式，既要搞好交易所式的市场建设，也要有效利用电子交易网络平台。鼓励有条件的地方整合各类流转服务平台，建立提供综合服务的市场。农村产权流转交易市场可以是独立的交易场所，也可以利用政务服务大厅等场所，形成"一个屋顶之下、多个服务窗口、多品种产权交易"的综合平台。

三、运行和监管

（八）交易品种。农村产权类别较多，权属关系复杂，承载功能多样，适用规则不同，应实行分类指导。法律没有限制的品种均可以入市流转交易，流转交易的方式、期限和流转交易后的开发利用要遵循相关法律、法规和政策。现阶段的交易品种主要包括：

1. 农户承包土地经营权。是指以家庭承包方式承包的耕地、草地、养殖水面等经营权，可以采取出租、入股等方式流转交易，流转期限由流转双方在法律规定范围内协商确定。

2. 林权。是指集体林地经营权和林木所有权、使用权，可以采取出租、转让、入股、作价出资或合作等方式流转交易，流转期限不能超过法定期限。

3. "四荒"使用权。是指农村集体所有的荒山、荒沟、荒丘、荒滩使用权。采取家庭承包方式取得的，按照农户承包土地经营权有关规定进行流转交易。以其他方式承包的，其承包经营权可以采取转让、出租、入股、抵押等方式进行流转交易。

4. 农村集体经营性资产。是指由农村集体统一经营管理的经营性资产（不含土地）的所有权或使用权，可以采取承包、租赁、出让、入股、合资、合作等方式流转交易。

5. 农业生产设施设备。是指农户、农民合作组织、农村集体和涉农企业等拥有的农业生产设施设备，可以采取转让、租赁、拍卖等方式流转交易。

6. 小型水利设施使用权。是指农户、农民合作组织、农村集体和涉农企业等拥有的小型水利设施使用权，可以采取承包、租赁、转让、抵押、股份合作等方式流转交易。

7. 农业类知识产权。是指涉农专利、商标、版权、新品种、新技术等，可以采取转让、出租、股份合作等方式流转交易。

8. 其他。农村建设项目招标、产业项目招商和转让等。

（九）交易主体。凡是法律、法规和政策没有限制的法人和自然人均可以进入市场参与流转交易，具体准入条件按照相关法律、法规和政策执行。现阶段市场流转交易主体主要有农户、农民合作社、农村集体经济组织、涉农企业和其他投资者。农户拥有的产权是否入市流转交易由农户自主决定。任何组织和个人不得强迫或妨碍自主交易。一定标的额以上的农村集体资产流转必须进入市场公开交易，防止暗箱操作。农村产权流转交易市场要依法对各类市场主体的资格进行审查核实、登记备案。产权流转交易的出让方必须是产权权利人，或者受产权权利人委托的受托人。除农户宅基地使用权、农民住房财产权、农户持有的集体资产股权之外，流转交易的受让方原则上没有资格限制（外资企业和境外投资者按照有关法律、法规执行）。对工商企业进入市场流转交易，要依据相关法律、法规和政策，加强准入监管和风险防范。

（十）服务内容。农村产权流转交易市场都应提供发布交易信息、受理交易咨询和申请、协助产权查询、组织交易、出具产权流转交易鉴证书、协助办理产权变更登记和资金结算手续等基本服务；可以根据自身条件，开展资产评估、法律服务、产权经纪、项目推介、抵押融资等配套服务，还可以引入财会、法律、资产评估等中介服务组织以及银行、保险等金融机构和担保公司，为农村产权流转交易提供专业化服务。

（十一）管理制度。农村产权流转交易市场要建立健全规范的市场管理制度和交易规则，对市场运行、服务规范、中介行为、纠纷调处、收费标准等作出具体规定。实行统一规范的业务受理、信息发布、交易签约、交易中（终）止、交易（合同）鉴证、档案管理等制度，流转交易的产权应无争议，发布信息应真实、准确、完整，交易品种和方式应符合相应法律、法规和政策，交易过程应公开公正，交易服务应方便农民群众。

（十二）监督管理。农村产权流转交易监督管理委员会和市场主管部门要强化监督管理，加强定期检查和动态监测，促进交易公平，防范交易风险，确保市场规范运行。及时查处各类违法违规交易行为，严禁隐瞒信息、暗箱操作、操纵交易。耕地、林地、草地、水利设施等产权流转交易后的开发利用，不能改变用途，不能破坏农业综合生产能力，不能破坏生态功能，有关部门要加强监管。

（十三）行业自律。探索建立农村产权流转交易市场行业协会，充分发挥其推动行业发展和行业自律的积极作用。协会要推进行业规范、交易制度和服务标准建设，加强经验交流、政策咨询、人员培训等服务；增强行业自律意识，自觉维护行业形象，提升市场公信力。

四、保障措施

（十四）扶持政策。各地要稳步推进农村集体产权制度改革，扎实做好土地承包经营权、集体建设用地使用权、农户宅基地使用权、林权等确权登记颁证工作。实行市场建设和运营财政补贴等优惠政策，通过采取购买社会化服务或公益性岗位等措施，支持充分利用现代信息技术建立农村产权流转交易和管理信息网络平台，完善服务功能和手段。组织从业人员开展业务培训，积极培育市场中介服务组织，逐步提高专业化水平。

（十五）组织领导。各地要加强领导，健全工作机制，严格执行相关法律、法规和政策；从本地实际出发，根据农村产权流转交易需要，制定管理办法和实施方案。农村工作综合部门和科技、财政、国土资源、住房城乡建设、农业、水利、林业、金融等部门要密切配合，加强指导，及时研究解决工作中的困难和问题。

国务院办公厅

2014 年 12 月 30 日

农村土地经营权流转交易市场运行规范（试行）

农业部关于印发
《农村土地经营权流转交易市场运行规范（试行）》的通知
农经发〔2016〕9号

各省、自治区、直辖市及计划单列市农业（农牧、农村经济）厅（局、委）：

按照《中共中央办公厅 国务院办公厅关于引导农村土地经营权有序流转发展农业适度规模经营的意见》（中办发〔2014〕61号）和《国务院办公厅关于引导农村产权流转交易市场健康发展的意见》（国办发〔2014〕71号）要求，我部制定了《农村土地经营权流转交易市场运行规范（试行）》，现印发供参照执行。各地要加大工作力度，指导农村土地经营权流转交易市场建立健全交易运行规则，督促尚未建立流转交易市场的地方特别是粮食主产区抓紧建立市场并完善规则，推动流转交易公开、公正、规范运行，维护交易双方合法权益，促进土地资源优化配置和农业适度规模经营健康发展。

中华人民共和国农业部
2016年6月29日

为加强对农村土地经营权流转交易市场的工作指导，依法推进土地经营权有序流转，依据《农村土地承包法》《农村土地承包经营权流转管理办法》《农村土地承包经营权证管理办法》等法律、规章及相关政策，制定本规范。

第一条 在农村土地经营权流转交易市场内，进行农村土地经营权流转交易的，适用本规范。

本规范所指农村土地经营权流转交易市场，是指为农村土地经营权依法流转交易提供服务的平台，主要包括农村土地经营权流转服务中心、农村集体资产管理交易中心、农村产权交易中心（所）等。

第二条 农村土地经营权流转交易应具备以下条件：

（一）权属清晰无争议；

（二）交易双方必须是具有完全民事权利能力和民事行为能力的自然人、法人或其他组织，且有流转交易的真实意愿；

（三）流出方必须是产权权利人，或者受产权权利人委托的组织或个人；

（四）流转交易要符合法律法规和环境保护规划、农业产业发展规划、土地利用总体规划和城乡一体化建设规划等政策规定。

第三条 农村土地经营权流转交易市场的交易品种包括：

（一）家庭承包方式取得的土地经营权；

（二）其他承包方式取得的土地经营权；

（三）集体经济组织未发包的土地经营权；

（四）其他依法可流转交易的土地经营权。

第四条 农村集体经济组织、承包农户、家庭农场、专业大户、农民专业合作社、农业企业等各类农业经营主体，以及具备农业生产经营能力的其他组织或个人均可以依法在农村土地经营权流转交易市场进行交易。

第五条 流出方在农村土地经营权流转交易市场进行交易，应提交以下材料：

（一）家庭承包方式取得的土地经营权：

1. 身份证明；

2.《农村土地承包经营权证》；

3. 农村集体经济组织或中介组织（个人）受托流转承包土地的，应当提供书面委托书；

4. 土地情况介绍书（主要包括土地位置、四至、面积、质量等级、利用现状、预期价格、流转方式、流转用途等内容）；

5. 农村土地经营权流转交易市场要求提供的其他材料。

（二）其他承包方式取得的土地经营权：

1. 身份证明；

2.《农村土地承包经营权证》或其他权属证明材料；

3. 土地情况介绍书（主要包括土地位置、四至、面积、质量等级、利用现状、预期价格、流转方式、流转用途等内容）；

4. 农村土地经营权流转交易市场要求提供的其他材料。

（三）农村集体经济组织未发包的土地经营权：

1. 农村集体经济组织主体资格证明材料；

2. 具体承办人的身份证明；

3. 集体土地所有权权属证明材料；

4. 农村集体经济组织成员的村民会议三分之二以上成员或者三分之二以上村民代表签署同意流转土地的书面证明；

5. 土地情况介绍书（主要包括土地位置、四至、面积、质量等级、利用现状、预期价格及作价依据、流转方式、流转用途等内容）；

6. 农村土地经营权流转交易市场要求提供的其他材料。

（四）其他依法可流转交易的土地经营权参照以上情形，按照农村土地经营权流转交易市场要求提供相关材料。

第六条 流入方在农村土地经营权流转交易市场进行交易，应提交以下材料：

（一）身份证明等主体资格证明材料；

（二）流入申请（主要包括流入土地的用途、面积、期限等内容）；

（三）流入土地超过当地规定标准的，需提供农业经营能力等证明，项目可行性报告，以及有权批准机构准予流转交易的证明；

（四）农村土地经营权流转交易市场要求提供的其他材料。

第七条 交易双方应当对所提交材料的真实性、完整性、合法性、有效性负责。

第八条 流出方和流入方与农村土地经营权流转交易市场签署流转交易服务协议，明确农村土地经营权流转交易市场提供的服务内容及协议双方的权利、义务。

第九条 农村土地经营权流转交易市场公开发布供求信息。信息主要包括以下内容：

（一）流转土地的基本情况（主要包括土地位置、四至、面积、质量等级、利用现状、预期价格、流转方式、流转用途等内容）；

（二）流出方或流入方的基本情况和相关条件；

（三）需要公布的其他事项。

第十条 土地经营权流转信息的发布公示期限不少于10个工作日。同一宗土地的经营权再次流转交易须设定间隔期限。在公示期限内，如出现重大变化，应及时发布变更信息，并重新计算公示期限。公示期结束后，农村土地经营权流转市场组织交易。

第十一条 土地经营权流出方或流入方可以委托具有资质的评估机构对土地经营权流转交易价格进行评估。

第十二条 集体经济组织未发包的土地经营权流转交易底价应当由农民集体民主协商决定。

第十三条　交易双方应参照土地经营权流转交易合同示范文本订立合同，主要包括以下内容：

（一）双方的基本信息；

（二）流转土地的四至、坐落、面积、质量等级；

（三）流转的期限和起止日期；

（四）流转土地的用途；

（五）流转价款及支付方式；

（六）合同到期后地上附着物及相关设施的处理；

（七）双方的权利和义务；

（八）双方的违约责任、争议解决方式、合同变更和解除的条件；

（九）双方认为需要约定的其他事项。

第十四条　流转交易合同到期后，流入方在同等条件下可优先续约。

第十五条　按照农村土地经营权流转交易市场的相关要求，流转交易双方签订合同后，可以获得农村土地经营权流转交易市场提供的流转交易鉴证。

第十六条　农村土地经营权流转交易鉴证应载明如下事项：

（一）项目编号；

（二）签约日期；

（三）流出方及委托人全称；

（四）流入方及委托人全称；

（五）合同期限和起止日期；

（六）成交金额；

（七）支付方式；

（八）其他事项。

第十七条　交易过程中，交易双方合同签订前，有以下情形之

一的,经流出方、流入方或者第三方提出申请,农村土地经营权流转交易市场确认后,可以中止交易:

(一) 农村土地经营权存在权属争议且尚未解决的;

(二) 因不可抗力致使交易活动不能按约定的期限和程序进行的;

(三) 其他情况导致交易中止的。

第十八条 交易过程中,交易双方合同签订前,有以下情形之一的,农村土地经营权流转交易市场可以终止交易:

(一) 中止交易后未能消除影响交易中止的因素导致交易无法继续进行的;

(二) 人民法院、仲裁机构等单位依法发出终止交易书面通知的;

(三) 其他需要终止交易的。

第十九条 经有权机关授权,农村土地经营权流转交易市场可以开展土地经营权抵押登记。

第二十条 土地经营权抵押人向农村土地经营权流转交易市场提出抵押登记申请的,应提供以下材料:

(一) 农村土地经营权抵押申请;

(二) 抵押登记申请人身份证明,法人和其他组织还需提供统一社会信用代码、工商营业执照副本或其他证明材料;

(三) 相关方同意土地经营权用于抵押和合法再流转的证明;

(四) 土地经营权权属证明材料或土地经营权流转交易鉴证;

(五) 农村土地经营权流转交易市场要求提供的其他材料。

第二十一条 农村土地经营权流转交易市场应当将交易过程中形成的文字、图片等相关资料妥善保存,建立健全档案管理制度。

第二十二条 相关权利人可以获得档案信息查询服务,农村土地经营权流转交易市场在提供档案查询服务时,不得损害国家安全和利益，不得损害社会和其他组织的利益，不得侵犯他人合法权益。

第二十三条 农村土地经营权流转交易市场应交易双方要求，可以组织提供法律咨询、资产评估、会计审计、项目策划、金融保险等服务。提供有关服务的收费标准，根据相关规定由当地物价部门核定并予以公示。

第二十四条 农村土地经营权流转交易市场应当制定工作规程和采取必要措施，保障农村土地经营权流转交易公开、公正、规范运行，自觉接受社会公众监督和依法接受有关部门管理。

第二十五条 农村土地经营权流转交易发生争议或者纠纷，相关权利人可以依法申请调解、仲裁或提起诉讼。

国家林业局关于规范集体林权流转市场运行的意见

林改发〔2016〕100号

各省、自治区、直辖市林业厅（局），内蒙古、吉林、龙江、大兴安岭森工（林业）集团公司，新疆生产建设兵团林业局，国家林业局各司局、各直属单位：

随着林业改革不断深入，集体林权流转规模不断扩大、方式不断创新，推动了林业规模化经营，有力地促进了林业增效、农民增收。为使集体林权流转既顺畅，又切实避免"乱象"，现提出如下意见。

一、严格界定流转林权范围

集体林权流转是指在不改变林地所有权和林地用途的前提下，林权权利人将其拥有的集体林地经营权（包括集体统一经营管理的林地经营权和林地承包经营权）、林木所有权、林木使用权依法全部或者部分转移给他人的行为，不包括依法征收致使林地经营权发生转移的情形。集体林权可通过转包、出租、互换、转让、入股、抵押或作为出资、合作条件及法律法规允许的其他方式流转。区划界定为公益林的林地、林木暂不进行转让，允许以转包、出租、入股等方式流转。权属不清或有争议、应取得而未依法取得林权证或不动产权证、未依法取得抵押权人或共有权人同意等情况下的林权不得流转。

二、准确把握林权流转原则

林权流转应当坚持依法、自愿、有偿原则，流转的意愿、价格、期限、方式、对象等应由林权权利人依法自主决定，任何组织或个人不得采取强迫、欺诈等不正当手段强制或阻碍农民流转林权。坚持林地林用原则，集体林权流转不得改变林地所有权、林地用途、公益林性质和林地保护等级，流转后的林地、林木要严格依法开发利用。坚持公开、公正、公平的原则，保证公开透明、自主交易、公平竞争、规范有序，不得有失公允，流转双方权利义务应当对等。

三、切实规范林权流转秩序

对家庭承包林地，以转让方式流转的，流入方必须是从事农业生产经营的农户，原则上应在本集体经济组织成员之间进行，且需经发包方同意；以其他形式流转的，应当依法报发包方备案。集体统一经营管理的林地经营权和林木所有权流转的，流转方案应在本集体经济组织内提前公示，依法经本集体经济组织成员同意，采取招标、拍卖或公开协商等方式流转；流转给本集体经济组织以外的单位或者个人的，要事先报乡（镇）人民政府批准，签订合同前应当对流入方的资信情况和经营能力进行审查。林权再次流转的，应按照原流转合同约定执行，并告知发包方；通过招标、拍卖、公开协商等方式取得的林地承包经营权，须经依法登记取得林权证或不动产权证书，方可依法采取转让、出租、入股、抵押等方式流转。委托流转的，应当有林权权利人的书面委托书。

四、严格林权流入方资格条件

林权流入方应当具有林业经营能力，林权不得流转给没有林业经营能力的单位或者个人。《国家发展改革委 商务部关于印发市场准入负面清单草案（试点版）的通知》（发改经体〔2016〕442号）明确要求：租赁农地从事生产经营要进行资格审查，未获得资质条件的，不得租赁农地从事生产经营。鼓励各地依照该精神，依法探索建立工商资本租赁林地准入制度，实行承诺式准入等方式，可采取市场主体资质、经营面积上限、林业经营能力、经营项目、诚信记录和违规处罚等管理措施，对投资租赁林地从事林业生产经营资格进行审查。家庭承包林地的经营权可以依法采取出租、入股、合作等方式流转给工商资本，但不得办理林权变更登记。

五、努力完善林权流转服务

各地要完善县级林业服务平台功能，逐步健全县乡村三级服务和管理网络，为林业经营主体提供林权流转、惠林政策实施、生产信息技术、林权投融资等指导、服务。加强林权流转信息公开，重点公开流转面积、流向、用途、流转价格等信息，引导林权有序流转。可采取减免费用、政府购买服务等方式鼓励农户和其他林业经营主体拥有的林权到林权交易平台、公共资源交易平台等公开市场上流转交易。鼓励各地探索政府购买林业公益性服务，大力发展社会化林业专业服务组织，开展流转信息沟通、居间、委托、评估等林权流转中介服务。引导和规范森林资源资产评估行为，向社会公布评估机构不良行为，指导和监督森林资源资产评估协会工作。

六、强化流转合同管理

集体林权流转应当依法签订书面合同，明确约定双方的权利和义务，流转期限不得超过原承包剩余期。各地要加强林权流转合同管理，探索建立合同网签和面签制度，要求市场主体以规范格式向社会作出公开信用承诺，并纳入交易主体信用记录。县级林业主管部门要提供可编辑的合同示范文本网络下载服务，大力推广使用《集体林权流转合同示范文本（GF-2014-2603）》。在指导流转合同签订或流转合同鉴证中，发现流转双方有违反法律法规的约定，要及时予以纠正。对符合法律法规规定的，经流转公示无异议后，可出具书面意见，作为林权流转关系和相关权益的证明，并推动与不动产登记、工商、银行业金融等机构实时共享互认，协同不动产登记部门做好林地承包经营权转移登记工作。

七、加强林权流转用途监督

各地要加强对林权流转工作的指导,研究制定林权流转具体操作规程,切实履行好林权流转监督管理职责。要加强林权流转的事中事后监管,及时查处纠正违法违规行为。要实行最严格的林地用途管制,确保林地林用。切实做好抵押林权处置的服务工作,防范抵押风险。采取措施保证流转林地用于林业生产经营,探索建立奖惩机制,对符合要求的林业经营主体可给予林业生产经营扶持政策支持,对不符合要求的可依法禁止限制其承担涉林项目。鼓励和支持林业经营主体主动公示"林业生产经营改善计划",以及林地、林木开发利用和流转合同履约等情况年度报告,自觉接受行政监督和社会监督。

八、推进林权流转市场信用体系建设

以县(市、区)为单位,逐步建立林权流转市场主体守合同、重信用信息采集归档工作,依法将其涉林违法违规行为的司法判决书、行政处罚书、农村土地承包经营纠纷调解书和裁决书、经查证属实的被投诉举报记录等情况记入其信用档案。各地要探索建立林权流转市场主体信用评级制度和信用评价成果运用机制,在实施财政性资金项目安排或授予荣誉性称号时,将信用状况作为参考条件,同等条件下优先考虑信用好的。

九、搭建集体林权流转市场监管服务平台

各地要建立林权数据动态管理制度,实行林权权源表管理模式,将林地承包合同和林权流转合同、林权登记、林业经营主体、流转交易、抵押担保、森林保险以及森林资源等涉及林权信息有序衔接集成,实现关联业务协同管理。加快推进林权流转市场监管服务平台建设,构建全国统一的"数据一个库、监管一张网、管理一条线"的网络监管体系,实现相关数据的互联互通和纵横信息共享。加快建立林权信息基础数据库和管理信息系统,实现网上办理，逐步实现林权管理的自动化、标准化和信息化。推广"林权IC卡"和手机APP服务做法，为林农各项经营活动提供实时更新、查询信息服务。

  本意见自发布之日起实施，有效期至2021年10月31日，《国家林业局关于切实加强集体林权流转管理工作的意见》（林改发〔2009〕232号）和《国家林业局关于进一步加强集体林权流转管理工作的通知》（林改发〔2013〕39号）同时废止。

国家林业局
2016年7月29日

中华人民共和国农村土地承包经营纠纷调解仲裁法

中华人民共和国主席令
第十四号

《中华人民共和国农村土地承包经营纠纷调解仲裁法》已由中华人民共和国第十一届全国人民代表大会常务委员会第九次会议于2009年6月27日通过,现予公布,自2010年1月1日起施行。

中华人民共和国主席　胡锦涛
2009年6月27日

第一章　总　则

第一条　为了公正、及时解决农村土地承包经营纠纷,维护当事人的合法权益,促进农村经济发展和社会稳定,制定本法。

第二条　农村土地承包经营纠纷调解和仲裁,适用本法。

农村土地承包经营纠纷包括:

（一）因订立、履行、变更、解除和终止农村土地承包合同发生的纠纷；

（二）因农村土地承包经营权转包、出租、互换、转让、入股等流转发生的纠纷；

（三）因收回、调整承包地发生的纠纷；

（四）因确认农村土地承包经营权发生的纠纷；

（五）因侵害农村土地承包经营权发生的纠纷；

（六）法律、法规规定的其他农村土地承包经营纠纷。

因征收集体所有的土地及其补偿发生的纠纷，不属于农村土地承包仲裁委员会的受理范围，可以通过行政复议或者诉讼等方式解决。

第三条 发生农村土地承包经营纠纷的，当事人可以自行和解，也可以请求村民委员会、乡（镇）人民政府等调解。

第四条 当事人和解、调解不成或者不愿和解、调解的，可以向农村土地承包仲裁委员会申请仲裁，也可以直接向人民法院起诉。

第五条 农村土地承包经营纠纷调解和仲裁，应当公开、公平、公正，便民高效，根据事实，符合法律，尊重社会公德。

第六条 县级以上人民政府应当加强对农村土地承包经营纠纷调解和仲裁工作的指导。

县级以上人民政府农村土地承包管理部门及其他有关部门应当依照职责分工，支持有关调解组织和农村土地承包仲裁委员会依法开展工作。

第二章 调 解

第七条 村民委员会、乡（镇）人民政府应当加强农村土地承包经营纠纷的调解工作,帮助当事人达成协议解决纠纷。

第八条 当事人申请农村土地承包经营纠纷调解可以书面申请,也可以口头申请。口头申请的,由村民委员会或者乡(镇)人民政府当场记录申请人的基本情况、申请调解的纠纷事项、理由和时间。

第九条 调解农村土地承包经营纠纷,村民委员会或者乡(镇)人民政府应当充分听取当事人对事实和理由的陈述,讲解有关法律以及国家政策,耐心疏导,帮助当事人达成协议。

第十条 经调解达成协议的,村民委员会或者乡(镇)人民政府应当制作调解协议书。

调解协议书由双方当事人签名、盖章或者按指印,经调解人员签名并加盖调解组织印章后生效。

第十一条 仲裁庭对农村土地承包经营纠纷应当进行调解。调解达成协议的,仲裁庭应当制作调解书;调解不成的,应当及时作出裁决。

调解书应当写明仲裁请求和当事人协议的结果。调解书由仲裁员签名,加盖农村土地承包仲裁委员会印章,送达双方当事人。

调解书经双方当事人签收后,即发生法律效力。在调解书签收前当事人反悔的,仲裁庭应当及时作出裁决。

第三章 仲 裁

第一节 仲裁委员会和仲裁员

第十二条 农村土地承包仲裁委员会,根据解决农村土地承包经营纠纷的实际需要设立。农村土地承包仲裁委员会可以在县和不设区的市设立,也可以在设区的市或者其市辖区设立。

农村土地承包仲裁委员会在当地人民政府指导下设立。设立农村土地承包仲裁委员会的，其日常工作由当地农村土地承包管理部门承担。

第十三条 农村土地承包仲裁委员会由当地人民政府及其有关部门代表、有关人民团体代表、农村集体经济组织代表、农民代表和法律、经济等相关专业人员兼任组成，其中农民代表和法律、经济等相关专业人员不得少于组成人员的二分之一。

农村土地承包仲裁委员会设主任一人、副主任一至二人和委员若干人。主任、副主任由全体组成人员选举产生。

第十四条 农村土地承包仲裁委员会依法履行下列职责：

（一）聘任、解聘仲裁员；

（二）受理仲裁申请；

（三）监督仲裁活动。

农村土地承包仲裁委员会应当依照本法制定章程，对其组成人员的产生方式及任期、议事规则等作出规定。

第十五条 农村土地承包仲裁委员会应当从公道正派的人员中聘任仲裁员。

仲裁员应当符合下列条件之一：

（一）从事农村土地承包管理工作满五年；

（二）从事法律工作或者人民调解工作满五年；

（三）在当地威信较高，并熟悉农村土地承包法律以及国家政策的居民。

第十六条 农村土地承包仲裁委员会应当对仲裁员进行农村土地承包法律以及国家政策的培训。

省、自治区、直辖市人民政府农村土地承包管理部门应当制定仲裁员培训计划，加强对仲裁员培训工作的组织和指导。

第十七条 农村土地承包仲裁委员会组成人员、仲裁员应当依法履行职责,遵守农村土地承包仲裁委员会章程和仲裁规则,不得索贿受贿、徇私舞弊,不得侵害当事人的合法权益。

仲裁员有索贿受贿、徇私舞弊、枉法裁决以及接受当事人请客送礼等违法违纪行为的,农村土地承包仲裁委员会应当将其除名;构成犯罪的,依法追究刑事责任。

县级以上地方人民政府及有关部门应当受理对农村土地承包仲裁委员会组成人员、仲裁员违法违纪行为的投诉和举报,并依法组织查处。

第二节 申请和受理

第十八条 农村土地承包经营纠纷申请仲裁的时效期间为二年,自当事人知道或者应当知道其权利被侵害之日起计算。

第十九条 农村土地承包经营纠纷仲裁的申请人、被申请人为当事人。家庭承包的,可以由农户代表人参加仲裁。当事人一方人数众多的,可以推选代表人参加仲裁。

与案件处理结果有利害关系的,可以申请作为第三人参加仲裁,或者由农村土地承包仲裁委员会通知其参加仲裁。

当事人、第三人可以委托代理人参加仲裁。

第二十条 申请农村土地承包经营纠纷仲裁应当符合下列条件:

(一)申请人与纠纷有直接的利害关系;

(二)有明确的被申请人;

(三)有具体的仲裁请求和事实、理由;

(四)属于农村土地承包仲裁委员会的受理范围。

第二十一条 当事人申请仲裁,应当向纠纷涉及的土地所在地的农村土地承包仲裁委员会递交仲裁申请书。仲裁申请书可以邮寄或者委托他人代交。仲裁申请书应当载明申请人和被申请人的基本情况、仲裁请求和所根据的事实、理由,并提供相应的证据和证据来源。

书面申请确有困难的,可以口头申请,由农村土地承包仲裁委员会记入笔录,经申请人核实后由其签名、盖章或者按指印。

第二十二条 农村土地承包仲裁委员会应当对仲裁申请予以审查,认为符合本法第二十条规定的,应当受理。有下列情形之一的,不予受理;已受理的,终止仲裁程序:

(一)不符合申请条件;

(二)人民法院已受理该纠纷;

(三)法律规定该纠纷应当由其他机构处理;

(四)对该纠纷已有生效的判决、裁定、仲裁裁决、行政处理决定等。

第二十三条 农村土地承包仲裁委员会决定受理的,应当自收到仲裁申请之日起五个工作日内,将受理通知书、仲裁规则和仲裁员名册送达申请人;决定不予受理或者终止仲裁程序的,应当自收到仲裁申请或者发现终止仲裁程序情形之日起五个工作日内书面通知申请人,并说明理由。

第二十四条 农村土地承包仲裁委员会应当自受理仲裁申请之日起五个工作日内,将受理通知书、仲裁申请书副本、仲裁规则和仲裁员名册送达被申请人。

第二十五条 被申请人应当自收到仲裁申请书副本之日起十日内向农村土地承包仲裁委员会提交答辩书;书面答辩确有困难的,可以口头答辩,由农村土地承包仲裁委员会记入笔录,经被申请人核实后由其签名、盖章或者按指印。农村土地承包仲裁委员会应当自收到答辩书之日起五个工作日内将答辩书副本送达申请人。被申请人未答辩的,不影响仲裁程序的进行。

第二十六条 一方当事人因另一方当事人的行为或者其他原

因,可能使裁决不能执行或者难以执行的,可以申请财产保全。

当事人申请财产保全的,农村土地承包仲裁委员会应当将当事人的申请提交被申请人住所地或者财产所在地的基层人民法院。

申请有错误的,申请人应当赔偿被申请人因财产保全所遭受的损失。

第三节 仲裁庭的组成

第二十七条 仲裁庭由三名仲裁员组成,首席仲裁员由当事人共同选定,其他二名仲裁员由当事人各自选定;当事人不能选定的,由农村土地承包仲裁委员会主任指定。

事实清楚、权利义务关系明确、争议不大的农村土地承包经营纠纷,经双方当事人同意,可以由一名仲裁员仲裁。仲裁员由当事人共同选定或者由农村土地承包仲裁委员会主任指定。

农村土地承包仲裁委员会应当自仲裁庭组成之日起二个工作日内将仲裁庭组成情况通知当事人。

第二十八条 仲裁员有下列情形之一的,必须回避,当事人也有权以口头或者书面方式申请其回避:

(一)是本案当事人或者当事人、代理人的近亲属;

(二)与本案有利害关系;

(三)与本案当事人、代理人有其他关系,可能影响公正仲裁;

(四)私自会见当事人、代理人,或者接受当事人、代理人的请客送礼。

当事人提出回避申请,应当说明理由,在首次开庭前提出。回避事由在首次开庭后知道的,可以在最后一次开庭终结前提出。

第二十九条 农村土地承包仲裁委员会对回避申请应当及时作出决定,以口头或者书面方式通知当事人,并说明理由。

仲裁员是否回避,由农村土地承包仲裁委员会主任决定;农村土地承包仲裁委员会主任担任仲裁员时,由农村土地承包仲裁委员会集体决定。

仲裁员因回避或者其他原因不能履行职责的,应当依照本法规定重新选定或者指定仲裁员。

第四节 开庭和裁决

第三十条 农村土地承包经营纠纷仲裁应当开庭进行。

开庭可以在纠纷涉及的土地所在地的乡(镇)或者村进行,也可以在农村土地承包仲裁委员会所在地进行。当事人双方要求在乡(镇)或者村开庭的,应当在该乡(镇)或者村开庭。

开庭应当公开,但涉及国家秘密、商业秘密和个人隐私以及当事人约定不公开的除外。

第三十一条 仲裁庭应当在开庭五个工作日前将开庭的时间、地点通知当事人和其他仲裁参与人。

当事人有正当理由的,可以向仲裁庭请求变更开庭的时间、地点。是否变更,由仲裁庭决定。

第三十二条 当事人申请仲裁后,可以自行和解。达成和解协议的,可以请求仲裁庭根据和解协议作出裁决书,也可以撤回仲裁申请。

第三十三条 申请人可以放弃或者变更仲裁请求。被申请人可以承认或者反驳仲裁请求,有权提出反请求。

第三十四条 仲裁庭作出裁决前,申请人撤回仲裁申请的,除被申请人提出反请求的外,仲裁庭应当终止仲裁。

第三十五条 申请人经书面通知,无正当理由不到庭或者未经仲裁庭许可中途退庭的,可以视为撤回仲裁申请。

被申请人经书面通知,无正当理由不到庭或者未经仲裁庭许可中途退庭的,可以缺席裁决。

第三十六条 当事人在开庭过程中有权发表意见、陈述事实和理由、提供证据、进行质证和辩论。对不通晓当地通用语言文字的当事人,农村土地承包仲裁委员会应当为其提供翻译。

第三十七条 当事人应当对自己的主张提供证据。与纠纷有关的证据由作为当事人一方的发包方等掌握管理的,该当事人应当在仲裁庭指定的期限内提供,逾期不提供的,应当承担不利后果。

第三十八条 仲裁庭认为有必要收集的证据,可以自行收集。

第三十九条 仲裁庭对专门性问题认为需要鉴定的,可以交由当事人约定的鉴定机构鉴定;当事人没有约定的,由仲裁庭指定的鉴定机构鉴定。

根据当事人的请求或者仲裁庭的要求,鉴定机构应当派鉴定人参加开庭。当事人经仲裁庭许可,可以向鉴定人提问。

第四十条 证据应当在开庭时出示,但涉及国家秘密、商业秘密和个人隐私的证据不得在公开开庭时出示。

仲裁庭应当依照仲裁规则的规定开庭,给予双方当事人平等陈述、辩论的机会,并组织当事人进行质证。

经仲裁庭查证属实的证据,应当作为认定事实的根据。

第四十一条 在证据可能灭失或者以后难以取得的情况下,当事人可以申请证据保全。当事人申请证据保全的,农村土地承包仲裁委员会应当将当事人的申请提交证据所在地的基层人民法院。

第四十二条 对权利义务关系明确的纠纷,经当事人申请,仲裁庭可以先行裁定维持现状、恢复农业生产以及停止取土、占地等行为。

一方当事人不履行先行裁定的,另一方当事人可以向人民法院申请执行,但应当提供相应的担保。

第四十三条 仲裁庭应当将开庭情况记入笔录,由仲裁员、记录人员、当事人和其他仲裁参与人签名、盖章或者按指印。

当事人和其他仲裁参与人认为对自己陈述的记录有遗漏或者差错的，有权申请补正。如果不予补正，应当记录该申请。

第四十四条 仲裁庭应当根据认定的事实和法律以及国家政策作出裁决并制作裁决书。

裁决应当按照多数仲裁员的意见作出，少数仲裁员的不同意见可以记入笔录。仲裁庭不能形成多数意见时，裁决应当按照首席仲裁员的意见作出。

第四十五条 裁决书应当写明仲裁请求、争议事实、裁决理由、裁决结果、裁决日期以及当事人不服仲裁裁决的起诉权利、期限，由仲裁员签名，加盖农村土地承包仲裁委员会印章。

农村土地承包仲裁委员会应当在裁决作出之日起三个工作日内将裁决书送达当事人，并告知当事人不服仲裁裁决的起诉权利、期限。

第四十六条 仲裁庭依法独立履行职责，不受行政机关、社会团体和个人的干涉。

第四十七条 仲裁农村土地承包经营纠纷，应当自受理仲裁申请之日起六十日内结束；案情复杂需要延长的，经农村土地承包仲裁委员会主任批准可以延长，并书面通知当事人，但延长期限不得超过三十日。

第四十八条 当事人不服仲裁裁决的，可以自收到裁决书之日起三十日内向人民法院起诉。逾期不起诉的，裁决书即发生法律效力。

第四十九条 当事人对发生法律效力的调解书、裁决书，应当依照规定的期限履行。一方当事人逾期不履行的，另一方当事人可以向被申请人住所地或者财产所在地的基层人民法院申请执行。受理申请的人民法院应当依法执行。

第四章 附 则

第五十条 本法所称农村土地,是指农民集体所有和国家所有依法由农民集体使用的耕地、林地、草地,以及其他依法用于农业的土地。

第五十一条 农村土地承包经营纠纷仲裁规则和农村土地承包仲裁委员会示范章程,由国务院农业、林业行政主管部门依照本法规定共同制定。

第五十二条 农村土地承包经营纠纷仲裁不得向当事人收取费用,仲裁工作经费纳入财政预算予以保障。

第五十三条 本法自2010年1月1日起施行。

附 录

农村土地承包经营纠纷仲裁规则

中华人民共和国农业部 国家林业局令
2010 年第 1 号

《农村土地承包经营纠纷仲裁规则》已于 2009 年 12 月 18 日经农业部第 10 次常务会议审议通过，并经国家林业局同意，现予公布，自 2010 年 1 月 1 日起施行。

农业部部长
国家林业局局长
二〇〇九年十二月二十九日

第一章 总 则

第一条 为规范农村土地承包经营纠纷仲裁活动，根据《中华人民共和国农村土地承包经营纠纷调解仲裁法》，制定本规则。

第二条 农村土地承包经营纠纷仲裁适用本规则。

第三条 下列农村土地承包经营纠纷，当事人可以向农村土地承包经营纠纷仲裁委员会（以下简称仲裁委员会）申请仲裁：

（一）因订立、履行、变更、解除和终止农村土地承包合同发生的纠纷；

（二）因农村土地承包经营权转包、出租、互换、转让、入股等流转发生的纠纷；

（三）因收回、调整承包地发生的纠纷；

（四）因确认农村土地承包经营权发生的纠纷；

（五）因侵害农村土地承包经营权发生的纠纷；

（六）法律、法规规定的其他农村土地承包经营纠纷。

因征收集体所有的土地及其补偿发生的纠纷，不属于仲裁委员会的受理范围，可以通过行政复议或者诉讼等方式解决。

第四条　仲裁委员会依法设立，其日常工作由当地农村土地承包管理部门承担。

第五条　农村土地承包经营纠纷仲裁，应当公开、公平、公正，便民高效，注重调解，尊重事实，符合法律，遵守社会公德。

第二章　申请和受理

第六条　农村土地承包经营纠纷仲裁的申请人、被申请人为仲裁当事人。

第七条　家庭承包的，可以由农户代表人参加仲裁。农户代表人由农户成员共同推选；不能共同推选的，按下列方式确定：

（一）土地承包经营权证或者林权证等证书上记载的人；

（二）未取得土地承包经营权证或者林权证等证书的，为在承包合同上签字的人。

第八条　当事人一方为五户（人）以上的，可以推选三至五名代表人参加仲裁。

第九条　与案件处理结果有利害关系的，可以申请作为第三人参加仲裁，或者由仲裁委员会通知其参加仲裁。

第十条　当事人、第三人可以委托代理人参加仲裁。

当事人或者第三人为无民事行为能力人或者限制民事行为能力人的，由其法定代理人参加仲裁。

第十一条 当事人申请农村土地承包经营纠纷仲裁的时效期间为二年，自当事人知道或者应当知道其权利被侵害之日起计算。

仲裁时效因申请调解、申请仲裁、当事人一方提出要求或者同意履行义务而中断。从中断时起，仲裁时效重新计算。

在仲裁时效期间的最后六个月内，因不可抗力或者其他事由，当事人不能申请仲裁的，仲裁时效中止。从中止时效的原因消除之日起，仲裁时效期间继续计算。

侵害农村土地承包经营权行为持续发生的，仲裁时效从侵权行为终了时计算。

第十二条 申请农村土地承包经营纠纷仲裁，应当符合下列条件：

（一）申请人与纠纷有直接的利害关系；

（二）有明确的被申请人；

（三）有具体的仲裁请求和事实、理由；

（四）属于仲裁委员会的受理范围。

第十三条 当事人申请仲裁，应当向纠纷涉及土地所在地的仲裁委员会递交仲裁申请书。申请书可以邮寄或者委托他人代交。

书面申请有困难的，可以口头申请，由仲裁委员会记入笔录，经申请人核实后由其签名、盖章或者按指印。

仲裁委员会收到仲裁申请材料，应当出具回执。回执应当载明接收材料的名称和份数、接收日期等，并加盖仲裁委员会印章。

第十四条 仲裁申请书应当载明下列内容：

（一）申请人和被申请人的姓名、年龄、住所、邮政编码、电话或者其他通讯方式；法人或者其他组织应当写明名称、地址和法定代表人或者主要负责人的姓名、职务、通讯方式；

（二）申请人的仲裁请求；

（三）仲裁请求所依据的事实和理由；

（四）证据和证据来源、证人姓名和联系方式。

第十五条　仲裁委员会应当对仲裁申请进行审查，符合申请条件的，应当受理。

有下列情形之一的，不予受理；已受理的，终止仲裁程序：

（一）不符合申请条件；

（二）人民法院已受理该纠纷；

（三）法律规定该纠纷应当由其他机构受理；

（四）对该纠纷已有生效的判决、裁定、仲裁裁决、行政处理决定等。

第十六条　仲裁委员会决定受理仲裁申请的，应当自收到仲裁申请之日起五个工作日内，将受理通知书、仲裁规则、仲裁员名册送达申请人，将受理通知书、仲裁申请书副本、仲裁规则、仲裁员名册送达被申请人。

决定不予受理或者终止仲裁程序的，应当自收到仲裁申请或者发现终止仲裁程序情形之日起五个工作日内书面通知申请人，并说明理由。

需要通知第三人参加仲裁的，仲裁委员会应当通知第三人，并告知其权利义务。

第十七条　被申请人应当自收到仲裁申请书副本之日起十日内向仲裁委员会提交答辩书。

仲裁委员会应当自收到答辩书之日起五个工作日内将答辩书副本送达申请人。

被申请人未答辩的，不影响仲裁程序的进行。

第十八条　答辩书应当载明下列内容：

（一）答辩人姓名、年龄、住所、邮政编码、电话或者其他通讯方式；法人或者其他组织应当写明名称、地址和法定代表人或者主要负责人的姓名、职务、通讯方式；

（二）对申请人仲裁申请的答辩及所依据的事实和理由；

（三）证据和证据来源，证人姓名和联系方式。

书面答辩确有困难的，可以口头答辩，由仲裁委员会记入笔录，经被申请人核实后由其签名、盖章或者按指印。

第十九条 当事人提交仲裁申请书、答辩书、有关证据材料及其他书面文件，应当一式三份。

第二十条 因一方当事人的行为或者其他原因可能使裁决不能执行或者难以执行，另一方当事人申请财产保全的，仲裁委员会应当将当事人的申请提交被申请人住所地或者财产所在地的基层人民法院，并告知申请人因申请错误造成被申请人财产损失的，应当承担相应的赔偿责任。

第三章 仲裁庭

第二十一条 仲裁庭由三名仲裁员组成。

事实清楚、权利义务关系明确、争议不大的农村土地承包经营纠纷，经双方当事人同意，可以由一名仲裁员仲裁。

第二十二条 双方当事人自收到受理通知书之日起五个工作日内，从仲裁员名册中选定仲裁员。首席仲裁员由双方当事人共同选定，其他二名仲裁员由双方当事人各自选定；当事人不能选定的，由仲裁委员会主任指定。

独任仲裁员由双方当事人共同选定；当事人不能选定的，由仲裁委员会主任指定。

仲裁委员会应当自仲裁庭组成之日起二个工作日内将仲裁庭组成情况通知当事人。

第二十三条　仲裁庭组成后,首席仲裁员应当召集其他仲裁员审阅案件材料,了解纠纷的事实和情节,研究双方当事人的请求和理由,查核证据,整理争议焦点。

仲裁庭认为确有必要的,可以要求当事人在一定期限内补充证据,也可以自行调查取证。自行调查取证的,调查人员不得少于二人。

第二十四条　仲裁员有下列情形之一的,应当回避:

(一)是本案当事人或者当事人、代理人的近亲属;

(二)与本案有利害关系;

(三)与本案当事人、代理人有其他关系,可能影响公正仲裁;

(四)私自会见当事人、代理人,或者接受当事人、代理人请客送礼。

第二十五条　仲裁员有回避情形的,应当以口头或者书面方式及时向仲裁委员会提出。

当事人认为仲裁员有回避情形的,有权以口头或者书面方式向仲裁委员会申请其回避。

当事人提出回避申请,应当在首次开庭前提出,并说明理由;在首次开庭后知道回避事由的,可以在最后一次开庭终结前提出。

第二十六条　仲裁委员会应当自收到回避申请或者发现仲裁员有回避情形之日起二个工作日内作出决定,以口头或者书面方式通知当事人,并说明理由。

仲裁员是否回避,由仲裁委员会主任决定;仲裁委员会主任担任仲裁员时,由仲裁委员会集体决定主任的回避。

第二十七条　仲裁员有下列情形之一的,应当按照本规则第二十二条规定重新选定或者指定仲裁员:

(一)被决定回避的;

（二）在法律上或者事实上不能履行职责的；

（三）因被除名或者解聘丧失仲裁员资格的；

（四）因个人原因退出或者不能从事仲裁工作的；

（五）因徇私舞弊、失职渎职被仲裁委员会决定更换的。

重新选定或者指定仲裁员后，仲裁程序继续进行。当事人请求仲裁程序重新进行的，由仲裁庭决定。

第二十八条 仲裁庭应当向当事人提供必要的法律政策解释，帮助当事人自行和解。

达成和解协议的，当事人可以请求仲裁庭根据和解协议制作裁决书；当事人要求撤回仲裁申请的，仲裁庭应当终止仲裁程序。

第二十九条 仲裁庭应当在双方当事人自愿的基础上进行调解。调解达成协议的，仲裁庭应当制作调解书。

调解书应当载明双方当事人基本情况、纠纷事由、仲裁请求和协议结果，由仲裁员签名，并加盖仲裁委员会印章，送达双方当事人。

调解书经双方当事人签收即发生法律效力。

第三十条 调解不成或者当事人在调解书签收前反悔的，仲裁庭应当及时作出裁决。

当事人在调解过程中的陈述、意见、观点或者建议，仲裁庭不得作为裁决的证据或依据。

第三十一条 仲裁庭作出裁决前，申请人放弃仲裁请求并撤回仲裁申请，且被申请人没有就申请人的仲裁请求提出反请求的，仲裁庭应当终止仲裁程序。

申请人经书面通知，无正当理由不到庭或者未经仲裁庭许可中途退庭的，可以视为撤回仲裁申请。

第三十二条 被申请人就申请人的仲裁请求提出反请求的，应当说明反请求事项及其所依据的事实和理由,并附具有关证明材料。

被申请人在仲裁庭组成前提出反请求的,由仲裁委员会决定是否受理;在仲裁庭组成后提出反请求的,由仲裁庭决定是否受理。

仲裁委员会或者仲裁庭决定受理反请求的,应当自收到反请求之日起五个工作日内将反请求申请书副本送达申请人。申请人应当在收到反请求申请书副本后十个工作日内提交反请求答辩书,不答辩的不影响仲裁程序的进行。仲裁庭应当将被申请人的反请求与申请人的请求合并审理。

农村土地承包仲裁委员会或者仲裁庭决定不予受理反请求的,应当书面通知被申请人,并说明理由。

第三十三条 仲裁庭组成前申请人变更仲裁请求或者被申请人变更反请求的,由仲裁委员会作出是否准许的决定;仲裁庭组成后变更请求或者反请求的,由仲裁庭作出是否准许的决定。

第四章 开 庭

第三十四条 农村土地承包经营纠纷仲裁应当开庭进行。开庭应当公开,但涉及国家秘密、商业秘密和个人隐私以及当事人约定不公开的除外。

开庭可以在纠纷涉及的土地所在地的乡(镇)或者村进行,也可以在仲裁委员会所在地进行。当事人双方要求在乡(镇)或者村开庭的,应当在该乡(镇)或者村开庭。

第三十五条 仲裁庭应当在开庭五个工作日前将开庭时间、地点通知当事人、第三人和其他仲裁参与人。

当事人请求变更开庭时间和地点的,应当在开庭三个工作日前向仲裁庭提出,并说明理由。仲裁庭决定变更的,通知双方当事人、第三人和其他仲裁参与人;决定不变更的,通知提出变更请求的当事人。

第三十六条 公开开庭的,应当将开庭时间、地点等信息予以公告。

申请旁听的公民,经仲裁庭审查后可以旁听。

第三十七条 被申请人经书面通知,无正当理由不到庭或者未经仲裁庭许可中途退庭的,仲裁庭可以缺席裁决。

被申请人提出反请求,申请人经书面通知,无正当理由不到庭或者未经仲裁庭许可中途退庭的,仲裁庭可以就反请求缺席裁决。

第三十八条 开庭前,仲裁庭应当查明当事人、第三人、代理人和其他仲裁参与人是否到庭,并逐一核对身份。

开庭由首席仲裁员或者独任仲裁员宣布。首席仲裁员或者独任仲裁员应当宣布案由,宣读仲裁庭组成人员名单、仲裁庭纪律、当事人权利和义务,询问当事人是否申请仲裁员回避。

第三十九条 仲裁庭应当保障双方当事人平等陈述的机会,组织当事人、第三人、代理人陈述事实、意见、理由。

第四十条 当事人、第三人应当提供证据,对其主张加以证明。

与纠纷有关的证据由作为当事人一方的发包方等掌握管理的,该当事人应当在仲裁庭指定的期限内提供,逾期不提供的,应当承担不利后果。

第四十一条 仲裁庭自行调查收集的证据,应当在开庭时向双方当事人出示。

第四十二条 仲裁庭对专门性问题认为需要鉴定的,可以交由当事人约定的鉴定机构鉴定;当事人没有约定的,由仲裁庭指定的鉴定机构鉴定。

第四十三条 当事人申请证据保全,应当向仲裁委员会书面提出。仲裁委员会应当自收到申请之日起二个工作日内,将申请提交证据所在地的基层人民法院。

第四十四条 当事人、第三人申请证人出庭作证的,仲裁庭应当准许,并告知证人的权利义务。

证人不得旁听案件审理。

第四十五条 证据应当在开庭时出示,但涉及国家秘密、商业秘密和个人隐私的证据不得在公开开庭时出示。

仲裁庭应当组织当事人、第三人交换证据,相互质证。

经仲裁庭许可,当事人、第三人可以向证人询问,证人应当据实回答。

根据当事人的请求或者仲裁庭的要求,鉴定机构应当派鉴定人参加开庭。经仲裁庭许可,当事人可以向鉴定人提问。

第四十六条 仲裁庭应当保障双方当事人平等行使辩论权,并对争议焦点组织辩论。

辩论终结时,首席仲裁员或者独任仲裁员应当征询双方当事人、第三人的最后意见。

第四十七条 对权利义务关系明确的纠纷,当事人可以向仲裁庭书面提出先行裁定申请,请求维持现状、恢复农业生产以及停止取土、占地等破坏性行为。仲裁庭应当自收到先行裁定申请之日起二个工作日内作出决定。

仲裁庭作出先行裁定的,应当制作先行裁定书,并告知先行裁定申请人可以向人民法院申请执行,但应当提供相应的担保。

先行裁定书应当载明先行裁定申请的内容、依据事实和理由、裁定结果和日期,由仲裁员签名,加盖仲裁委员会印章。

第四十八条 仲裁庭应当将开庭情况记入笔录。笔录由仲裁员、记录人员、当事人、第三人和其他仲裁参与人签名、盖章或者按指印。

当事人、第三人和其他仲裁参与人认为对自己的陈述记录有遗漏或者差错的,有权申请补正。仲裁庭不予补正的,应当向申请人说明情况,并记录该申请。

第四十九条 发生下列情形之一的,仲裁程序中止:

(一)一方当事人死亡,需要等待继承人表明是否参加仲裁的;

(二)一方当事人丧失行为能力,尚未确定法定代理人的;

(三)作为一方当事人的法人或者其他组织终止,尚未确定权利义务承受人的;

(四)一方当事人因不可抗拒的事由,不能参加仲裁的;

(五)本案必须以另一案的审理结果为依据,而另一案尚未审结的;

(六)其他应当中止仲裁程序的情形。

在仲裁庭组成前发生仲裁中止事由的,由仲裁委员会决定是否中止仲裁;仲裁庭组成后发生仲裁中止事由的,由仲裁庭决定是否中止仲裁。决定仲裁程序中止的,应当书面通知当事人。

仲裁程序中止的原因消除后,仲裁委员会或者仲裁庭应当在三个工作日内作出恢复仲裁程序的决定,并通知当事人和第三人。

第五十条 发生下列情形之一的,仲裁程序终结:

(一)申请人死亡或者终止,没有继承人及权利义务承受人,或者继承人、权利义务承受人放弃权利的;

(二)被申请人死亡或者终止,没有可供执行的财产,也没有应当承担义务的人的;

(三)其他应当终结仲裁程序的。

终结仲裁程序的,仲裁委员会应当自发现终结仲裁程序情形之日起五个工作日内书面通知当事人、第三人,并说明理由。

第五章 裁决和送达

第五十一条 仲裁庭应当根据认定的事实和法律以及国家政策作出裁决,并制作裁决书。

首席仲裁员组织仲裁庭对案件进行评议,裁决依多数仲裁员意见作出。少数仲裁员的不同意见可以记入笔录。

仲裁庭不能形成多数意见时,应当按照首席仲裁员的意见作出裁决。

第五十二条 裁决书应当写明仲裁请求、争议事实、裁决理由和依据、裁决结果、裁决日期,以及当事人不服仲裁裁决的起诉权利和期限。

裁决书由仲裁员签名,加盖仲裁委员会印章。

第五十三条 对裁决书中的文字、计算错误,或者裁决书中有遗漏的事项,仲裁庭应当及时补正。补正构成裁决书的一部分。

第五十四条 仲裁庭应当自受理仲裁申请之日起六十日内作出仲裁裁决。受理日期以受理通知书上记载的日期为准。

案情复杂需要延长的,经仲裁委员会主任批准可以延长,但延长期限不得超过三十日。

延长期限的,应当自作出延期决定之日起三个工作日内书面通知当事人、第三人。

期限不包括仲裁程序中止、鉴定、当事人在庭外自行和解、补充申请材料和补正裁决的时间。

第五十五条 仲裁委员会应当在裁决作出之日起三个工作日内将裁决书送达当事人、第三人。

直接送达的,应当告知当事人、第三人下列事项:

(一)不服仲裁裁决的,可以在收到裁决书之日起三十日内向人民法院起诉,逾期不起诉的,裁决书即发生法律效力;

(二) 一方当事人不履行生效的裁决书所确定义务的，另一方当事人可以向被申请人住所地或者财产所在地的基层人民法院申请执行。

第五十六条 仲裁文书应当直接送达当事人或者其代理人。受送达人是自然人，但本人不在场的，由其同住成年家属签收；受送达人是法人或者其他组织的，应当由法人的法定代表人、其他组织的主要负责人或者该法人、组织负责收件的人签收。

仲裁文书送达后，由受送达人在送达回证上签名、盖章或者按指印，受送达人在送达回证上的签收日期为送达日期。

受送达人或者其同住成年家属拒绝接收仲裁文书的，可以留置送达。送达人应当邀请有关基层组织或者受送达人所在单位的代表到场，说明情况，在送达回证上记明拒收理由和日期，由送达人、见证人签名、盖章或者按指印，将仲裁文书留在受送达人的住所，即视为已经送达。

直接送达有困难的，可以邮寄送达。邮寄送达的，以当事人签收日期为送达日期。

当事人下落不明，或者以前款规定的送达方式无法送达的，可以公告送达，自发出公告之日起，经过六十日，即视为已经送达。

第六章 附　则

第五十七条 独任仲裁可以适用简易程序。简易程序的仲裁规则由仲裁委员会依照本规则制定。

第五十八条 期间包括法定期间和仲裁庭指定的期间。

期间以日、月、年计算，期间开始日不计算在期间内。

期间最后一日是法定节假日的，以法定节假日后的第一个工作日为期间的最后一日。

第五十九条 对不通晓当地通用语言文字的当事人、第三人,仲裁委员会应当为其提供翻译。

第六十条 仲裁文书格式由农业部、国家林业局共同制定。

第六十一条 农村土地承包经营纠纷仲裁不得向当事人收取费用,仲裁工作经费依法纳入财政预算予以保障。

当事人委托代理人、申请鉴定等发生的费用由当事人负担。

第六十二条 本规则自 2010 年 1 月 1 日起施行

农村土地承包仲裁委员会示范章程

中华人民共和国农业部　国家林业局令

2010年第2号

《农村土地承包仲裁委员会示范章程》已于2009年12月18日经农业部第10次常务会议审议通过，并经国家林业局同意，现予公布，自2010年1月1日起施行。

农业部部长
国家林业局局长
二〇〇九年十二月二十九日

本示范章程中的楷体文字部分为解释性规定，其他字体部分为示范性规定。各农村土地承包仲裁委员会根据自身实际情况，参照示范章程制定本委员会章程。

_____农村土地承包仲裁委员会章程

第一条　根据《中华人民共和国农村土地承包经营纠纷调解仲裁法》，制定本章程。

第二条　_____市/县/区农村土地承包经营纠纷仲裁委员会（以下简称本仲裁委员会）在_____市/县/区人民政府指导下依法组织设立，并报_____省（自治区、直辖市）人民政府农业、林业行政主管部门备案。

第三条　本仲裁委员会的职责：

（一）聘任、解聘仲裁员；

（二）培训、管理仲裁员；

（三）受理仲裁申请；

（四）指导、监督仲裁活动；

（五）法律法规规定的其他职责。

第四条　本仲裁委员会的日常工作由_____市/县/区_____【注：农村土地承包管理部门】承担，主要包括以下内容：

（一）登记、审查仲裁申请；

（二）监督管理仲裁程序；

（三）编制仲裁员名册；

（四）组织仲裁员培训；

（五）管理仲裁文书和仲裁档案；

（六）管理仲裁工作经费；

（七）仲裁委员会交办的其他事项。

本仲裁委员会办公地点设在_____。

第五条　本仲裁委员会由_____市/县/区人民政府及_____【注：有关部门】代表、_____【注：有关人民团体】代表、农村集体经济组织代表、农民代表和_____【注：法律、经济等相关专业】人员兼任组成，成员人数为_____人【注：总数为单数，其中农民代表和法律、经济等相关专业人员不少于二分之一】。

本仲裁委员会设主任一人、副主任_____【注：一至二】人，委员_____人。

第六条　本仲裁委员会组成人员的任期为_____【注：三至五】年。

仲裁委员会换届，应当在任期届满前一个月内完成；有特殊情况不能如期换届的，应当在任期届满后两个月内完成。

第七条　本仲裁委员会组成人员任期内因故更换的，由仲裁委员会组织重新确定人选。主任、副主任更换的,由本仲裁委员会全体会议选举决定。

第八条　本仲裁委员会每年召开_____【注:不少于一】次全体会议。根据主任、副主任或者三分之二以上组成人员提议,可以召开临时全体会议。全体会议由主任或者主任委托的副主任主持。

全体会议须有三分之二以上的成员出席方能举行,会议决议须经出席会议成员三分之二以上通过。

修改章程须经全体成员的三分之二以上通过。

第九条　全体会议主要负责议决以下事项:

(一) 制定和修改仲裁委员会的章程、议事规则和规章制度;

(二) 选举仲裁委员会主任、副主任;

(三) 决定仲裁员的聘任、解聘和除名;

(四) 仲裁委员会主任担任仲裁员的,决定主任的回避;

(五) 审议仲裁委员会工作计划和年度工作报告;

(六) 研究农村土地承包经营纠纷仲裁的重大事项;

(七) 其他重要事项。

第十条　本仲裁委员会从公道正派,并符合下列条件之一的人员中选聘仲裁员,颁发聘书:

(一) 从事农村土地承包管理工作满五年;

(二) 从事法律工作或者人民调解工作满五年;

(三) 在当地威信较高,熟悉农村土地承包法律以及国家政策的居民。

第十一条　本仲裁委员会定期组织仲裁员进行农村土地承包法律以及国家政策的培训。

第十二条　仲裁员聘期_____【注:一般为三】年,期满可以继续聘任。

第十三条 本仲裁委员会建立仲裁员考核制度,考核结果作为续聘或者解聘仲裁员的依据。

第十四条 本仲裁委员会的组成人员、仲裁员应当依法履行职责,遵纪守法,不得索贿受贿、徇私舞弊、枉法裁决,不得侵害当事人的合法权益。

第十五条 本仲裁委员会有权要求被选定或者被指定组成仲裁庭的仲裁员主动报告是否有回避情形。

第十六条 本仲裁委员会组成人员、仲裁员、记录人员、翻译人员等有保密义务,不得擅自对外界透露案件实体和仲裁程序进行的情况。

第十七条 仲裁员辞聘,应当提前三个月向本仲裁委员会提交辞呈。组成仲裁庭的仲裁员,在仲裁程序结束前不得辞聘。

第十八条 本仲裁委员会对有下列情形之一的仲裁员,予以解聘:

(一) 故意隐瞒应当回避事实的;

(二) 无正当理由故意不到庭审理案件的;

(三) 连续两年考核不合格的;

(四) 其他不宜继续担任仲裁员的。

第十九条 本仲裁委员会对有索贿受贿、徇私舞弊、枉法裁决以及接受当事人请客送礼等违法违纪行为的仲裁员,予以除名,且不再聘为仲裁员。

第二十条 本仲裁委员会不向当事人收取仲裁费用,工作经费依法纳入财政预算。

第二十一条 本章程经本仲裁委员会_____年___月___日全体会议讨论通过,自_____年___月___日起生效。

最高人民法院关于审理涉及农村土地承包经营纠纷调解仲裁案件适用法律若干问题的解释

中华人民共和国最高人民法院公告

法释〔2014〕1号

《最高人民法院关于审理涉及农村土地承包经营纠纷调解仲裁案件适用法律若干问题的解释》已于2013年12月27日由最高人民法院审判委员会第1601次会议通过，现予公布，自2014年1月24日起施行。

最高人民法院

2014年1月9日

为正确审理涉及农村土地承包经营纠纷调解仲裁案件，根据《中华人民共和国农村土地承包法》《中华人民共和国农村土地承包经营纠纷调解仲裁法》《中华人民共和国民事诉讼法》等法律的规定，结合民事审判实践，就审理涉及农村土地承包经营纠纷调解仲裁案件适用法律的若干问题，制定本解释。

第一条 农村土地承包仲裁委员会根据农村土地承包经营纠纷调解仲裁法第十八条规定，以超过申请仲裁的时效期间为由驳回申请后，当事人就同一纠纷提起诉讼的，人民法院应予受理。

第二条 当事人在收到农村土地承包仲裁委员会作出的裁决书之日起三十日后或者签收农村土地承包仲裁委员会作出的调解书后，就同一纠纷向人民法院提起诉讼的，裁定不予受理；已经受理的,裁定驳回起诉。

第三条 当事人在收到农村土地承包仲裁委员会作出的裁决书之日起三十日内,向人民法院提起诉讼,请求撤销仲裁裁决的,人民法院应当告知当事人就原纠纷提起诉讼。

第四条 农村土地承包仲裁委员会依法向人民法院提交当事人财产保全申请的,申请财产保全的当事人为申请人。

农村土地承包仲裁委员会应当提交下列材料:

(一)财产保全申请书;

(二)农村土地承包仲裁委员会发出的受理案件通知书;

(三)申请人的身份证明;

(四)申请保全财产的具体情况。

人民法院采取保全措施,可以责令申请人提供担保,申请人不提供担保的,裁定驳回申请。

第五条 人民法院对农村土地承包仲裁委员会提交的财产保全申请材料,应当进行审查。符合前条规定的,应予受理;申请材料不齐全或不符合规定的,人民法院应当告知农村土地承包仲裁委员会需要补齐的内容。

人民法院决定受理的,应当于三日内向当事人送达受理通知书并告知农村土地承包仲裁委员会。

第六条 人民法院受理财产保全申请后,应当在十日内作出裁定。因特殊情况需要延长的,经本院院长批准,可以延长五日。

人民法院接受申请后,对情况紧急的,必须在四十八小时内作出裁定;裁定采取保全措施的,应当立即开始执行。

第七条 农村土地承包经营纠纷仲裁中采取的财产保全措施,在申请保全的当事人依法提起诉讼后,自动转为诉讼中的财产保全措施,并适用《最高人民法院关于人民法院民事执行中查封、扣押、冻结财产的规定》第二十九条关于查封、扣押、冻结期限的规定。

第八条　农村土地承包仲裁委员会依法向人民法院提交当事人证据保全申请的,应当提供下列材料:

(一) 证据保全申请书;

(二) 农村土地承包仲裁委员会发出的受理案件通知书;

(三) 申请人的身份证明;

(四) 申请保全证据的具体情况。

对证据保全的具体程序事项,适用本解释第五、六、七条关于财产保全的规定。

第九条　农村土地承包仲裁委员会作出先行裁定后,一方当事人依法向被执行人住所地或者被执行的财产所在地基层人民法院申请执行的,人民法院应予受理和执行。

申请执行先行裁定的,应当提供以下材料:

(一) 申请执行书;

(二) 农村土地承包仲裁委员会作出的先行裁定书;

(三) 申请执行人的身份证明;

(四) 申请执行人提供的担保情况;

(五) 其他应当提交的文件或证件。

第十条　当事人根据农村土地承包经营纠纷调解仲裁法第四十九条规定,向人民法院申请执行调解书、裁决书,符合《最高人民法院关于人民法院执行工作若干问题的规定(试行)》第十八条规定条件的,人民法院应予受理和执行。

第十一条　当事人因不服农村土地承包仲裁委员会作出的仲裁裁决向人民法院提起诉讼的,起诉期从其收到裁决书的次日起计算。

第十二条　本解释施行后,人民法院尚未审结的一审、二审案件适用本解释规定。本解释施行前已经作出生效裁判的案件,本解释施行后依法再审的,不适用本解释规定。

农业部关于加强基层农村土地承包调解体系建设的意见

农经发〔2016〕8号

各省（区、市）农业（农牧、农村经济）厅（局、委）：

按照中央《关于完善矛盾纠纷多元化解机制的意见》（中办发〔2015〕60号）精神要求，现就加强农村土地承包调解体系建设提出如下意见。

一、总体要求和基本原则

总体要求是：全面贯彻党的十八大和十八届三中、四中、五中全会精神，以邓小平理论、"三个代表"重要思想、科学发展观为指导，深入贯彻习近平总书记系列重要讲话精神，认真贯彻实施农村土地承包经营纠纷调解仲裁法，加强基层农村土地承包调解体系建设，完善制度，建立调解员队伍，加强能力建设，形成"乡村调解、县市仲裁、司法保障"的农村土地承包经营纠纷化解机制。

基本原则：

——坚持便民高效、符合实际。把方便群众作为出发点和落脚点，为农民群众解决纠纷提供畅通便捷渠道。乡村调解组织、调解程序和调解方式要符合当地实际、方便群众、快捷高效。

——坚持依法规范、健全制度。遵循农村土地承包法律政策要求，完善乡村土地承包调解制度，规范调解程序，运用法治思维和法治方式化解农村土地承包纠纷。

——坚持尊重实践、创新方式。充分尊重地方纠纷调解工作实践，探索多种模式完善基层土地承包调解体系，创新工作方式，积极有效开展调解工作。

——坚持多元化解,形成合力。乡村土地承包调解要与人民调解、行政调解、司法调解相衔接,加强部门配合与协作,形成多元化解矛盾纠纷合力。

二、具体要求

(一)加强农村土地承包调解组织建设。乡镇根据工作需要设立或明确农村土地承包调解委员会。农村土地承包调解委员会应当制定章程,明确成员构成、职责、议事规则等,配备调解人员,建立调解工作岗位责任制。村组应设立调解小组或指定专人调解,分区分片明确责任,实行村组土地承包经营纠纷调解负责制。

(二)加强农村土地承包调解员队伍建设。乡村农村土地承包调解员,应当熟悉农村土地承包法律政策,了解当地情况。农村土地承包调解组织应当适时对调解员进行培训。农村土地承包仲裁委员会应当指导调解员的培训。各级农村土地承包管理部门要积极争取各级财政扶持,充分利用"三农"有关培训项目开展调解人员培训,力争用3到5年时间将农村土地承包调解人员轮训一遍,建立一支群众信得过的调解员队伍。

(三)加强农村土地承包经营纠纷调解能力建设。乡镇要充分利用和整合现有资源,配备必要设施设备,改善农村土地承包调解委员会工作条件,保障工作经费。利用"互联网+"等现代信息技术,打造乡镇纠纷化解、法律宣传、咨询服务三位一体的综合平台。村组要综合利用现有场所、设施设备等资源,夯实纠纷调解工作基础,争取各级财政支持,开展法律政策宣传,察验民情民意,消除纠纷隐患,建立纠纷化解第一道防线。

(四)规范农村土地承包调解工作

1. 明确调解范围。农村土地承包调解范围是:因订立、履行、变更、解除和终止农村土地承包合同发生的纠纷；因农村土地承包经营权转包、出租、互换、转让、入股等流转发生的纠纷；因收回、调整承包地发生的纠纷；因确认农村土地承包经营权发生的纠纷；因侵害农村土地承包经营权发生的纠纷；农民请求调解的其他农村土地承包经营纠纷。

2. 规范调解程序。调解可参照如下程序进行：（1）当事人申请调解的，村组或乡镇农村土地承包调解委员会应当调解；农村土地承包调解员也可以主动调解。（2）调解由1-2名调解员进行。调解员应充分听取当事人的陈述，讲解有关法律法规和国家政策，耐心疏导，引导当事人平等协商、互谅互让，达成调解协议。当事人要求调查取证的，调解员可以进行。（3）调解员应根据当事人达成的协议，依法制作调解协议书。双方当事人和解后要求制作调解协议书的，调解员可以制作。调解协议书由双方当事人签名、盖章或者按指印，经调解人员签名并加盖调解组织印章后生效。调解不成的，调解员应告知当事人可以通过仲裁、诉讼等途径解决纠纷。（4）调解员应当将双方当事人基本情况、争议内容、调查取证、调解情况记录、调解协议书等材料立卷归档。

3. 健全调解工作制度。乡镇农村土地承包调解委员会应当制定章程，建立纠纷受理、调解、履行、回访等工作制度。建立矛盾纠纷定期通报、研判等制度。加强风险防控，建立信息反馈制度，及时向有关部门提供纠纷信息。建立告知引导制度，引导当事人依法维护自身权益。建立调解工作定期考评制度。

三、加强领导和工作保障

按照"属地管理"和"谁主管谁负责"原则，将基层农村土地承包调解工作纳入基层党委政府提升社会治理能力、深入推进平安建设、法制建设的总体部署，加强领导。各级农村土地承包管理部门要按照中央要求,指导乡村调解工作,配合综治组织,开展农村土地承包调解工作考核。县级以上人民政府有关部门应当按照职责分工,支持农村土地承包调解组织依法开展工作。各地要将乡村调解工作经费纳入财政预算予以保障,适当安排调解员工作补贴经费。

农业部

2016 年 5 月 24 日

全国普法学习读本

土地使用法律法规学习读本

土地利用管理法律法规

李勇 主编

加大全民普法力度,建设社会主义法治文化,树立宪法法律至上、法律面前人人平等的法治理念。

——中国共产党第十九次全国代表大会《决胜全面建成小康社会 夺取新时代中国特色社会主义伟大胜利》

汕头大学出版社

图书在版编目（CIP）数据

土地利用管理法律法规／李勇主编. -- 汕头：汕头大学出版社，2023.4（重印）

（土地使用法律法规学习读本）

ISBN 978-7-5658-3671-8

Ⅰ.①土… Ⅱ.①李… Ⅲ.①土地管理法-基本知识-中国 Ⅳ.①D922.304

中国版本图书馆 CIP 数据核字（2018）第 143212 号

土地利用管理法律法规　　TUDI LIYONG GUANLI FALÜ FAGUI

主　　编：	李　勇
责任编辑：	邹　峰
责任技编：	黄东生
封面设计：	大华文苑
出版发行：	汕头大学出版社
	广东省汕头市大学路 243 号汕头大学校园内　邮政编码：515063
电　　话：	0754-82904613
印　　刷：	三河市元兴印务有限公司
开　　本：	690mm×960mm 1/16
印　　张：	18
字　　数：	226 千字
版　　次：	2018 年 7 月第 1 版
印　　次：	2023 年 4 月第 2 次印刷
定　　价：	59.60 元（全 2 册）

ISBN 978-7-5658-3671-8

版权所有，翻版必究

如发现印装质量问题，请与承印厂联系退换

前　言

习近平总书记指出："推进全民守法，必须着力增强全民法治观念。要坚持把全民普法和守法作为依法治国的长期基础性工作，采取有力措施加强法制宣传教育。要坚持法治教育从娃娃抓起，把法治教育纳入国民教育体系和精神文明创建内容，由易到难、循序渐进不断增强青少年的规则意识。要健全公民和组织守法信用记录，完善守法诚信褒奖机制和违法失信行为惩戒机制，形成守法光荣、违法可耻的社会氛围，使遵法守法成为全体人民共同追求和自觉行动。"

中共中央、国务院曾经转发了中央宣传部、司法部关于在公民中开展法治宣传教育的规划，并发出通知，要求各地区各部门结合实际认真贯彻执行。通知指出，全民普法和守法是依法治国的长期基础性工作。深入开展法治宣传教育，是全面建成小康社会和新农村的重要保障。

普法规划指出：各地区各部门要根据实际需要，从不同群体的特点出发，因地制宜开展有特色的法治宣传教育坚持集中法治宣传教育与经常性法治宣传教育相结合，深化法律进机关、进乡村、进社区、进学校、进企业、进单位的"法律六进"主题活动，完善工作标准，建立长效机制。

特别是农业、农村和农民问题，始终是关系党和人民事业发展的全局性和根本性问题。党中央、国务院发布的《关于推进社会主义新农村建设的若干意见》中明确提出要"加强农村法制建设，深入开展农村普法教育，增强农民的法制观念，提高农民依法行使权利和履行义务的自觉性。"多年普法实践证明，普及法律知识，提高法制观念，增强全社会依法办事意识具有重要作用。特别是在广大农村进行普法教育，是提高全民法律素质的需要。

多年来，我国在农村实行的改革开放取得了极大成功，农村发生了翻天覆地的变化，广大农民生活水平大大得到了提高。但是，由于历史和社会等原因，现阶段我国一些地区农民文化素质还不高，不学法、不懂法、不守法现象虽然较原来有所改变，但仍有相当一部分群众的法制观念仍很淡化，不懂、不愿借助法律来保护自身权益，这就极易受到不法的侵害，或极易进行违法犯罪活动，严重阻碍了全面建成小康社会和新农村步伐。

为此，根据党和政府的指示精神以及普法规划，特别是根据广大农村农民的现状，在有关部门和专家的指导下，特别编辑了这套《全国普法学习读本》。主要包括了广大人民群众应知应懂、实际实用的法律法规。为了辅导学习，附录还收入了相应法律法规的条例准则、实施细则、解读解答、案例分析等；同时为了突出法律法规的实际实用特点，兼顾地方性和特殊性，附录还收入了部分某些地方性法律法规以及非法律法规的政策文件、管理制度、应用表格等内容，拓展了本书的知识范围，使法律法规更"接地气"，便于读者学习掌握和实际应用。

在众多法律法规中，我们通过甄别，淘汰了废止的，精选了最新的、权威的和全面的。但有部分法律法规有些条款不适应当下情况了，却没有颁布新的，我们又不能擅自改动，只得保留原有条款，但附录却有相应的补充修改意见或通知等。众多法律法规根据不同内容和受众特点，经过归类组合，优化配套。整套普法读本非常全面系统，具有很强的学习性、实用性和指导性，非常适合用于广大农村和城乡普法学习教育与实践指导。总之，是全国全民普法的良好读本。

目　录

土地利用总体规划管理办法

第一章　总　则	(1)
第二章　规划编制	(2)
第三章　规划内容	(4)
第四章　审查和报批	(7)
第五章　规划实施	(8)
第六章　规划修改	(10)
第七章　监督检查	(11)
第八章　罚　则	(12)
第九章　附　则	(12)

附　录

全国国土规划纲要（2016—2030年） …………………… (13)
土地利用总体规划编制审查办法 ………………………… (65)
土地利用年度计划管理办法 ……………………………… (72)
国土资源部关于严格土地利用总体规划实施管理的通知 …… (78)
国土资源部关于有序开展村土地利用规划编制工作的
　指导意见 ……………………………………………… (85)

节约集约利用土地规定

第一章　总　则	(89)
第二章　规模引导	(90)
第三章　布局优化	(91)
第四章　标准控制	(92)
第五章　市场配置	(93)

— 1 —

第六章　盘活利用 …………………………………………（94）
第七章　监督考评 …………………………………………（95）
第八章　法律责任 …………………………………………（96）
第九章　附　则 ……………………………………………（96）

土地开发利用资金管理法律法规

地方政府土地储备专项债券管理办法（试行）…………（97）
土地开发整理项目资金管理暂行办法 …………………（105）
用于农业土地开发的土地出让金收入管理办法 ………（110）
用于农业土地开发的土地出让金使用管理办法 ………（113）
国务院关于将部分土地出让金用于农业土地开发
　有关问题的通知 ………………………………………（117）

国土资源执法监督规定

国土资源执法监督规定 …………………………………（119）
附　录
　违反土地管理规定行为处分办法 ……………………（128）
　查处土地违法行为立案标准 …………………………（135）

土地利用总体规划管理办法

中华人民共和国国土资源部部令

第 72 号

《土地利用总体规划管理办法》已经 2017 年 5 月 2 日国土资源部第 1 次部务会议审议通过，现予公布，自公布之日起施行。

国土资源部部长
2017 年 5 月 8 日

第一章　总　则

第一条　为落实创新、协调、绿色、开放、共享的发展理念，加强和规范土地利用总体规划管理，严格保护耕地，促进节约集约用地，根据《中华人民共和国土地管理法》和《中华人民共和国土地管理法实施条例》，制定本办法。

第二条　土地利用总体规划是国家空间规划体系的重要组成部分，是实施土地用途管制，保护土地资源，统筹各项土地利用活动的重要依据。

城乡建设、区域发展、基础设施建设、产业发展、生态环境保护、矿产资源勘查开发等各类与土地利用相关的规划，应当与土地利用总体规划相衔接。

第三条 土地利用总体规划的编制、审查、实施、修改和监督检查，适用本办法。

第四条 在土地利用总体规划管理及其相关科学研究等方面取得显著成绩的单位和个人，由国土资源主管部门给予表彰和奖励。

第二章 规划编制

第五条 土地利用总体规划分为国家、省、市、县和乡（镇）五级。

村土地利用规划是乡（镇）土地利用总体规划的重要组成部分。

第六条 土地利用总体规划依法由各级人民政府组织编制，国土资源主管部门具体承办。国土资源主管部门会同有关部门编制本级土地利用总体规划，审查下级土地利用总体规划。

编制土地利用总体规划，应当坚持政府组织、专家领衔、部门协作、公众参与的工作原则。

第七条 土地利用总体规划编制前，国土资源主管部门应当对现行规划的实施情况进行评估，开展基础调查、土地调查成果资料收集、重大问题研究等前期工作。

第八条 国土资源主管部门应当依据土地利用现状，按照国民经济和社会发展规划等要求，以主体功能区规划、国土规划、国家发展战略为基础，组织编制土地利用总体规划大纲。

土地利用总体规划大纲包括：

（一）规划背景；

（二）土地利用现状与评价；

（三）指导思想和原则；

（四）土地利用战略定位和目标；

（五）土地利用规模、结构与总体布局；

（六）规划实施措施。

乡（镇）土地利用总体规划大纲是否编制，由设区的市、自治州国土资源主管部门根据实际情况决定。

第九条　县级以上地方国土资源主管部门依据经审核通过的土地利用总体规划大纲，编制土地利用总体规划。

乡（镇）土地利用总体规划可以与所在地的县级土地利用总体规划同步编制。

第十条　在土地利用总体规划编制过程中，对涉及土地资源保护与可持续发展、土地节约集约利用、土地利用结构布局优化、土地生态环境保护与建设等重大问题，国土资源主管部门应当组织相关方面的专家进行专题研究和论证。

第十一条　国土资源主管部门应当在本级人民政府的领导下，建立土地利用总体规划编制部门协调机制，听取各有关部门的意见。

第十二条　对土地利用总体规划编制中的重大问题，国土资源主管部门可以根据实际情况采取多种方式向社会公众征询解决方案。

对直接涉及公民、法人和其他组织合法权益的规划内容，应当采取公告、听证或者其他方式，充分听取公众的意见。

采取公告方式听取意见的，公告的时间不得少于三十日。采取听证方式听取意见的，按照《国土资源听证规定》的程序进行。

征询、听取和采纳公众意见情况应当作为规划报送审查材料一并上报。

第十三条　国土资源主管部门应当组织相关方面专家对土地利用总体规划进行论证，论证情况应当作为规划报送审查材料一并上报。

第十四条　土地利用总体规划编制应当运用先进的科学技术手段，加强规划管理信息化建设，提高土地利用总体规划的编制水平。

土地利用总体规划数据库建设工作应当与土地利用总体规划编制工作同步完成，同步审查确认。

第三章 规划内容

第十五条 土地利用总体规划应当包括下列内容:
(一) 现行规划实施情况评估;
(二) 规划背景;
(三) 土地利用现状与评价;
(四) 土地供需形势分析;
(五) 土地利用战略;
(六) 规划主要目标,包括耕地保有量、基本农田保护面积、建设用地规模和土地整治安排等;
(七) 土地利用结构、布局、时序安排和节约集约用地的优化方案;
(八) 土地利用的差别化政策;
(九) 规划实施的责任与保障措施;
(十) 规划图件和图则;
(十一) 规划说明以及与相关规划协调衔接情况。

乡(镇)土地利用总体规划可以根据实际情况,适当简化前款规定的内容。

第十六条 省级土地利用总体规划,应当重点突出下列内容:
(一) 国家级土地利用任务的落实情况;
(二) 重大土地利用问题的解决方案;
(三) 各区域土地利用的主要方向;
(四) 对市级土地利用的调控;
(五) 土地利用重大专项安排;
(六) 规划实施的机制创新。

其中直辖市的土地利用总体规划,综合前款规定和本办法第十七条规定的内容编制。

第十七条 市级土地利用总体规划,应当重点突出下列内容:

（一）省级土地利用任务的落实；
（二）土地利用规模、结构、布局和时序安排；
（三）土地利用功能分区及其分区管制规则；
（四）中心城区土地利用控制；
（五）对县级土地利用的调控；
（六）基本农田集中划定区域；
（七）重点工程安排；
（八）规划实施的责任落实。

前款第四项规定的中心城区，包括城市主城区及其相关联的功能组团，其土地利用控制的重点是按照土地用途管制的要求，确定规划期内新增建设用地的规模与布局安排，划定中心城区建设用地的扩展边界。

第十八条　县级土地利用总体规划，应当重点突出下列内容：
（一）市级土地利用任务的落实；
（二）土地利用规模、结构、布局和时序安排；
（三）土地用途管制分区及其管制规则；
（四）中心城区土地利用控制；
（五）对乡（镇）土地利用的调控；
（六）基本农田保护区的划定；
（七）城镇村用地扩展边界的划定；
（八）土地整治的规模、范围和重点区域的确定。

第十九条　乡（镇）土地利用总体规划，应当重点突出下列内容：
（一）耕地、基本农田地块的落实；
（二）县级规划中土地用途分区、布局与边界的落实；
（三）地块土地用途的确定；
（四）镇和农村居民点用地扩展边界的划定；
（五）土地整治项目的安排。

第二十条　村土地利用规划，应当重点突出下列内容：

（一）乡（镇）规划中土地用途分区、布局与边界的落实；

（二）农村集体建设用地的安排，农村宅基地、公益性设施用地等的范围；

（三）不同用途土地的使用规则。

第二十一条 编制土地利用总体规划，应当综合考虑资源环境承载能力，统筹利用地上地下空间资源，按照下列布局次序、原则和要求，科学合理安排各类用地空间布局：

（一）优先布局国土安全和生态屏障用地；

（二）协调安排耕地、基本农田和基础设施用地；

（三）优化城乡建设用地结构和布局；

（四）维护和扩大城乡绿色空间；

（五）稳定自然和人文景观用地；

（六）发挥农地多重功能，拓展生态空间；

（七）防范污染区域环境风险，因地制宜整治利用；

（八）尽量避免地质灾害易发区和压覆国家重要矿产资源。

第二十二条 编制市级、县级、乡（镇）土地利用总体规划，国土资源主管部门应当会同环境保护、住房城乡建设等部门，充分考虑生态保护红线、永久基本农田、城镇开发边界，因地制宜划定下列城乡建设用地管制边界和管制区域：

（一）城乡建设用地规模边界；

（二）城乡建设用地扩展边界；

（三）城乡建设用地禁建边界；

（四）允许建设区；

（五）有条件建设区；

（六）限制建设区；

（七）禁止建设区。

第二十三条 土地利用总体规划图件是土地利用总体规划的重要组成部分，与土地利用总体规划文本具有同等法律效力。

土地利用总体规划图件包括：

（一）土地利用总体规划图；
（二）土地利用总体规划附图。
前款第二项规定的土地利用总体规划附图，包括规划现状图、专题规划图和其他图件等。

第四章 审查和报批

第二十四条 省、市、县级土地利用总体规划大纲经本级人民政府同意后，逐级上报规划审批机关同级的国土资源主管部门审核。

土地利用总体规划大纲未通过审核的，有关国土资源主管部门应当根据审核意见修改土地利用总体规划大纲，按照规定程序重新上报审核。

第二十五条 土地利用总体规划大纲是土地利用总体规划编制的重要依据，有关国土资源主管部门应当依据审核通过的土地利用总体规划大纲编制土地利用总体规划。

第二十六条 土地利用总体规划按照下级规划服从上级规划的原则，依法自上而下审查报批。

跨行政区域的土地利用总体规划由共同的上级人民政府国土资源主管部门会同发展改革等有关部门编制，依照法定权限报批。

第二十七条 土地利用总体规划审查报批，应当提交下列材料：
（一）规划文本及说明；
（二）规划图件；
（三）专题研究报告；
（四）规划数据库；
（五）征求意见及论证情况、土地利用总体规划大纲审核意见及修改落实情况等其他材料。

第二十八条 有关国土资源主管部门应当自收到人民政府转来的下级土地利用总体规划之日起五个工作日内，送其他有关部门和单位征求意见；自收到其他有关部门和单位的意见之日起三十日内，完成规划审查工作。

对土地利用总体规划有较大分歧时，有关国土资源主管部门应当组织其他有关部门和单位进行协调。因特殊情况，确需延长规划审查期限的，经本部门主要负责人批准，可以延长三十日。

第二十九条 土地利用总体规划的审查依据包括：

（一）现行法律、法规、规章及相关规范；

（二）国家有关土地利用和管理的方针、政策；

（三）上级土地利用总体规划；

（四）土地利用相关规划；

（五）其他可以依据的基础调查资料等。

第三十条 土地利用总体规划的审查内容包括：

（一）现行规划实施评价；

（二）土地利用现状与评价；

（三）规划目标；

（四）土地利用规模、结构、布局和时序；

（五）土地利用主要指标分解情况；

（六）规划衔接协调论证情况和公众参与情况；

（七）规划实施保障措施；

（八）规划图件、数据库成果。

第三十一条 土地利用总体规划经依法批准后，规划编制机关应当自规划批准之日起二十个工作日内，在本级人民政府或者国土资源主管部门门户网站向社会公布，接受公众查询和监督。其中，乡（镇）土地利用总体规划应当在本行政区域各村民委员会村务公开栏或者其他公共场所公布。但法律、行政法规规定不得公开的内容除外。

第五章 规划实施

第三十二条 土地利用总体规划是实施土地用途管制的重要依

据。任何土地利用活动，必须符合土地利用总体规划确定的土地用途，不得突破土地利用总体规划确定的用地规模和总体布局安排。

国土资源主管部门开展建设用地预审、编制土地利用计划、开展建设用地审查报批、划定基本农田等工作，应当以土地利用总体规划为依据，确保规划目标的落实。

第三十三条 土地利用总体规划划定的城乡建设用地管制边界和管制区域，必须严格执行，未经依法批准，不得擅自突破。

需要使用土地的城、镇、村和工矿建设项目，应当在允许建设区内安排建设用地。

严禁在限制建设区和禁止建设区内安排城镇建设项目。交通、能源、水利、军事、国家安全、矿山和其他因生态环境保护要求确需在限制建设区和禁止建设区内单独选址的建设项目，必须经依法批准。

第三十四条 为实施土地利用总体规划，国土资源主管部门可以会同发展改革等有关部门，按照国家有关规定编制和实施土地整治规划等专项规划，规范有序推进高标准农田建设、城乡建设用地增减挂钩、工矿废弃地复垦利用和城镇低效用地再开发等各项土地整治活动。

军队土地主管部门可以依据土地利用总体规划，编制和实施军用土地资源利用和管理的专项规划。

第三十五条 依据土地利用总体规划和土地整治规划实施土地整治项目，应当优先在土地利用总体规划确定的重点区域、重大工程和基本农田保护区内安排，确保规划项目有效实施。

第三十六条 土地利用总体规划经批准实施后，县级以上国土资源主管部门应当定期组织对规划实施情况进行全面评估，分析规划实施取得的成效、存在的问题及原因，提出促进规划有效实施的建议和措施。

国家、省、市和县级土地利用总体规划可以每年开展一次评估。乡（镇）土地利用总体规划可以根据需要适时开展评估。

第三十七条 土地利用总体规划实施评估应当包括下列内容：

— 9 —

（一）耕地和基本农田保护落实情况；

（二）节约集约用地落实情况；

（三）建设用地规模、结构及空间布局实施情况；

（四）生态用地保护落实情况；

（五）土地利用重大工程与重点建设项目实施情况；

（六）规划实施措施执行情况；

（七）规划背景重大变化情况；

（八）评估结论。

第三十八条 城、镇、村和工矿建设发展空间应当限定在土地利用总体规划确定的允许建设区内。

市、县在不改变允许建设区规模、不突破城乡建设用地扩展边界和有条件建设区的前提下，可以制定城乡建设用地规模边界调整方案，经土地利用总体规划审批机关同级的国土资源主管部门同意后，调整允许建设区和有条件建设区的空间布局。

城乡建设用地扩展边界不得调整。确需调整的，依照本办法规定报规划原审批机关批准。

第六章　规划修改

第三十九条 有下列情形之一，确需修改土地利用总体规划的，规划编制机关可以依法组织修改规划，报原规划审批机关批准：

（一）国家或者省级重大战略实施、重大政策调整、经济社会发展条件发生重大变化；

（二）经国务院或者省级人民政府及其投资主管部门批准的能源、交通、水利、矿山、军事设施等建设项目；

（三）重大自然灾害抢险避灾、灾后恢复重建；

（四）行政区划调整；

（五）重要民生项目建设；

（六）法律、行政法规规定的其他情形。

经规划实施评估，确需修改土地利用总体规划的，依照前款规定执行。

规划修改报批程序依照本办法规定的规划编制报批程序执行。

第四十条 申请修改土地利用总体规划，应当报送下列材料：

（一）规划修改方案主要内容，包括规划修改的原因、依据、主要内容、方案评价和措施建议；

（二）规划修改方案主要表格，包括土地利用结构调整情况表、规划指标调整情况表、建设用地空间管制分区变化情况表；

（三）规划修改方案主要图件，包括土地利用总体规划修改图、土地利用总体规划修改前后对比图、土地利用分区调整图、建设用地空间管制分区调整图；

（四）规划修改方案数据库成果；

（五）规划修改征求意见情况、修改说明等其他材料。属于评估后修改的，还需要同时报送规划实施评估报告。

第四十一条 土地利用总体规划修改，应当重点审查下列内容：

（一）是否必要；

（二）是否符合法律、法规和本办法规定的适用范围；

（三）是否符合国家战略和土地利用管理政策，是否符合保护耕地、节约集约用地和改善生态环境的要求；

（四）主要指标安排是否合理、可行，与上级规划是否衔接，涉及增加规划指标的，增加的途径是否落实；

（五）是否与相关规划相协调；

（六）实施措施是否落实了土地用途管制的要求。

第七章　监督检查

第四十二条 国土资源主管部门应当结合土地利用年度变更调查，加强对土地利用总体规划编制和实施情况的监督，健全完善随机抽查机制，及时发现、制止和纠正违反土地利用总体规划的行为。

第四十三条　派驻地方的国家土地督察机构按照国务院规定，对土地利用总体规划的编制和实施情况进行监督检查。

第四十四条　国土资源主管部门应当加强信息化建设，充分应用卫星遥感、信息化等技术手段，开展土地利用总体规划数据库建设、更新及规划应用管理系统建设，建立健全土地利用总体规划数据库动态更新机制，纳入国土资源综合信息监管平台统一管理。

县级以上地方国土资源主管部门应当执行国土资源部制定的全国统一的土地利用总体规划数据库建设、更新的标准规范及数据质量检查规则，实现规划信息的集成管理和互通共享。

第八章　罚　则

第四十五条　国土资源主管部门及其工作人员违反本办法规定，有下列情形之一的，依法给予处分：

（一）违反本办法第三十二条规定，擅自突破土地利用总体规划确定的用地规模和总体布局安排的；

（二）违反本办法第三十三条规定，未经批准擅自突破土地利用总体规划划定的城乡建设用地管制边界和管制区域，在限制建设区和禁止建设区内安排城镇建设项目用地的；

（三）违反本办法第三十八条规定，未经批准擅自调整城乡建设用地扩展边界的；

（四）违反本办法第三十九条规定，未经批准擅自修改土地利用总体规划的。

第九章　附　则

第四十六条　本办法自公布之日起施行。2009年2月4日国土资源部发布的《土地利用总体规划编制审查办法》同时废止。

附 录

全国国土规划纲要（2016—2030年）

国务院关于印发全国国土规划纲要
（2016—2030年）的通知
国发〔2017〕3号

各省、自治区、直辖市人民政府，国务院各部委、各直属机构：

现将《全国国土规划纲要（2016—2030年）》印发给你们，请认真贯彻执行。

国务院
2017年1月3日

导 言

我国的国土包括陆地国土和海洋国土，其中陆地国土面积960万平方公里，根据《联合国海洋法公约》有关规定和我国主张，管辖海域面积约300万平方公里。这是中华民族繁衍生息的宝贵家园，也是我国经济社会持续发展的基本载体。科学推进国土集聚开发、分类保护和综合整治，进一步优化开发格局、提升开发质量、规范开发秩序，有利于形成安全、和谐、开放、协调、富有竞争力和可持续发展的美丽国土，为实现"两个一百年"奋斗目标、实现中华民族伟大复兴中国梦提供有力支撑和基础保障。

按照党中央、国务院部署，编制实施《全国国土规划纲要（2016—2030年）》（以下简称《纲要》），是统筹推进"五位一体"总体布局和协调推进"四个全面"战略布局，贯彻落实创新、协调、绿色、开放、共享的发展理念，促进人口资源环境相均衡、经济社会生态效益相统一的重大举措。《纲要》贯彻区域发展总体战略和主体功能区战略，推动"一带一路"建设、京津冀协同发展、长江经济带发展战略（以下称三大战略）落实，对国土空间开发、资源环境保护、国土综合整治和保障体系建设等作出总体部署与统筹安排，对涉及国土空间开发、保护、整治的各类活动具有指导和管控作用，对相关国土空间专项规划具有引领和协调作用，是战略性、综合性、基础性规划。

《纲要》范围涵盖我国全部国土（暂未含港澳台地区）。规划基期为2015年，中期目标年为2020年，远期目标年为2030年。

第一章 基本形势

当前，我国正处于全面建成小康社会决胜阶段，世情国情继续发生深刻变化，经济发展进入新常态，国土开发利用与保护面临重大机遇和严峻挑战，必须顺应国际大势，立足基本国情，把握时代要求，科学研判发展形势。

第一节 重大机遇

经济全球化深入推进，为构建开放的国土开发格局提供了良好外部环境。20世纪80年代以来，市场经济和国际分工加速推进，经济全球化和区域一体化步伐加快，有力推动了贸易自由化和区域经济合作，极大促进了资源要素流动。世界多极化发展格局日渐形成，新兴大国群体性崛起，发展中国家整体实力增强，国际战略重心逐渐东移。我国处于亚太经济区核心地区，在承接全球产业转移和深度参与国际分工中具有得天独厚的地缘优势，对外开放与国际合作空间广阔。

综合国力持续提升，为提高国土开发能力和水平奠定了坚实物质基础。改革开放以来，我国社会主义市场经济体系日益健全，经济结构加快转型，基础设施不断完备，科教水平整体提升，社会民生持续改善，内生动力显著增强，取得了举世瞩目的伟大成就，目前已进入中等收入国家行列。今后，我国仍处于可以大有作为的重要战略机遇期，有巨大的潜力、韧性和回旋余地，经济社会发展长期向好的总体趋势不会改变。

生态文明建设战略地位提升，对统筹推进国土开发、利用、保护和整治提出了明确要求。长期以来，我国始终坚持节约资源、保护环境和保护耕地的基本国策，全民生态文明意识逐步增强，生态文明建设稳步推进。党的十八大提出，将生态文明建设纳入中国特色社会主义事业"五位一体"总体布局，融入经济建设、政治建设、文化建设、社会建设各方面和全过程。党的十八届五中全会提出"绿色"发展理念。这都要求珍惜每一寸国土，优化国土空间开发格局，全面促进资源节约，加大自然生态系统和环境保护力度，加强生态文明制度建设。

国土集聚开发格局日渐清晰，为有序开发国土确立了基本框架。改革开放以来，我国人口、产业向东部沿海和大城市集聚的态势不断增强，推动形成了京津冀、长江三角洲、珠江三角洲等三大城市群和沿海、沿江、沿主要交通干线的开发轴带。近年来，围绕实施区域发展总体战略和主体功能区战略，国家出台实施了一系列区域规划与政策，确定了优化经济空间布局的方向和重点；制定了《全国主体功能区规划》，明确了科学开发国土空间的行动纲领和远景蓝图，发布实施了土地利用总体规划、矿产资源规划、海洋功能区规划等，从不同层次、不同角度对国土开发作出了安排部署，初步确立了国土开发重点与基本框架。

第二节　严峻挑战

资源约束不断加剧。一是资源禀赋缺陷明显。我国资源总量大、种类全，但人均少，质量总体不高，主要资源人均占有量远低于世界平均水平。矿产资源低品位、难选冶矿多；土地资源中难利用地多、宜农地少；水土资源空间匹配性差，资源富集区与生态脆弱区多有重叠。二是资源需求刚性增长。近十年间，我国矿产资源供应量增速同比提高0.5—1倍，高出同期世界平均增速0.5—1倍，对外依存度不断提高，石油、铁矿石、铜、铝、钾盐等大宗矿产资源的国内保障程度不足50%。建设用地需求居高不下，2015年实际供地达到53万公顷。随着新型工业化、信息化、城镇化、农业现代化同步发展，资源需求仍将保持强劲势头。三是资源利用方式较为粗放。我国目前单位国内生产总值用水量和能耗分别是世界平均水平的3.3倍和2.5倍；人均城镇工矿建设用地面积为149平方米，人均农村居民点用地面积为300平方米，远超国家标准上限；矿产资源利用水平总体不高。四是利用国外资源的风险和难度不断加大。当前，世界经济正处于深度调整之中，复苏动力不足，地缘政治影响加重，新的产业分工和经济秩序正在加快调整，各国围绕市场、资源、人才、技术、标准等领域的竞争更趋激烈，能源安全、粮食安全、气候变化等全球性问题更加突出，发展仍面临诸多不稳定性和不确定性，我国从国际上获取能源资源的难度不断加大。

生态环境压力加大。一是部分地区环境质量持续下降。2015年十大流域的700个水质监测断面中，劣V类水质断面比例占8.9%。京津冀、长江三角洲、珠江三角洲、山东半岛等地区，复合型大气污染严重；辽宁中部、成渝、海峡西岸等地区，复合型大气污染问题开始显现。全国土壤环境状况总体不容乐观，部分地区土壤污染较重，耕地土壤环境质量堪忧，工矿废弃地土壤环境问题突出。全国土壤总的点位超标率为16.1%，耕地土壤点位超标率为19.4%。二是生态系统功能不断退化。部分地区森林破坏、湿地萎缩、河湖干涸、水土流失、土地沙化、草原退化问题突出，生物多样性降低，生态灾害频发。全国水土流失、沙化和石漠化面积分别为295万平方千米、173万平方千米和12万平方千米，全国中度和重度退化草原面积仍占草原总面积的三分之一以上，约44%的野生动物种群数量呈下降趋势，野生动植物种类受威胁比例达15%—20%。三是地质灾害点多面广频发。陆域国土地质环境极不安全区、不安全区面积分别占4.6%、10.1%，局部地区地质环境安全风险较高。川滇山地、云贵高原、秦巴山地、陇中南山地等，滑坡、崩塌、泥石流等突发性地质灾害高发频发；长江三角洲、华北平原、汾渭盆地、滨海沉积海岸等地区，地面沉降和地裂缝等缓变性地质灾害不断加重。四是海洋生态环境问题日益凸显。陆源和海上污染物排海总量快速增长，近岸海域污染加重，特别是辽东湾、渤海湾、长江口、杭州湾、珠江口等海域污染问题十分突出；海岸自然岸线保有率为37.6%，沙质海岸侵蚀严重，滨海湿地不断减少，海洋生态服务功能退化；赤潮、绿潮等海洋生态灾害频发，年均灾害面积分别超过1.4万和3万平方千米；重大海洋污染事故时有发生。

国土空间开发格局亟需优化。一是经济布局与人口、资源分布不协调。改革开放以来，产业和就业人口不断向东部沿海地区集中，市场消费地与资源富集区空间错位，造成能源资源的长距离调运和产品、劳动力大规模跨地区流动，经济运行成本、社会稳定和生态环境风险加大。二是城镇、农业、生态空间结构性矛盾凸显。随着城乡建设用地不断扩张，农业和生态用地空间受到挤压，城镇、农业、生态空间矛盾加剧；优质耕地分布与城镇化地区高度重叠，耕地保护压力持续增大，空间开发政策面临艰难抉择。三是部分地区国土开发强度与资源环境承载能力不匹配。国土开发过度和开发不足现象并存，京津冀、长江三角洲、珠江三角洲等地区国土开发强度接近或超出资源环境承载能力，中西部一些自然禀赋较好的地区尚有较大潜力。四是陆海国土开发缺乏统筹。沿海局部地区开发布局与海洋资源环境条件不相适应，围填海规模增长较快、利用粗放，可供开发的海岸线和近岸海域资源日益匮乏，涉海行业用海矛盾突出，渔业资源和生态环境损害严重。

国土开发质量有待提升。一是城镇化重速度轻质量问题严重。改革开放以来，我国城镇化进程加快，常住人口城镇化率由1978年的

17.9%提高到2015年的56.1%左右,但城镇化粗放扩张,产业支撑不足。2000—2015年,全国城镇建成区面积增长了约113%,远高于同期城镇人口59%的增幅。部分城市承载能力减弱,水土资源和能源不足,环境污染等问题凸显。二是产业低质同构现象比较普遍。产业发展总体上仍处在过度依赖规模扩张和能源资源要素驱动的阶段,产业协同性不高,核心竞争力缺乏,产品附加值低,在技术水平、盈利能力和市场影响力等方面与发达国家存在明显差距。同时,区域之间产业同质化严重,部分行业产能严重过剩。三是基础设施建设重复与不足问题并存。部分地区基础设施建设过于超前,闲置和浪费严重。中西部偏远地区基础设施建设相对滞后,卫生、医疗、环保等公共服务和应急保障基础设施缺失。四是城乡区域发展差距仍然较大。城乡居民收入比由上世纪80年代中期的1.86∶1扩大到2015年的2.73∶1,城乡基础设施和公共服务水平存在显著差异。2014年,东部地区人均国内生产总值分别为中部、西部和东北地区的1.75倍、1.79倍和1.28倍,东部地区国土经济密度分别为中部、西部和东北地区的2.81倍、18.80倍和5.34倍。革命老区、民族地区、边疆地区和贫困地区发展滞后问题较为突出,截至2015年底全国仍有5630万农村建档立卡贫困人口1。

第二章 总体要求

积极应对国土开发面临的新机遇与新挑战,围绕实现"两个一百年"奋斗目标、实现中华民族伟大复兴中国梦,针对国土开发中存在的突出问题,加强顶层设计和统筹谋划,科学确定国土开发、保护与整治的指导思想、基本原则和主要目标。

第一节 指导思想

全面贯彻党的十八大和十八届三中、四中、五中、六中全会精神,深入贯彻习近平总书记系列重要讲话精神和治国理政新理念新思想新战略,认真落实党中央、国务院决策部署,统筹推进"五位一体"总体布局和协调推进"四个全面"战略布局，牢固树立和贯彻落实创新、协调、绿色、开放、共享的发展理念，大力推进生态文明建设，坚持人口资源环境相均衡、经济社会生态效益相统一，加快转变国土开发利用方式，全面提高国土开发质量和效率，落实区域发展总体战略、主体功能区战略和三大战略，统筹推进形成国土集聚开发、分类保护与综合整治"三位一体"总体格局，加强国土空间用途管制，建立国土空间开发保护制度，提升国土空间治理能力，为实现"两个一百年"奋斗目标、实现中华民族伟大复兴中国梦提供有力支撑和基础保障。

第二节 基本原则

坚持国土开发与资源环境承载能力相匹配。树立尊重自然、顺应自然、保护自然的生态文明理念，坚持人口资源环境相均衡，以资源环境承载能力为基础，根据资源禀赋、生态条件和环境容量，明晰国土开发的限制性和适宜性，科学确定国土开发利用的规模、结构、布局和时序，划定城镇、农业、生态空间开发管制界限，引导人口和产业向资源环境承载能力较强的区域集聚。

坚持集聚开发与均衡发展相协调。以集聚开发为重点，鼓励有条件地区率先发展，最大限度发挥要素集聚效益，提高对周边地区的辐射带动能力。兼顾效率与公平，统筹配置公共资源，推动城乡区域协调发展。加大对革命老区、民族地区、边疆地区、贫困地区和资源型地区的扶持力度，提升自我发展能力。优先保障民生设施建设空间，促进基本公共服务均等化。

坚持点上开发与面上保护相促进。坚持在保护中开发、在开发中保护，对资源环境承载能力相对较强的地区实施集中布局、据点开发，充分提升有限开发空间的利用效率，腾出更多空间，实现更大范围、更高水平的国土保护。针对不同地区国土空间特点，明确保护主题，实行分类分级保护，促进国土全域保护，切实维护国家生态安全。

坚持陆域开发与海域利用相统筹。在促进陆域国土纵深开发的同时，充分发挥海洋国土作为经济空间、战略通道、资源基地、安全屏障的重要作用，扩大内陆地区分享海洋经济发展效益的范围，加强陆地与海洋在发展定位、产业布局、资源开发、环境保护和防灾减灾等方面的协同共治，构建良性互动的陆海统筹开发格局，提高海洋资源开发能力，加快建设海洋强国。

坚持节约优先与高效利用相统一。落实节约优先战略，加强全过程节约管理，完善市场调节、标准管控、考核监管，健全土地、水、能源节约集约使用制度，大幅降低资源消耗强度，提高利用效率和效益，形成节约资源的空间格局、产业结构、生产方式和消费模式，推动资源利用方式根本转变，实现绿色发展、循环发展和低碳发展。

坚持市场调节与政府调控相结合。积极完善中国特色社会主义市场经济体制，在更大程度、更广范围发挥市场配置资源的决定性作用，提高资源配置和国土空间开发效率。大力推进供给侧结构性改革，更好发挥政府在国土空间开发利用与保护中的作用，完善自然资源资产用途管制制度，强化国土空间用途管制，综合运用经济、行政和法律等手段，科学引导人口流动、城乡建设和产业布局，合理优化空间结构。

第三节 主要目标

全面推进国土开发、保护和整治，加快构建安全、和谐、开放、协调、富有竞争力和可持续发展的美丽国土。

国土空间开发格局不断优化，整体竞争力和综合国力显著增强。到2020年，全国主体功能区布局基本形成，国土空间布局得到优化；到2030年，主体功能区布局进一步完善，以重点经济区、城市群、农产品主产区为支撑，重要轴带为主干的新型工业化、城镇化格局基本形成，人口集疏更加有序，城市文化更加繁荣，全方位对外开放格局逐步完善，国际竞争力显著增强，国土开发强度不超过4.62%，城镇空间控制在11.67万平方千米以内。

城乡区域协调发展取得实质进展，国土开发的协调性大幅提升。

到2020年，区域协调发展新格局基本形成，区域之间、城乡之间居民收入差距缩小，基本公共服务均等化水平稳步提高，城镇化质量显著提升；到2030年，城乡一体化发展体制机制更加完善，城乡要素平等交换和公共资源均衡配置基本实现，新型工农、城乡关系进一步完善，基本公共服务均等化总体实现。

资源节约型、环境友好型社会基本建成，可持续发展能力显著增强。到2020年，人居环境逐步改善，生态系统稳定性不断增强，生物多样性得到切实保护；到2030年，集约、绿色、低碳、循环的资源利用体系基本建成，生态环境得到有效保护，资源节约集约利用水平显著提高，单位国内生产总值能耗和用水量大幅下降，国土综合整治全面推进，生产、生活和生态功能明显提升，耕地保有量保持在18.25亿亩以上，建成高标准农田12亿亩，新增治理水土流失面积94万平方千米以上。

基础设施体系趋于完善，资源保障能力和国土安全水平不断提升。到2020年，建设内通外联的运输通道网络，城镇生活污水、垃圾处理设施实现全覆盖，水利基础设施更加完善，防灾减灾体系更加健全；到2030年，综合交通和信息通信基础设施体系更加完善，城乡供水和防洪能力显著增强，水、土地、能源和矿产资源供给得到有效保障，防灾减灾体系基本完善，抵御自然灾害能力明显提升，公路与铁路网密度达到0.6千米/平方千米，用水总量控制在7000亿立方米以内。

海洋开发保护水平显著提高，建设海洋强国目标基本实现。到2020年，海洋经济发展空间不断拓展，海洋产业布局更为合理，对沿海地区经济的辐射带动能力进一步增强，海洋生产总值占国内生产总值比例达到9.5%；到2030年，海洋开发、控制、综合管理能力全面提升，海洋经济不断壮大，海洋生态环境质量持续改善，海上突发事件应急处置能力显著增强，国家海洋权益得到切实维护，海洋生产总值占国内生产总值比例力争达到14%。

国土空间开发保护制度全面建立，生态文明建设基础更加坚实。到2020年，空间规划体系不断完善，最严格的土地管理制度、水资源管理制度和环保制度得到落实,生态保护红线全面划定,国土空间开发、资源节约、生态环境保护的体制机制更加健全,资源环境承载能力监测预警水平得到提升;到2030年,国土空间开发保护制度更加完善,由空间规划、用途管制、差异化绩效考核构成的空间治理体系更加健全,基本实现国土空间治理能力现代化。

表1 主要指标

指标名称	2015年	2020年	2030年	属性
1. 耕地保有量(亿亩)	18.65	18.65	18.25	约束性
2. 用水总量(亿立方米)	6180	6700	7000	约束性
3. 森林覆盖率(%)	21.66	>23	>24	预期性
4. 草原综合植被盖度(%)	54	56	60	预期性
5. 湿地面积(亿亩)	8	8	8.3	预期性
6. 国土开发强度(%)	4.02	4.24	4.62	约束性
7. 城镇空间(万平方千米)	8.90	10.21	11.67	预期性
8. 公路与铁路网密度(千米/平方千米)	0.49	≥0.5	≥0.6	预期性
9. 全国七大重点流域水质优良比例(%)	67.5	>70	>75	约束性
10. 重要江河湖泊水功能区水质达标率(%)	70.8	>80	>95	约束性
11. 新增治理水土流失面积(万平方千米)	—	32	94	预期性

第三章 战略格局

深入实施区域发展总体战略、主体功能区战略和三大战略,以资源环境承载能力为基础,推动国土集聚开发和分类保护相适应,立足比较优势,促进区域协调发展,切实优化国土空间开发格局。

第一节　高效规范的国土开发开放格局

以培育重要开发轴带和开发集聚区为重点建设竞争力高地。坚持集约发展，高效利用国土空间。在资源环境承载能力较强、集聚开发水平较高或潜力较大的城市化地区，着力推进国土集聚开发，引导人口、产业相对集中布局。以四大板块为基础、三大战略为引领，以国家优化开发和重点开发区域为重点，依托大江大河和重要交通干线，打造若干国土开发重要轴带，促进生产要素有序流动和高效集聚，着力打造国土集聚开发主体框架，积极构建多中心网络型开发格局，提升国土开发效率和整体竞争力。

以现实基础和比较优势为支撑建设现代产业基地。按照国家产业发展总体战略部署，立足各地区产业发展基础和比较优势，分类分区引导重点产业结构调整和布局优化，促进形成区域间分工合理、优势互补、联动发展的产业格局。提高产业核心竞争力，改造提升传统产业，培育壮大战略性新兴产业，加快发展现代服务业，培育一批具有国际竞争力的先进制造业基地，发展现代产业集群。加快推进农业现代化，重点在资源条件良好、配套设施完善、开发潜力较大的地区，建设重要农产品优势区，加强耕地保护，推进高标准农田建设，巩固提高重要农产品供给能力，形成现代农业空间开发格局。

以发展海洋经济和推进沿海沿边开发开放为依托促进国土全方位开放。推进沿海沿边开放，形成优势互补、分工协作、均衡协调的区域开放格局。鼓励东部沿海地区全面参与国际分工，主动融入经济全球化。深入推进沿边地区开发开放，加快边境中心城市、口岸城市建设，加强基础设施与周边国家互联互通，发展面向周边的特色产业群和产业基地，形成具有独特地缘优势的开发开放格局。统筹推进海岸带和海岛开发建设、近海与远海开发利用，增强海洋开发能力，优化海洋产业结构，提高海洋经济增长对国民经济的支撑水平。

第二节　安全和谐的生态环境保护格局

分类分级推进国土全域保护。以资源环境承载状况为基础，综合考虑不同地区的生态功能、开发程度和资源环境问题,突出重点资源环境保护主题,有针对性地实施国土保护、维护和修复,切实加强环境分区管治,改善城乡人居环境,严格水土资源保护,提高自然生态系统功能,加强海洋环境保护,促进形成国土全域分类分级保护格局。

构建陆海国土生态安全格局。构建以青藏高原生态屏障、黄土高原—川滇生态屏障、东北森林带、北方防沙带和南方丘陵山地带(即"两屏三带")以及大江大河重要水系为骨架,以其他国家重点生态功能区为支撑,以点状分布的国家禁止开发区域为重要组成部分的陆域生态安全格局。统筹海洋生态保护与开发利用,构建以海岸带、海岛链和各类保护区为支撑的"一带一链多点"海洋生态安全格局。

第三节 协调联动的区域发展格局

全面实施三大战略。深入推进"一带一路"建设战略实施,促进国际与国内区域经济发展互联互通,形成沿海、沿江、沿边区域合作与开放新局面。推动京津冀协同发展,有序疏解北京非首都功能,调整经济结构和空间结构,探索人口密集地区优化开发模式,增强对环渤海地区和北方腹地的辐射带动能力。推动长江经济带发展,以长江黄金水道为依托,发挥长江主轴线的辐射带动作用,向腹地延伸拓展。以三大战略为引领,积极谋划区域发展新格局,沿大江大河和重要交通干线,由东向西、由沿海向内地,形成以点带线、由线到面的新经济增长极和增长带,拓展区域发展新空间,塑造要素有序自由流动、主体功能约束有效、基本公共服务均等、资源环境可承载的区域发展新格局。

促进区域协调发展。继续深入实施区域发展总体战略,立足区域资源环境禀赋,发挥比较优势,确定不同区域发展定位、开发重点、保护内容和整治任务,完善创新区域政策,提高区域政策精准性。推动重点地区加快发展,扶持老少边贫地区跨越发展,支持资源型地区转型发展，鼓励改革试验区创新发展，促进区域错位协同发展。

推进区域一体化发展。发挥国土开发轴带的纵深连通作用，加快建设综合运输通道，加强国土开发轴带沿线地区经济联系和分工协作，实现要素区域间自由流动和优化组合。发挥国土开发集聚区的辐射带动作用，推进开发集聚区及其周边地区的城镇发展、产业布局、资源开发利用、生态环境保护和基础设施建设，推进区域一体化发展进程。

第四章 集聚开发

按照区域协调发展和主体功能定位的要求，综合运用国土空间用途管制、资源配置、环境准入、重大基础设施建设等手段，引导人口、产业有序集聚，构建集疏适度、优势互补、集约高效、陆海统筹的国土集聚开发空间格局，增强国土综合竞争力。

第一节 构建多中心网络型开发格局

推进建设国土开发集聚区。推动京津冀、长江三角洲、珠江三角洲等优化开发区域的协同发展，以优化人口分布、产业结构、城镇布局等为重点，转变国土空间开发利用方式，促进城镇集约紧凑发展，提高国土开发效率，广泛深入参与国际合作与竞争。加速提升长江中游地区和成渝等重点开发区域集聚发展水平和辐射带动能力，加大承接产业转移力度，适度扩大城市容量，密切城市群之间的联系，充分发挥对中部地区崛起和西部大开发战略实施的引领带动作用。加大哈长地区、辽中南地区、冀中南地区、山东半岛地区、东陇海地区、海峡西岸地区、北部湾地区、山西中部城市群、中原地区、江淮地区、黔中地区、滇中地区、呼包鄂榆地区、宁夏沿黄地区、关中—天水地区、兰州—西宁地区、天山北坡地区、藏中南地区等区域的建设力度，加强基础设施建设和环境保护，积极推进新型工业化，提高人口和产业集聚能力，建成具有重要影响力的区域性经济中心，带动周边地区加快发展。

积极培育国土开发轴带。依托主要交通干线和综合交通运输网络，重点推进丝绸之路经济带建设和长江经济带发展，以"两横三纵"开发轴带为主，促进国土集聚开发，引导生产要素向交通干线和连接通道有序自由流动和高效集聚，推动资源高效配置和市场深度融合。提升沿海轴带连接21世纪海上丝绸之路建设的排头兵和主力军功能，成为我国实施陆海统筹战略、全面深化改革和对外开放的重要经济轴带。进一步发挥京哈—京广轴带促进全国区域发展南北互动、东西交融的重要核心地带作用；建设京九轴带，打造成为促进中部崛起、产业梯度发展的重要经济带。促进包昆轴带发展，发挥我国西部地区最重要的南北向开发轴带作用，建设成为我国向西南开放、密切西部地区联系的重要战略通道。建设陇海—兰新轴带，形成我国向西开放、密切西北与东部地区联系的重要战略通道。将长江经济轴带打造成为具有全球影响力的内河经济带，全面发挥促进我国东中西互动合作和沿海沿江地区全面开放的重要作用；建设沪昆轴带，打造畅通东南与西南地区沟通联系的重要通道。发挥京兰轴带作为我国北方地区东西向重要开发轴带作用，进一步畅通华北和西北地区经济联系。根据不同开发轴带的基础条件和连接区域的经济社会发展水平，明确战略定位与发展重点，加强轴带上集聚区之间的经济联系和分工协作，促进人口和产业集聚，提升轴带集聚效益。重点培育东西向开发轴带，促进国土开发重点由沿海向内陆地区纵深推进，加快缩小地区差距。加快自贸试验区和口岸地区建设，形成"一带一路"建设的重要节点。到2030年，城市化战略格局进一步完善，重要轴带开发集聚能力大幅提升，多中心网络型国土空间开发新格局基本形成。

第二节 推进新型城镇化发展

促进各类城镇协调发展。以开发轴带和开发集聚区为依托，以城市群为主体形态，促进大中小城市和小城镇合理分工、功能互补、协同发展。鼓励城镇因地制宜合理布局，避免无序蔓延和占用高标准农田等优质耕地。发挥北京、上海、广州等超大城市和特大城市服务全国、面向世界的综合功能，提高国际影响力和竞争力，引领全国经济发展；提高大城市的经济社会活动组织能力，强化区域服务功能，带动周边地区发展；加快发展中小城市，强化产业功能、服务功能和居住功能，提升市政基础设施和公共服务设施建设水平，提高集聚人口和服务周边的能力；重点发展区位优越、潜力较大、充满魅力的小城镇，促进县域经济发展，发挥连接城乡的纽带作用，培育具有农产品加工、商贸物流等专业特色的小城镇。建立城镇建设用地增加规模与吸纳农业转移人口落户数量相挂钩机制，科学设定开发强度、划定城市开发边界。

分类引导城镇化发展。提升优化开发区域城镇化质量，将京津冀、长江三角洲、珠江三角洲等地区建设成为具有世界影响力的城市群，以盘活存量用地为主，严格控制新增建设用地，统筹地上地下空间，引导中心城市人口向周边区域有序转移。培育发展中西部地区城市群，发展壮大东北地区、中原地区、长江中游、成渝地区、关中平原城市群，适当扩大建设用地供给，提高存量建设用地利用强度，完善基础设施和公共服务，加快人口、产业集聚，打造推动国土空间均衡开发、引领区域经济发展的重要增长极。稳妥有序推进农产品主产区城镇化发展，统筹协调城镇扩展与重要农产品优势区布局，加强农用地特别是耕地保护，实行点状开发、面上保护，促进人口向城市和重点小城镇集中；完善县和乡镇公共服务设施配套，提升小城镇公共服务和居住功能，促进农业转移人口全面融入城镇。引导重点生态功能区城镇化发展，以现有城镇布局为基础，实施集约开发、集中建设，有步骤地引导生态移民向中小城市和重点小城镇集中。

优化城镇空间结构。按照促进生产空间集约高效、生活空间宜居适度、生态空间山清水秀的总体要求，调整优化城镇空间结构，努力打造和谐宜居、富有活力、各具特色的城市。控制生产空间，减少工业用地比例，提高工业用地投入产出效益；适当增加生活空间，合理保障常住城镇人口居住用地，提高城镇居民生活质量；严格保护并拓展城市开敞绿色空间，构建耕地、林草、水系、绿带等生态廊道，切实发挥耕地特别是基本农田在优化城镇、产业用地结构中的生态支撑作用，保护人文和自然文化遗产等用地，推进海绵城市建设，促进城镇生态环境改善，大力推进绿色城镇化。

促进城乡一体化发展。全面统筹城乡规划、基础设施建设、公共服务、产业发展、生态环境保护和社会管理，加快完善体制机制，促进城乡生产要素自由流动、城乡居民自由迁徙、城乡公共资源均衡配置。培育发展充满活力、特色化、专业化的县域经济，提升承接城市功能转移和辐射带动乡村发展能力。将农村产业融合发展与新型城镇化建设有机结合，引导农村二三产业向县城、重点乡镇及产业园区等集中。深入推进新农村建设，着力推动农村一二三产业融合发展，鼓励规模经营，大力推进基础设施建设，全面加强农田水利和农村饮水安全工程建设，促进城乡基本公共服务均等化，在尊重农民意愿基础上适度迁村并点，优化农村居民点布局，加快推进农村危房改造和国有林区（场）、垦区、棚户区危房改造，实施游牧民定居工程。

第三节　优化现代产业发展布局

优化现代农业生产布局。进一步夯实农业基础地位，在确保谷物基本自给、口粮绝对安全的前提下，大力发展区域优势农业，基本形成与市场需求相适应、与资源禀赋相匹配的现代农业生产结构和区域布局，保障农产品生产空间，稳步提升地区优势农产品生产能力，全面提高农业现代化水平。

大力建设粮食主产区。全面提高粮食主产区综合生产能力。优化提升东北地区粮食主产区，建设水稻、玉米、大豆优势产业带。加强黄淮海平原粮食主产区生产能力建设，形成优质小麦、专用玉米和高蛋白大豆规模生产优势区。巩固长江经济带地区粮食主产区生产规模，立足中游地区农业生产条件较好、耕地资源丰富的基础，推进双季稻、籼改粳和优质专用小麦生产区建设，强化粮食供给保障能力，打造特色化粮食生产核心区。发展西北地区粮食主产区，全面提高优质小麦、玉米和马铃薯生产规模和质量。建设西南地区粮食主产区，重点发展水稻、小麦、玉米和马铃薯种植。强化东南沿海和华南地区粮食产业带建设和保护，稳步提高优质双季稻和马铃薯产量规模。以粮食主产区为核心，实施耕地质量保护与提升行动，严守耕地红线，提高耕地质量，确保谷物基本自给、口粮绝对安全。优先支持粮食主产区农产品加工产业发展，促进粮食就地转化，增强农业综合生产能力。

着力建设非粮作物优势区。合理确定非粮作物种植用地规模和布局，统筹协调与主要粮食作物种植用地关系，稳步发展标准化、良种化、产业化、机械化生产示范基地。着力稳定棉花种植面积，大力发展油菜等油料作物生产，推进甘蔗等糖料生产基地建设，发展高产速生天然橡胶种植，提高苹果、柑橘等优势果品产业基地竞争力。以内蒙古中东部、京津冀和黄淮海平原、长三角地区、黄土高原、西南地区、西北地区及华南和东南沿海为主体，建设非粮作物优势区。

巩固提升畜牧产品优势区。以东北及内蒙古、华南地区、西北地区、西南地区、黄淮海平原及长江流域为主体，建设畜牧产品优势区。提升综合供给能力和生产效益，优化主导产品结构，提高优势产区商品率。引导生猪和家禽生产向粮食主产区集中，鼓励西部地区生猪和家禽生产。以牧区与半农半牧区、东北地区、中原地区、南方草山草坡地区为主体，建设肉牛和肉羊生产繁育优势区。积极发展现代草原畜牧业，根据环境容量调整区域养殖布局，统筹协调北方干旱半干旱草原区、青藏高寒草原区、东北华北湿润半湿润草原区和南方草地区牧业发展与草原保护的关系。优化畜禽养殖结构，发展草食畜牧业，形成规模化生产、集约化经营为主导的产业发展格局。充分发挥长江经济带上游地区优势，大力发展以草食畜牧业为代表的特色生态农业。严格保护草地资源，全国8个主要牧区省（区）草原总面积保持在3亿公顷以上。

加快培育水产品优势区。以东南沿海、黄渤海、长江中下游等养殖优势区为中心，充分发挥区域水资源和水环境优势，建设形成产品优势明显、产业规模较大、国际竞争力显著的水产品优势区。加大重要渔业水域和养殖水面保护力度，强化国家级水产种质资源保护区建设。加强海水养殖区建设和维护。统筹养殖用海与旅游、生态等用海空间，严格保护海水养殖用海、用地，保障渔民生产生活和现代化渔业发展用海需求，到2030年海水养殖用海功能区面积不少于260万公顷。加强传统优势渔场保护和建设，控制近海捕捞强度。促进传统渔场渔业资源恢复，加强海洋牧场建设。

调整重点工业布局。坚持走中国特色新型工业化道路，充分发挥工业对国民经济发展的重要支撑作用，积极优化产业布局，改造提升传统工业，培育壮大战略性新兴产业，强化工业基础能力，打造一批具有国际竞争力的智能、绿色、低碳先进制造业基地。

重点建设煤炭和电力基地。按照"控制东部、稳定中部、发展西部"的总体安排，立足资源禀赋、市场区位、环境容量、水资源承载能力等因素，确定煤炭产业发展格局。加大中西部地区资源开发与生态环境保护统筹协调力度，有序推进陕北、黄陇、神东、蒙东、宁东、晋北、晋中、晋东、云贵和新疆等煤炭基地建设，并建设形成若干大型煤电基地。发展绿色水电产业带，在做好生态环境保护和移民安置的前提下，以西南地区金沙江、雅砻江、大渡河、澜沧江等河流为重点，积极有序推进大型水电基地建设。以保证安全为前提，稳步推进核电站建设。有序建设华北、东北、西北地区大型风电和太阳能发电项目，加快推进海上风电规模化发展。

提升发展石油化工和煤炭转化产业基地。发挥区域比较优势，引导产业集中布局和调整升级。东部沿海地区，充分利用国内外资源，建设世界级石化产业基地；中西部地区，充分依托资源优势，稳步发展石油化工产业。在水资源条件和生态环境较好的煤炭净调出省区，开展煤炭清洁高效转化示范，在资源环境可承载前提下，规划建设煤炭转化产业基地。推进长江上游地区页岩气勘查开发。

优化布局钢铁产业基地。调整东部沿海钢铁基地布局，通过兼并重组、加快淘汰落后产能、减量调整，提高产业附加值，促进精品钢铁基地建设。推进中部地区钢铁产业结构调整升级，引导产业向沿江或资源地集中布局。充分发挥西部地区沿边优势，结合"一带一路"基础设施互联互通建设和国际产能合作，积极开展对外合作。

有序建设有色金属产业基地。发挥资源优势，在中西部地区适度建设有色金属深加工基地。利用进口铜、镍等原料，在沿海地区合理布局建设有色金属基地。加强稀土等资源保护力度，合理控制开发利用规模，促进新材料及应用产业有序发展。

集聚发展装备制造业基地。以提高制造业创新能力和基础能力为重点，推进信息技术与制造技术深度融合，培育制造业新优势。鼓励东部和东北地区重点发展高端装备、高水平基础零部件产业，加大研发力度，提升自主创新能力，重点在京津冀、长江三角洲、珠江三角洲、辽中南、哈长等地区建设具有国际竞争力的综合性重大装备产业基地。促进中部地区重点发展工程机械、重型矿山装备、轨道交通、农业机械和输变电设备，推动长江中游、晋中、皖江等地区产业优化升级，形成具有区域竞争优势的装备制造业生产基地。支持成渝、呼包鄂榆、黔中、北部湾等西部重点地区，充分利用现有产业基础，有序承接产业转移，形成装备制造业综合配套基地。

积极培育战略性新兴产业集聚区。加强前瞻布局，促进科技与产业深度融合，加快培育壮大节能环保、新一代信息通信技术、生物、高端装备制造、新能源、新材料、新能源汽车、数字创意等战略性新兴产业，逐步打造一批新兴主导产业。引导产业合理布局，实现区域错位互补发展，避免同质化。依托现有优势产业集聚区，培育形成一批创新能力强、集聚程度高的战略性新兴产业集聚区。

培育现代服务业集聚发展区域。充分发挥现代服务业对产业结构优化升级的拉动作用，推动生产性服务业向专业化和价值链高端延伸、生活性服务业向精细化和高品质转变。积极培育现代服务业中心、国内贸易中心，着力发展生态旅游产业等新型业态，不断提高服务业的发展水平和综合竞争力。推动信息技术与产业发展深度融合，带动生产模式和组织方式变革，形成网络化、智能化、服务化、协同化的产业发展新形态。

加快现代服务业中心建设。以京津冀、长江三角洲、珠江三角洲等地区为核心，建设服务全国、面向世界的现代服务业中心，大力发展金融、设计、文化创意、科技服务、咨询、软件信息服务、服务外包、商务会展、国际航运等高技术服务业和现代服务业。充分发挥长江中游、成渝、关中、辽中南、山东半岛、中原等地区的产业优势，形成区域性现代服务业中心。支撑生产性服务业和生活性服务业集聚区建设，加快健康养老、教育培训、文化娱乐、体育健身等产业发展，促进大中城市尽快形成以服务经济为主的产业结构。继续开展国家服务业综合改革试点，推动国家服务业发展示范区建设。

推动物流贸易中心有序发展。加快推进重点物流区域和联通国际国内的物流通道建设，重点打造面向中亚、南亚、西亚的战略物流枢纽及面向东盟的陆海联运、江海联运节点和重要航空港。建设京津冀、长江三角洲、珠江三角洲、长江中游、成渝、关中—天水、中原、哈长等重要商业功能区，优化流通节点城市布局。支持沿边地区建设国际商贸和物流中心，合理布局区域物流中心。规划建设服务贸易功能区，在有条件的地区开展服务贸易创新发展试点。依托现有各类开发区和自由贸易试验区规划建设一批特色服务出口基地。

促进生态旅游产业健康发展。充分利用国土空间的多种形态和功能，因地制宜、突出特色，发展生态旅游产业。内蒙古草原、东北林区、三江源、香格里拉、长江三峡、武夷山区、武陵山区、青藏铁路沿线、海南岛等区域，积极发挥特色资源优势，在保护自然生态的前提下，发展观光、度假、特种旅游等产业。鼓励利用废弃矿山、边远海岛等开发旅游项目。

第五章 分类保护

坚持保护优先、自然恢复为主的方针，以改善环境质量为核心，根据不同地区国土开发强度的控制要求，综合运用管控性、激励性和建设性措施，分类分级推进国土全域保护，维护国家生态安全和水土资源安全，提高生态文明建设水平。

第一节　构建"五类三级"国土全域保护格局

以资源环境承载力评价为基础，依据主体功能定位，按照环境质量、人居生态、自然生态、水资源和耕地资源5大类资源环境主题，区分保护、维护、修复3个级别，将陆域国土划分为16类保护地区，实施全域分类保护。

按照资源环境主题实施全域分类保护。对开发强度较高、环境问题较为突出的开发集聚区，实行以大气、水和土壤环境质量为主题的保护；对人口和产业集聚趋势明显、人居生态环境问题逐步显现的其他开发集聚区，实行以人居生态为主题的保护；对重点生态功能区，实行以自然生态为主题的保护；对水资源供需矛盾较为突出的地区，实行以水资源为主题的保护；对优质耕地集中地区，实行以耕地资源为主题的保护。

表2　国土分类分级保护

保护主题	保护类别	范　围	保护措施
环境质量	环境质量与人居生态修复区	环渤海、长江三角洲、珠江三角洲等地区	加强水环境、大气环境、土壤重金属污染治理，科学推进河湖水系联通，构建多功能复合城市绿色空间。
	环境质量与水资源维护区	呼包鄂榆、兰州—西宁、天山北坡等地区	加强大气环境和水环境治理，调整产业结构，严格用水总量控制。
	环境质量与优质耕地维护区	哈长、冀中南、晋中、关中—天水、皖江、长株潭、成渝、东陇海等地区	强化水环境、大气环境和土壤环境治理；加强优质耕地保护与高标准农田建设。
	环境质量维护区	黄河龙门至三门峡流域陕西段、山西段，贵州西部、云南北部等地区	改善区域水环境质量，提高防范地震和突发地质灾害的能力。

续表

保护主题	保护类别	范 围	保护措施
人居生态	人居生态与优质耕地维护区	武汉都市圈、环鄱阳湖、海峡西岸、北部湾等地区	保护城市绿地和湿地系统，治理河湖水生态环境，科学推进河湖水系联通，保护优质耕地。
	人居生态与环境质量维护区	滇中、黔中地区	加强滇池流域湖体水体污染综合防治，开展重金属污染防治和石漠化治理。
	人居生态维护区	藏中南地区	加强草原和流域保护，构建以自然保护区为主体的生态保护格局。
自然生态	水源涵养保护区	阿尔泰山地、长白山、祁连山、大小兴安岭、若尔盖草原、甘南地区、三江源地区、南岭山地、淮河源、珠江源、京津水源地、丹江口库区、赣江—闽江源、天山等地区	维护或重建湿地、森林、草原等生态系统；开展生态清洁小流域建设，加强大江大河源头及上游地区的小流域治理和植树造林种草。
	防风固沙保护区	呼伦贝尔草原、塔里木河流域、科尔沁草原、浑善达克沙地、阴山北麓、阿尔金草原、毛乌素沙地、黑河中下游等地区	加大退耕还林还草、退牧还草力度，保护沙区湿地，对主要沙尘源区、沙尘暴频发区，加大防沙治沙力度，实行禁牧休牧和封禁保护管理。

续表

保护主题	保护类别	范围	保护措施
自然生态	水土保持保护区	桂黔滇石漠化地区、黄土高原、大别山山区、三峡库区、太行山地、川滇干热河谷等地区	加强水土流失预防，限制陡坡垦殖和超载过牧，加强小流域综合治理，加大石漠化治理和矿山环境整治修复力度。
	生物多样性保护区	藏西北羌塘高原、三江平原、武陵山区、川滇山区、海南岛中部山区、藏东南高原边缘地区、秦巴山区、辽河三角洲湿地、黄河三角洲、苏北滩涂湿地、桂西南山地等地区	保护自然生态系统与重要物种栖息地，防止开发建设破坏栖息环境。
	自然生态保护区	新疆塔克拉玛干沙漠、古尔班通古特沙漠、青海柴达木盆地，内蒙古巴丹吉林沙漠、腾格里沙漠、乌兰布和沙漠、藏北高原，青藏高原南部山地等地区	减少人类活动对区域生态环境的扰动，促进生态系统的自我恢复。推进防沙治沙。
	自然生态维护区	青藏高原南部、淮河中下游湿地、安徽沿江湿地、鄱阳湖湿地、长江荆江段湿地、洞庭湖区等地区	限制高强度开发建设，减少人类活动干扰；植树种草，退耕还林还草；保护湿地生态系统，退田还湖，增强调蓄能力。

续表

保护主题	保护类别	范围	保护措施
水资源	水资源与优质耕地维护区	海河平原、淮北平原、山东半岛等地区	合理配置水资源，加强地下水超采治理，提高水资源利用效率，改善区域水环境质量；加强基本农田建设与保护。
	水资源短缺修复区	内蒙古西部、嫩江江桥以下流域、沿渤海西部诸河流域、新疆哈密等地区	严格控制水资源开发强度，加强地下水超采治理，加强水资源节约集约利用，降低水资源损耗。
耕地资源	优质耕地保护区	松嫩平原、辽河平原、黄泛平原、长江中下游平原、四川盆地、关中平原、河西走廊、吐鲁番盆地、西双版纳山间河谷盆地等地区	大力发展节水农业，控制非农建设占用耕地，加强耕地和基本农田质量建设。

依据开发强度实施国土分级保护。对京津冀、长江三角洲、珠江三角洲等优化开发区域，实施人居生态环境修复，优化开发，强化治理，从根本上遏制人居生态环境恶化趋势；对重点开发区域实施修复和维护，有序开发，改善人居生态环境；对重点生态功能区和农产品主产区实施生态环境保护，限制开发，巩固提高生态服务功能和农产品供给能力。

第二节 推进人居生态环境保护

修复三大优化开发区域人居生态环境。以大气、水和土壤环境综合治理为重点，修复京津冀地区、长江三角洲地区、珠江三角洲地区的人居生态环境，优化人居生态格局。

严格限制高污染项目建设。依法淘汰钢铁、水泥、化工、有色等行业落后产能，有效控制区域性复合型大气污染。严格控制造纸、印染、制革、农药、氮肥等行业新建单纯扩大产能项目，强化海河北系北京段和海河南系天津段水体以及太湖等重点河湖污染治理，加强入海河流小流域综合整治和近岸海域污染防治，减少长江口、杭州湾、珠江口陆源污染物排放。加大土壤重金属污染治理力度，推动有色金属冶炼、皮革、电镀、铅酸蓄电池等行业技术更新改造，减少污染排放。限制京津冀地区高耗水行业发展，推进节水技术改造，提高工业用水循环利用率，在地下水漏斗区和海水入侵区实施地下水禁采和限采政策，加强地下水污染防治。

以恢复和保障城市生态用地为重点，强化城市园林绿地系统建设。通过规划建设绿心、绿楔、绿带、绿廊等结构性绿地，加强城乡生态系统之间的连接。以太行山、燕山、大清河、永定河、潮白河、滨海湿地等生态廊道为主体，构建京津冀地区生态格局；以长江、钱塘江、太湖、京杭大运河、宜溧山区、天目山—四明山以及沿海生态廊道为主体，构建长江三角洲地区生态格局；以粤北山地丘陵、近海岛屿湿地和珠江水系为主体，构建珠江三角洲地区生态格局。

维护重点开发区域人居生态环境。辽中南、哈长等地区，发挥东北森林带生态安全屏障作用，强化水源地、森林资源和生物多样性保护，逐步恢复松嫩平原湿地，推进松花江、嫩江、辽河等流域和近岸海域污染防治。冀中南、晋中、中原等地区，推进区域大气污染防治。长江中游和皖江地区，强化鄱阳湖、洞庭湖、汉江、湘江、巢湖等河湖生态建设和保护，扩大湖泊湿地空间，增强湖泊自净功能，防治土壤重金属污染和面源污染。成渝地区，加强长江、嘉陵江、岷江、沱江、涪江等流域水土流失防治，强化水污染治理、水生生物资源恢复和地质灾害防治。呼包鄂榆、宁夏沿黄、关中—天水、兰州—西宁、天山北坡等地区，严格限制高耗水行业发展，提高水资源利用水平，控制采暖期煤烟型大气污染。黔中地区，强化石漠化治理、地质灾害防治和大江大河防护林建设，构建长江和珠江上游地区生态屏障。滇中地区，推进以滇池为重点的高原湖泊水体污染综合防治，强化酸雨污染防治。藏中南地区，加强耕地和草地保护，加大水土保持力度。

改善农村人居生态环境。严格工业项目环境准入，防止城市和工业污染向农村转移。加强农业面源污染防治，加大种养业特别是规模化畜禽养殖污染防治力度，保持饮用水源和土壤质量安全。大力推进测土配方施肥，科学施用化肥、农药，实现化肥、农药使用量零增长，推动生态农业和有机农业发展。全面推进农村垃圾治理，加快农村生活污水治理和改厕，推广节能环保型炉灶，改善农村居民生活环境。加强村庄整体风貌保护与设计，注重保留当地传统文化，切实保护自然人文景观及生态环境。

第三节　强化自然生态保护

划定并严守生态保护红线。依托"两屏三带"为主体的陆域生态安全格局和"一带一链多点"的海洋生态安全格局，将水源涵养、生物多样性维护、水土保持、防风固沙等生态功能重要区域，以及生态环境敏感脆弱区域进行空间叠加，划入生态保护红线，涵盖所有国家级、省级禁止开发区域，以及有必要严格保护的其他各类保护地等。生态保护红线原则上按禁止开发区域的要求进行管理，严禁不符合主体功能定位的各类开发活动，严禁任意改变用途，确保生态保护红线功能不降低、面积不减少、性质不改变，保障国家生态安全。

加强重点生态功能区保护。具备水源涵养、防风固沙、水土保持、生物多样性维护等功能的国家重点生态功能区，以保护修复生态环境、提供生态产品为首要任务，编制实施产业准入负面清单，因地制宜发展不影响主体功能定位的产业，限制大规模工业化和城镇化开发，引导超载人口逐步有序转移。实施更加严格的区域产业环境准入标准，提高各类重点生态功能区中城镇化、工业化和资源开发的生态环境准入门槛。着力建设国家重点生态功能区，进一步加大中东部人口密集地区的生态保护力度，拓展重点生态功能区覆盖范围。

提高重点生态功能区生态产品供给能力。大小兴安岭、长白山、阿尔泰山地、三江源地区、若尔盖草原、甘南地区、祁连山、南岭山地、西藏东部、四川西部等水源涵养生态功能区，加强植树种草，维护或重建湿地、森林、草原等生态系统。塔里木河流域、阿尔金草原、呼伦贝尔草原、科尔沁草原、浑善达克沙地、阴山北麓等防风固沙生态功能区，加大退牧还草力度，开展禁牧休牧和划区轮牧，恢复草原植被。将25度以上陡坡耕地中的基本农田有条件地改划为非基本农田。黄土高原、东北漫川漫岗区、大别山山区、桂黔滇岩溶地区、三峡库区、丹江口库区等水土保持生态功能区，加大水土流失综合治理力度，禁止陡坡垦殖和超载过牧，注重自然修复恢复植被。川滇山区、秦巴山区、藏东南高原边缘地区、藏西北羌塘高原、三江平原、武陵山区、海南岛中部山区等生物多样性生态功能区，加强自然保护区建设力度，严防开发建设破坏重要物种栖息地及其自然生态系统。

促进其他自然生态地区保护。稳定南岭地区、长江中游、青藏高原南部等天然林地和草地数量，降低人为扰动强度，限制高强度开发建设，恢复植被。加强罗布泊、塔克拉玛干沙漠、古尔班通古特沙漠、腾格里沙漠、阿尔金草原、藏北高原、横断山区等生态极度脆弱地区保护，推进防沙治沙，促进沙漠、戈壁、高寒缺氧地区生态系统的自我恢复。

建立生物资源保护地体系。以自然保护区为主体，以种质资源保护区、禁猎区、禁伐区、原生境保护小区（点）等为补充，建立重要生物资源就地保护空间体系，加强生物多样性保护。建设迁地保护地体系，科学合理开展物种迁地保护。强化种质资源保存，建立完善生物遗传资源保存体系。建立外来入侵物种监测预警及风险管理机制，加强外来入侵物种和转基因生物安全管理。

表3 重点区域生物资源保护

重点区域	保护重点
北方山地平原区	重点建设沼泽湿地和珍稀候鸟迁徙地、繁殖地自然保护区；在蒙新高原草原荒漠区，重点加强野生动植物资源遗传多样性和特有物种保护；在华北平原黄土高原区，重点加强水源涵养林保护。
青藏高原高寒区	高寒荒漠生物资源。
西南高山峡谷区	横断山区森林生态系统和珍稀物种资源。
中南西部山地丘陵区	桂西、黔南等岩溶地区动植物资源。
华东华中丘陵平原区	长江中下游沿岸湖泊湿地和局部存留的古老珍贵植物资源，主要淡水经济鱼类和珍稀濒危水生生物资源。
华南低山丘陵区	滇南地区和海南岛中南部山地特有野生动物和热带珍稀植物资源。
渤海湾滨海湿地和黄海滩涂湿地分布区	特有生物资源。

第四节 严格水资源和耕地资源保护

加强水资源保护。严格保护和加快修复水生态系统，加强水源涵养区、江河源头区和湿地保护，开展内源污染防治，推进生态脆弱河流和地区水生态修复。科学制定陆域污染物减排计划，推进水功能区水质达标，依法划定饮用水水源保护区，开展重要饮用水水源地安全保障体系达标建设，强化饮用水水源应急管理，到2020年城市供水水源地原水水质基本达标。严格河湖占用管理，缓解缺水地区水资源供需矛盾。西北缺水地区，合理安排农牧业、工业和城镇生活用水，加快转变农业用水方式，根据水资源承载能力，合理确定土地开发规模，严格限制高耗水工业和服务业发展，严禁挤占生态用水；西南缺水地区，加快水源工程建设，提高城乡供水保障能力；华北缺水地区，优化水资源配置，调整农业种植结构，实施节水和地下水压采，限制高耗水行业发展。

强化耕地资源保护。严守耕地保护红线，坚持耕地质量数量生态并重。严格控制非农业建设占用耕地，加强对农业种植结构调整的引导，加大生产建设和自然灾害损毁耕地的复垦力度，适度开发耕地后备资源，划定永久基本农田并加以严格保护，2020年和2030年全国耕地保有量分别不低于18.65亿亩（1.24亿公顷）、18.25亿亩（1.22亿公顷），永久基本农田保护面积不低于15.46亿亩（1.03亿公顷），保障粮食综合生产能力5500亿公斤以上，确保谷物基本自给。实施耕地质量保护与提升行动，有序开展耕地轮作休耕，加大退化、污染、损毁农田改良修复力度，保护和改善农田生态系统。加强北方旱田保护性耕作，提高南方丘陵地带酸化土壤质量，优先保护和改善农田土壤环境，加强农产品产地重金属污染防控，保障农产品质量安全。建立完善耕地激励性保护机制，加大资金、政策支持，对落实耕地保护义务的主体进行奖励。加强优质耕地保护，强化辽河平原、三江平原、松嫩平原等区域黑土地农田保育，强化黄淮海平原、关中平原、河套平原等区域水土资源优化配置，加强江汉平原、洞庭湖平原、鄱阳湖平原、四川盆地等区域平原及坝区耕地保护，促进稳产高产商品粮棉油基地建设。

第五节 加强海洋生态环境保护

构建海洋生态安全格局。统筹海洋生态保护与开发利用，逐步建立类型全面、布局合理、功能完善的保护区体系，严格限制保护区内干扰保护对象的用海活动，恢复和改善海洋生态环境，强化以沿海红树林、珊瑚礁、海草床、湿地等为主体的沿海生态带建设，保护海洋生物多样性。依法禁止在重点海湾等区域实施围填海作业。严格控制开发利用海岸线，加强自然岸线保护，到2030年自然岸线保有率不低于35%。

加大海洋环境保护力度。坚持海陆统筹、河海兼顾的原则，以陆源防治为重点，加强重点河口、海湾综合整治，逐步实施沿海城市和入海河流总氮污染防治，强化入海排污口监管，积极治理船舶污染，增强港口码头污染防治能力，推进水产养殖污染防控，严格控制海上倾废，加强海岛综合整治、生态保护修复，提高近岸海域环境监管、环境风险防范和应急处置能力，建立海陆统筹、区域联动的海洋生态环境保护修复机制，有效改善近海海域环境质量。

第六章 综合整治

构建政府主导、社会协同、公众参与的工作机制，加大投入力度，完善多元化投入机制，实施综合整治重大工程，修复国土功能，增强国土开发利用与资源环境承载能力之间的匹配程度，提高国土开发利用的效率和质量。

第一节 推进形成"四区一带"国土综合整治格局

分区域加快推进国土综合整治。以主要城市化地区、农村地区、重点生态功能区、矿产资源开发集中区及海岸带（即"四区一带"）和海岛地区为重点开展国土综合整治。开展城市低效用地再开发和人居环境综合整治，优化城乡格局，促进节约集约用地，改善人居环境；农村地区实施田水路林村综合整治和高标准农田建设工程，提高耕地质量，持续推进农村人居环境治理，改善农村生产生活条件；生态脆弱和退化严重的重点生态功能区，以自然修复为主，加大封育力度，适度实施生态修复工程，恢复生态系统功能，增强生态产品生产能力；矿产资源开发集中区加强矿山环境治理恢复，建设绿色矿山，开展工矿废弃地复垦利用；海岸带和海岛地区修复受损生态系统，提升环境质量和生态价值。

第二节 实施城市化地区综合整治

推动低效建设用地再开发。坚持统筹规划、明晰产权、利益共享、规范运作，以棚户区和城中村改造、城区老工业区搬迁改造为重点，积极稳妥推进低效建设用地再开发。坚持集中成片改造、局部改造、沿街改建相结合，推进城镇建设用地集约利用，保障人居环境安全，确保城区污染场地无害化再利用；依法处置闲置土地，鼓励盘活低效用地，推进工业用地改造升级和集约利用；以大中城市周边区域为重点，分类开展城中村改造，改善生产生活条件，增加建设用地有效供给。严格保护具有历史文化和景观价值的传统建筑，保持城乡特色风貌。

加强城市环境综合治理。推进城市大气、水、土壤污染综合治理，完善城镇污水、垃圾处理等环保基础设施。强化重点区域大气污染防治联防联控，严格控制大气污染物排放总量，逐步消除重污染天气，切实改善大气环境质量。推进绿道网络建设，联接城乡绿色空间，形成有利于改善城市生态环境质量的生态缓冲地带。发展立体绿化，加快公园绿地建设，完善居住区绿化。强化城市山体、水体、湿地、废弃地等生态修复，构建城市现代化水网体系，建设生态景观廊道。加强地质灾害综合防治，以长江三角洲、华北平原、松嫩平原、汾渭盆地等地区为重点，实施城市地质安全防治工程，开展地面沉降、地面塌陷和地裂缝治理，修复城市地质环境，保障人民群众生命财产安全。

第三节 推进农村土地综合整治

加快田水路林村综合整治。以耕地面积不减少和质量有提高、建设用地总量减少、农村生产生活条件和生态环境改善为目标，按照政府主导、整合资金、维护权益的要求，整体推进田水路林村综合整治，规范开展城乡建设用地增减挂钩。加强乡村土地利用规划管控。全面推进各类低效农用地整治，调整优化农村居民点用地布局，加快"空心村"整治和危旧房改造，完善农村基础设施与公共服务设施。稳步推进美丽宜居乡村建设，保护自然人文景观及生态环境，传承乡村文化景观特色。

推进高标准农田建设。大规模建设高标准农田，整合完善建设规划、统一建设标准、监管考核和上图入库。统筹各类农田建设资金，做好项目衔接配套，形成工作合力。在东北平原、华北平原、长江中下游平原、四川盆地、陕西渭河流域、陕北黄土高原沟壑区、山西汾河谷地和雁北地区、河套平原、海南丘陵平原台地区、鄂中鄂北丘陵岗地区、攀西安宁河谷地区、新疆天山南北麓绿洲区等有关县（市），开展土地整治工程，适度开发宜耕后备土地，全面改善相关区域农田基础设施条件，提高耕地质量，巩固提升粮食综合生产能力。

实施土壤污染防治行动。开展土壤污染调查，掌握土壤环境质量状况。对农用地实施分类管理，保障农业生产环境安全。对建设用地实施准入管理，防范人居环境风险。强化未污染土壤保护，严控新增土壤污染，加强污染源监管，开展污染治理与修复，改善区域土壤环境质量。在江西、湖北、湖南、广东、广西、四川、贵州、云南等省份受污染耕地集中区域优先组织开展治理与修复。建设土壤污染综合防治先行区。

第四节　加强重点生态功能区综合整治

强化水源涵养功能。在大小兴安岭、长白山、阿尔泰山地、三江源地区、甘南地区、南岭山地、秦巴山区、六盘山、祁连山、太行山—燕山等重点水源涵养区，严格限制影响水源涵养功能的各类开发活动，重建恢复森林、草原、湿地等生态系统，提高水源涵养功能。实施湿地恢复重大工程，积极推进退耕还湿、退田还湿，采取综合措施，恢复湿地功能。开展水和土壤污染协同防治，综合防治农业面源污染和生产生活用水污染。

增强水土保持能力。加强水土流失预防与综合治理，在黄土高原、东北黑土区、西南岩溶区实施以小流域为单元的综合整治，对坡耕地相对集中区、侵蚀沟及崩岗相对密集区实施专项综合整治，最大限度地控制水土流失。结合推进桂黔滇石漠化片区区域发展与扶贫攻坚，实施石漠化综合整治工程，恢复重建岩溶地区生态系统，控制水土流失，遏制石漠化扩展态势。

提高防风固沙水平。分类治理沙漠化，在嫩江下游等轻度沙漠化地区，实施退耕还林还草和沙化土地治理；在准噶尔盆地边缘、塔里木河中下游、塔里木盆地南部、石羊河下游等重度荒漠化地区，实施以构建完整防护体系为重点的综合整治工程；在内蒙古、宁夏、甘肃、新疆等地的少数沙化严重地区，实行生态移民，实施禁牧休牧，促进区域生态恢复。重点实施京津风沙源等综合整治工程，加强林草植被保护，对公益林进行有效管护，对退化、沙化草原实施禁牧或围栏封育。在适宜地区推进植树种草，实施工程固沙，开展小流域综合治理，大力发展特色中草药材种植、特色农产品生产加工、生态旅游等沙区特色产业。

第五节 加快矿产资源开发集中区综合整治

实施矿山环境治理。开展矿山地质环境恢复和综合治理，推进历史遗留矿山综合整治，稳步推进工矿废弃地复垦利用，到2030年历史遗留矿山综合治理率达到60%以上。严格落实新建和生产矿山环境治理恢复和土地复垦责任，完善矿山地质环境治理恢复等相关制度，依法制定有关生态保护和恢复治理方案并予以实施，加强矿山废污水和固体废弃物污染治理。

加快绿色矿山建设。进一步完善分地区分行业绿色矿山建设标准体系，全面推进绿色矿山建设，在资源相对富集、矿山分布相对集中的地区，建成一批布局合理、集约高效、生态优良、矿地和谐的绿色矿业发展示范区，引领矿业转型升级，实现资源开发利用与区域经济社会发展相协调。到2030年，全国规模以上矿山全部达到绿色矿山标准。

第六节 开展海岸带和海岛综合整治

加强海岸带修复治理。推进渤海湾、江苏苏北沿海、福建厦门—平潭沿海、广东珠江口等海岸带功能退化地区综合整治，恢复海湾、河口海域生态环境。加强陆源污染控制，削减入海河流污染负荷。严格执行养殖废水排放标准，控制养殖尾水排放。提高污水、垃圾收集处理率，改善海岸带旅游区环境。推进近岸海域生态恢复，整治受损岸线，重点对自然景观受损严重、生态功能退化、防灾能力减弱、利用效率低下的海域海岸带进行修复整治，到2030年完成整治和修复海岸线长度2000千米以上。

推进海岛保护整治。重点推进有居民海岛整治、拟开发海岛与偏远海岛基础设施改善与整治，保护海岛自然资源和生态环境，治理海岛水土流失和污染。加强领海基点海岛保护工程建设，修复生态受损的领海基点海岛。规范无居民海岛开发利用，保护修复生态环境。

第七章 联动发展

适应新形势新要求，以区域合作为重点促进区域一体化发展，积极推动重点地区率先发展，大力支持老少边贫等特殊地区加快发展。深化开放合作，加强区域联动，着力构建更加开放、和谐的国土开发格局。

第一节 推进区域一体化发展

以加快推进区域合作为重点促进区域一体化发展。依托国土开发轴带，进一步打破行政区划限制，鼓励和支持开发集聚区在国土开发保护、基础设施建设、市场体系构建等重点领域开展合作，促进产业承接转移，实现要素跨区域自由流动和优化组合，全面提升合作层次和水平。

充分发挥国土开发轴带的集聚和连通作用，加快构建综合运输通道，促进国土开发轴带沿线地区要素流动与产业协作，推进形成沿重点开发轴带的城镇、产业密集带。依托长江经济带和丝绸之路经济带，引导东部沿海地区产业向中西部地区有序转移，鼓励中西部地区运用企业协作、园区共建等形式，不断创新与东部地区进行全方位合作的途径与模式。

支持京津冀、长江三角洲、珠江三角洲、长江中游、成渝等开发集聚区加快一体化进程，加强在基础设施、产业发展、生态环境、公共服务、社会管理等方面的合作，构建互联互通的基础设施网络和资源要素市场体系，消除市场壁垒，促进生产要素跨区域自由流动。

健全区域协调发展机制，加强跨区域和全流域的协调协作。完善对口支援制度和措施，通过发展飞地经济、共建园区等合作平台，建立互利共赢、共同发展的互助机制。建立健全生态保护补偿、资源开发补偿等区际利益平衡机制。

发挥重点地区的引领带动作用。推进国家级新区、国家级综合配套改革试验区、重点开发开放试验区等各类重点功能平台建设，促进各类功能区有序发展。鼓励东部沿海地区主动融入经济全球化和区域一体化，全面参与国际分工与合作。加快推进上海、广东、天津、福建等自由贸易试验区建设。加强陆海统筹，着力培育一批新的海洋经济增长极，推动形成我国北部、东部、南部三个海洋经济圈。在中西部地区，培育长江中游、成渝等经济基础良好、资源环境承载力强、发展潜力较大的地区成为新的经济增长极。鼓励改革试验区创新发展，加快开发开放步伐，积累创新实践经验，为统筹城乡区域协调发展和优化国土空间开发格局提供经验示范。

第二节　支持特殊地区加快发展

加快革命老区、民族地区、边疆地区、贫困地区跨越式发展。进一步加大财政转移支付和政策扶持力度，加强交通、能源、水利、信息通信等基础设施建设，大力发展特色优势产业，提高教育、卫生、文化、社会保障等公共服务水平，加大生态建设与环境保护力度，加快完善有利于提升自我发展能力的长效机制。集中力量扶持革命老区加快发展，大力推动赣闽粤原中央苏区、陕甘宁、大别山、左右江、川陕等重点贫困革命老区振兴发展，积极支持沂蒙、湘鄂赣、太行、海陆丰等欠发达革命老区加快发展，强化基础、改善环境，创新机制、激发活力，建设革命传统和爱国主义教育基地，发展红色文化产业、旅游业等特色产业。大力支持民族地区加快发展，加强东西部协作、跨省区对口支援和对口帮扶工作。推进新疆优势资源开发，加强农业、水利、交通等基础能力建设，促进经济社会跨越式发展；推进宁夏节水型社会建设，强化农业基础地位，高水平建设宁东能源化工基地；推进广西沿海沿江率先发展，发展特色产业，增强区域辐射带动能力；推进内蒙古生态建设和环境保护，发展现代农牧业，构建多元化现代产业体系；推进西藏和青海等四省藏区加快发展，促进优势特色产业发展，改善农牧区生产生活条件。推进边境城市和重点开发开放试验区等建设，支持新疆建成向西开放的重要窗口、西藏建成面向南亚开放的重要通道、云南建成面向南亚东南亚的辐射中心、广西建成面向东盟的国际大通道；支持黑龙江、吉林、辽宁、内蒙古建成向北开放的重要窗口和东北亚区域合作的中心枢纽；加快建设面向东北亚的长吉图开发开放先导区。加大扶贫开发力度，创新扶贫开发方式，健全精准扶贫工作机制，实施集中连片贫困地区脱贫攻坚，全面实施教育、卫生、文化、就业、社会保障、贫困村信息化等民生工程，培育壮大一批特色优势产业，增强自我发展能力。

支持资源枯竭地区等困难地区转型发展。加大政策扶持力度，促进资源枯竭、产业衰退、生态严重退化等困难地区发展接续替代产业，促进资源型地区转型创新，形成多点支撑、多业并举、多元发展新格局。坚持分类指导、差异发展，构建有利于困难地区可持续发展的长效机制。推进资源型地区产业结构优化升级，鼓励有条件的地区培育壮大接续替代产业，着力解决就业、社会保障等民生问题，加强环境整治和生态保护，加大地质找矿力度，挖掘资源潜力。进一步加大对资源枯竭型城市转移支付力度，统筹解决历史遗留问题，实现经济社会可持续发展。全面推进老工业区、独立工矿区、采煤沉陷区改造转型。支持产业衰退的老工业城市加快转型，健全过剩产能行业集中地区过剩产能退出机制。加大生态严重退化地区修复治理力度，有序推进生态移民。加快推进国有林场和林区改革。

第三节　提高开放合作水平

构建全方位对外开放格局。实行更加积极主动的开放政策，统筹各类合作机制和平台，完善互利共赢、多元平衡、安全高效的开放型经济体系，充分发挥国内各地区比较优势，促进沿海沿边内陆开放优势互补，全面提升开放型经济水平。大力推进"一带一路"建设和国际产能合作，带动我国相关领域产品、技术、标准、服务出口。陆上依托国际大通道，以沿线中心城市为支撑，以重点经贸产业园区为合作平台，共同打造新亚欧大陆桥、中蒙俄、中国—中亚—西亚、中国—中南半岛、中巴、孟中印缅等国际经济合作走廊；海上以重点港口为节点，共同建设通畅安全高效的运输大通道。

加快建设面向国际的综合交通枢纽和开发开放基地，发展建设面向国际区域合作的陆路边境口岸城镇。以新疆喀什、霍尔果斯等经济开发区，广西东兴、云南勐腊、云南瑞丽、内蒙古满洲里、内蒙古二连浩特、黑龙江绥芬河等重点开发开放试验区，以及中国图们江区域（珲春）国际合作示范区等地区为重点，大力发展外向型优势产业，建设能源资源进口加工基地，发展国际商贸物流园区和集散中心，推进国际运输通道建设，加快建设沿边经济合作区、跨境经济合作区、跨境旅游合作区，将沿边地区发展成为兴边睦邻、合作共赢、提升国家综合实力的重要区域。

表4　重点建设的陆路边境口岸城镇

1. 面向东北亚 　　丹东、集安、临江、长白、和龙、图们、珲春、黑河、绥芬河、抚远、同江、东宁、满洲里、二连浩特、甘其毛都、策克
2. 面向中亚西亚 　　喀什、霍尔果斯、伊宁、博乐、阿拉山口、塔城
3. 面向东南亚 　　东兴、凭祥、宁明、龙州、靖西、那坡、瑞丽、磨憨、畹町、河口
4. 面向南亚 　　樟木、吉隆、亚东、普兰

提高国土资源领域开放合作水平。建立健全两种资源、两个市场运行机制,制定完善有效开发利用境外资源相关配套政策,加快"走出去"步伐,加强境外地质调查和勘查,支持具有实力的企业集团"走出去",积极提升境外矿产资源开发利用的空间和能力,提高国家战略资源的优化配置和保障水平,建立稳定和谐互利的资源开发利用利益共享机制。建设海陆能源资源国际大通道,扩大国内短缺能源资源进口,加强石油等重要能源资源战略储备,推进技术交流与合作,鼓励引进先进的勘查开发技术、管理经验和高素质人才。

第八章　支撑保障

与国土集聚开发、分类保护和综合整治"三位一体"总体格局相适应,推动形成基础设施更加完善、资源保障更加有力、防灾减灾更加高效、体制机制更加健全的现代化基础支撑与保障体系。

第一节　加强基础设施建设

完善综合交通运输体系。适应多中心网络型国土空间开发格局建设需要,加快建设国际国内综合运输大通道,加强综合交通基础设施网络建设,构建由铁路、公路、水路、民航和管道共同组成的配套衔接、内通外联、覆盖广泛、绿色智能、安全高效的综合交通运输体系。

建设发达完善的铁路网。加快高速铁路、区际干线、国土开发性铁路建设,积极发展城际、市郊(域)铁路,完善区域铁路网络,优化城镇密集区交通网络。到2030年,全国铁路营业里程达到20万千米以上。

建设顺畅便捷的公路网。完善国家公路网,加快国家高速公路剩余路段建设,推进扩容路段建设,加强国省干线公路新改建,建设经济干线公路、口岸公路、港口集疏运公路、旅游公路和国边防公路,推进农村公路建设。到2030年,建成580万千米公路网。

完善现代化水运体系。重点建设内河高等级航道和沿海主要港口。到2030年，建成干支衔接、沟通海洋的内河航道系统；进一步优化环渤海、长江三角洲、珠江三角洲、东南沿海和西南沿海地区五大区域港口群布局，形成层次分明、优势互补、功能完善的现代港口体系。

完善机场布局体系。加快实施干线机场迁建、新建、改扩建工程，加大支线机场建设力度。到2030年，基本建成覆盖广泛、分布合理、功能完善、集约环保的现代化机场体系。

合理布局管道运输网络。统筹油气进口运输通道和国内储备系统建设，加快形成跨区域、与周边国家和地区紧密相连的油气运输通道。加快西北、东北、西南三大陆路进口原油和天然气干线管道建设，完善环渤海、长江三角洲、西南、东南沿海向内陆地区和沿江向腹地辐射的成品油输送管道，加强西北、东北成品油外输管道建设。完善成渝、环渤海、珠江三角洲、中南、长江三角洲等区域性天然气输送管网，形成连接主产区、消费地和储气点的全国基干管网。

加快水利基础设施建设。坚持节水优先、空间均衡、系统治理、两手发力，集中力量加快建设一批全局性、战略性重大水利工程，统筹加强中小型水利设施建设，提高水安全保障能力。推进江河流域系统整治，进一步夯实农村水利基础，加强水生态治理与保护，完善水利防灾减灾体系。

加强江河湖库防洪抗旱设施建设。继续推进大江大河大湖治理和蓄滞洪区建设。加快中小河流、重点平原涝区治理和城市排涝设施建设，加强山洪灾害防治、海堤建设和跨界河流整治。强化重要城市应急备用水源建设，稳步推进海绵城市建设，加快干旱易发区、粮食主产区和城镇密集区抗旱水源工程及配套设施建设，做好地下水水源涵养和储备。

加快农村水利设施建设。大力发展节水灌溉，完成全国大型灌区、重点中型灌区续建配套与节水改造，新建一批现代灌区。推进小型农田水利建设，积极发展牧区水利。实施农村饮水安全巩固提升工程，进一步提高农村供水保障水平。

推进水资源配置工程建设。有序推进重点水源工程建设，提高重点地区、重点城市和粮食主产区的水资源调蓄能力和供水保障能力。按照确有需要、生态安全、可以持续的原则，适度有序推进引调水工程建设，控制跨流域调水工程的数量和规模，统筹解决区域资源性缺水问题。加强雨洪水、再生水、海水淡化等非常规水源利用。因地制宜开展江河湖库水系连通工程建设，构建引排顺畅、蓄泄得当、丰枯调剂、多源互补的江河湖库水网体系。

强化环保基础设施建设。提升城镇污水处理水平，加大污水管网建设力度，推进雨、污分流改造，加快县城和重点建制镇污水处理厂建设。加强大宗工业固体废弃物和危险废弃物污染防治，加快医疗废弃物全过程管理与无害化处置设施和城乡生活垃圾处理设施建设。建设先进高效的放射性污染治理和废物处理体系，加快放射性废弃物贮存、处理和处置能力建设。

推进信息通信基础设施建设。加快构建高速、移动、安全、泛在的新一代信息基础设施，形成万物互联、人机交互、天地一体的网络空间。统筹布局新一代移动通信网、下一代互联网、数字广播电视网、卫星通信等设施建设，实现电信网、广电网、互联网三网融合，促进网络互联互通和业务融合，形成超高速、大容量、高智能国家干线传输网络。建设地球观测系统和信息高速公路。加强地理空间信息基础设施建设。实施"宽带中国"战略，加快推进宽带、融合、泛在、安全的新一代网络基础设施建设。加快推进宽带网络基础设施适度超前建设和均衡发展，逐步推进物联网规模化应用，加强农村地区信息通信基础设施建设，提高农村地区信息终端普及率。

第二节　保障合理建设用地需求

保障经济社会发展必要用地。充分发挥土地利用总体规划、用地计划的整体管控作用，合理安排建设用地规模、布局、结构和时序。

优先保障易地扶贫搬迁等民生项目和战略性新兴产业、现代服务业项目用地，合理安排重点基础设施项目用地。支持新农村建设，保障农业生产、农民生活、农村发展必需的建设用地。保障沿边地区发展合理用地，促进外向型经济快速发展。

合理拓展建设用地新空间。在不破坏自然环境和确保地质、生态安全的前提下，引导工业、城镇建设优先开发低丘缓坡地及盐碱地、裸地等未利用地和废弃地，减少建设占用耕地，尽量不占耕地，确需占用耕地的要严格落实占补平衡制度。科学规划、合理开发利用地上地下空间。依据海洋生态环境承载能力，科学合理确定围填海规模。

全面提升土地节约集约利用水平。实施建设用地总量和强度双控行动，严格执行建设项目用地准入标准，创新节地模式，推广节地技术。严控新增建设用地，有效管控新城新区和开发区无序扩张。有序推进城镇低效用地再开发和低丘缓坡地开发利用，推进建设用地多功能开发、地上地下立体综合开发利用，促进空置楼宇、厂房等存量资源再利用。严控农村集体建设用地规模，探索建立收储制度，盘活农村闲置建设用地。加强土地利用监测监管，实行单位国内生产总值建设用地目标考核。"十三五"期间，单位国内生产总值建设用地使用面积下降20%。

控制国土开发强度。根据各区域资源环境承载能力、国土开发强度及在国土开发格局中的定位，合理配置建设用地指标，实行国土开发强度差别化调控。进一步优化环渤海地区、长江三角洲地区、珠江三角洲地区空间开发结构，严格控制开发强度和新增建设用地供给，积极盘活存量建设用地，降低工业用地比例。支持长江中游地区、成渝地区等重点开发区域加快产业发展与人口集聚，促进经济社会发展，适当提高国土开发强度，稳定建设用地供给。限制农产品主产区和重点生态功能区开发强度，鼓励整治修复农业和生态空间。到2030年，国土开发强度控制在4.62%以内。优化城乡建设用地结构和布局，到2030年城镇与农村建设用地面积之比调整为3.9∶6.1左右。

第三节　强化水资源综合配置

严格控制流域和区域用水总量。统筹各地区水资源承载能力与合理用水需求，控制水资源开发利用强度，科学制定主要江河流域水量分配方案。

加强水资源保障能力建设。合理安排生产、生活、生态用水，统一调配本地与外地、地表与地下水资源。合理安排改造现有水源地，科学规划新建和调整水源地，蓄引提调结合、大中小微并举，建立健全流域与区域相结合、城市与农村相统筹、开发利用与节约保护相协调的水资源供应体系。

促进水资源节约利用。建立健全有利于节约用水的体制机制，稳步推进水价改革，强化用水定额管理，加快制定高耗水工业和服务业用水定额国家标准。以水资源承载能力为依据，严格控制水资源短缺和生态脆弱地区的城市规模扩张。对水资源短缺地区实行更严格的产业准入、取用水定额控制。加快农业、工业、城镇节水改造，开展节水综合改造示范。加快非常规水资源利用，实施雨洪资源利用、再生水利用等工程。转变农业用水方式，全面提高水资源利用效率和效益，到2030年，全国节水灌溉面积占农田灌溉面积的85%以上，农田灌溉用水有效利用系数提高到0.6以上。

第四节　构建能源安全保障体系

加强能源矿产勘查。按照深化东（中）部、发展西部、加快海域、开辟新区、拓展海外的思路，加强渤海湾、鄂尔多斯、四川、塔里木、东海等重点盆地油气勘查，获取规模储量；加大银额、羌塘等含油气盆地及中上扬子地区勘查力度，实现油气资源战略接替。以优质动力煤和炼焦煤为重点，加快神东、陕北、晋北等国家大型煤炭基地资源勘查进程。加强铀矿资源调查和潜力评价，加快探明一批新的矿产地。实施油页岩和油砂资源调查与潜力评价，积极推进页岩气、煤层气、致密油（气）等非常规油气资源勘查，在我国海域和陆域具备成藏条件的地区,探索开展天然气水合物勘查开发。开展全国地热资源远景调查评价。

提高能源开发利用水平。推动能源生产和消费革命,优化能源结构,以开源、节流、减排为重点,确保能源安全供应。重点建设山西、鄂尔多斯盆地、内蒙古东部地区、西南地区、新疆五大重点综合能源基地和东部沿海核电带,构建"五基一带"能源开发利用格局。加强深海油气资源开发,加快常规天然气增储上产,推进油页岩、页岩气、天然气水合物、油砂综合利用技术研发与推广。加强煤层气和煤炭资源综合开发,提高综合利用水平。切实提高煤炭加工转化水平,强化煤炭清洁高效利用。在保护生态的前提下,有序稳妥开发水电,安全发展核电,高效发展风电,扩大利用太阳能,有序开发生物质能。实施新能源集成利用示范工程,因地制宜推进新型太阳能光伏和光热发电、生物质气化、生物燃料、海洋能等可再生能源发展,大幅提高非化石能源占能源消费总量的比例。

完善高效快捷的电力与煤炭输送骨干网络。强化智能电网与分布式能源系统的统筹建设,逐步降低煤炭消费比重特别是非电用煤比重。坚持输煤输电并举,逐步提高输电比重,扩大北煤南运和西电东送规模。结合大型能源基地布局,稳步建设西南能源基地向华东、华中地区和广东省输电通道,鄂尔多斯盆地、山西、锡林郭勒盟能源基地向华北、华中、华东地区输电通道。加快区域和省际超高压主网架建设,加快实施城乡配电网建设和改造工程,提高综合供电能力和可靠性。优化煤炭跨区流向,重点建设内蒙古西部地区至华中地区的北煤南运战略通道;建设山西、陕西和内蒙古西部地区至唐山地区港口、山西中南部至山东沿海港口等西煤东运新通道;结合兰新铁路扩能改造和兰渝铁路建设,完善疆煤外运通道。

第五节 提升非能源重要矿产资源保障能力

加强重要矿产资源勘查。积极实施找矿突破战略行动,以铁、铜、铝、铅、锌、金、钾盐等矿种为重点,兼顾稀有、稀散、稀土金属和重要非金属矿产，完善以市场为导向的地质找矿新机制，促进地质找矿取得重大突破。加强重点成矿区带勘查，摸清海洋矿产资源家底，建设一批矿产资源勘查开采接续基地，塑造资源安全与矿业发展新格局。积极参与国外矿产资源勘探开发。到2030年，重要矿产资源探明储量保持稳定增长。

强化矿产资源合理开发与保护。提高铁、铜、铝土矿等重要金属矿产持续供应能力，开发石墨等新型非金属矿物材料。积极开发利用战略性新兴矿产，加强重要优势矿产保护，对保护性开采特定矿种实行开采总量控制。健全战略储备与商业储备相互结合、矿产品储备与矿产地储备互为补充的重要矿产储备体系。到2030年，重要矿产国内保障程度有所提高。

推进矿产资源综合利用。加强低品位、共伴生、难选冶矿产资源的综合评价和综合利用，增加和盘活一批资源储量，加快安全高效先进的采选技术设备研发与推广，减少储量消耗和矿山废弃物排放。建立矿产资源采选回收率准入标准管理和监督检查体系，开展矿产资源综合利用试点示范，推进矿产资源综合利用示范基地和绿色矿山建设，带动矿产资源领域循环经济发展，提升矿产资源开采回采率、选矿回收率和综合利用率整体水平，提高矿产资源利用效率。

第六节　增强防灾减灾能力

完善灾害监测预警网络。加强自然灾害预测预警技术的开发、试验与推广普及，强化重大自然灾害的早期监测、快速预警，提高对突发性自然灾害的短期和中长期预测能力。建立防灾减灾信息共享、预报会商和预警联动机制，强化预警信息发布能力建设。

加强重点区域灾害防治。以自然灾害高风险区、重大工程扰动区等区域为重点，加强重大自然灾害和巨灾隐患早期识别、风险评估、监测预警与工程防治。加强自然灾害严重地区防灾减灾能力建设，提高城乡建筑和公共设施的设防标准和抗灾能力。对人口和产业密集区开展重要设施风险评估和建筑物抗震性能普查，建设综合防灾能力信息数据库。结合新农村建设，有序组织地质灾害重大隐患点移民搬迁。

提升灾害综合应对能力。实施自然灾害防御工程。加快推进防汛抗旱、防震抗震、防寒抗冻、防风抗潮、森林草原防火、重大沙尘暴灾害预防、病虫害防治、野生动物疫病疫源防控等骨干工程建设。完善政府、社会、企业和个人共同参与的灾害管理机制，进一步加强灾害风险防范、应急救援和灾后恢复重建能力建设，推动形成多灾种共防、各部门协同、跨区域合作的综合防灾减灾工作格局。

构建国土生态安全屏障。以重点生态功能区为依托，加快建设国土生态安全屏障。在大小兴安岭和长白山森林生态功能区以及三江平原，加强森林资源保护与修复，促进湿地恢复；在鄂尔多斯、阿拉善、塔里木盆地北沿等地，保护与恢复林草植被，增强防风固沙功能；在三江源、祁连山等地，加强草原与湿地保护与恢复，增强水源涵养功能；在黄土高原和太行山区等地，加强森林、草原等天然植被保护与恢复，增强水土保持功能；在秦巴山地、岷山、横断山区，加强森林资源与野生动植物物种资源保护，增强水源涵养功能；在三峡库区，加强森林、草原等天然植被保护与恢复，增强水土保持与水源涵养功能；在西南岩溶地区，开展石漠化治理，增强水土保持与水源涵养功能；在长江中下游地区，加强湖泊湿地恢复，增强洪水调蓄功能；在南岭山地、武夷山区，加强森林资源保护与恢复，增强水土保持与水源涵养功能；在东部沿海地区，加强沿海防护林特别是红树林保护与恢复，增强防护海岸和抵御台风、海啸等自然灾害的功能；在东北、华北与黄淮海平原等地，增强生态防护功能，保障粮食生产安全；在大中城市，加强森林、草原、湖泊、湿地、农田等资源保护，增强生态防护、气候调节与景观绿化功能。

第七节 推进体制机制创新

健全自然资源管理制度体系。按照归属清晰、权责明确、监管有效的要求，加快完善自然资源资产产权制度，着力建立健全公益性自然资源资产国家统一管理制度，坚持和完善经营性自然资源资产有偿使用制度，对水流、森林、山岭、草原、荒地、滩涂以及探明储量的矿产资源等自然生态空间进行统一确权登记。完善自然资源监管体系，统一行使国土空间用途管制职责。以实行综合调查评价制度、加强动态监测为基础，建立资源环境承载能力监测预警机制，对资源环境承载能力减弱的区域实行限制性开发。建立健全国土空间开发保护和用途管制制度，全面实行自然资源资产有偿使用制度和生态保护补偿制度，将资源消耗、环境损害、生态效益纳入经济社会发展评价体系；建立自然资源开发利用奖惩机制，健全能源、水、土地节约集约使用制度；逐步建立覆盖森林、草原、湿地、荒漠、海洋、水流、耕地等重点领域和禁止开发区域、重点生态功能区等重要区域的多元化生态保护补偿机制。按照有偿处置、收益合理分配、强化综合监管的原则，建立健全国有自然资源资产管理制度。

健全市场机制。深化自然资源资产有偿使用制度改革，推进市场体系建设。扩大有偿使用范围，创新取得方式，健全占用制度，完善资源价格形成机制和收益分配制度。进一步扩大市场配置自然资源的范围。完善自然资源使用权利体系，促进资源使用权利自由有序流转。建立统一、开放、竞争、有序的资源要素市场体系。深化资源性产品要素价格和要素市场改革，建立反映市场供求关系、资源稀缺程度、环境损害成本的资源性产品价格形成机制。健全自然资源要素有形市场，加强公共资源交易平台建设，完善交易规则，促进交易公开透明。提升资源要素市场信息监管能力，以土地市场动态监测为基础，健全完善覆盖矿业权、海域使用权等资源要素市场信息的统一动态监管系统，加强市场调控和监管。

严格"三线"管控。划定城镇、农业、生态空间，严格落实用途管制。科学确定国土开发强度，严格执行并不断完善最严格的耕地保护制度、水资源管理制度、环保制度，对涉及国家粮食、能源、生态和经济安全的战略性资源，实行总量控制、配额管理制度，并分解下达到各省（区、市）。设置"生存线"，明确耕地保护面积和水资源开发规模，保障国家粮食和水资源安全；设置"生态线"，划定森林、草原、河湖、湿地、海洋等生态要素保有面积和范围，明确各类保护区范围，提高生态安全水平；设置"保障线"，保障经济社会发展所必需的建设用地，促进新型工业化和城镇化健康发展，确定能源和重要矿产资源生产基地及运输通道，确保国家能源资源持续有效供给。

实施分区引导。按照发挥地区比较优势、促进区域协调发展、推进国土纵深开发和陆海统筹的总要求，在综合考虑自然本底条件、经济社会联系、人口和产业分布等因素基础上，明确各区域开发重点、保护内容和整治任务，制定实施差别化政策，创新管理方式，进一步强化分区引导和空间管控，促进国土均衡开发和区域协调发展。

第九章 配套政策

在充分发挥现有相关政策综合效能的基础上，积极推进制度创新，研究制定促进国土空间开发格局优化的配套政策体系，保障《纲要》规划目标和重点任务的完成。

第一节 资源环境政策

加快土地管理制度改革创新。加强土地用途转用许可管理，按照不同主体功能区的功能定位和发展方向，实行差别化的土地利用和土地管理政策。实行最严格的耕地保护制度，落实各级人民政府耕地保护目标责任制。实行最严格的节约用地制度，建立建设用地使用标准控制制度，建立健全节约集约用地责任机制和考核制度，创建土地节约集约模范市县。加强存量建设用地挖潜，盘活存量用地。进一步完善城乡建设用地增减挂钩、工矿废弃地复垦利用、低丘缓坡地和未利用地开发利用等政策。深化城市土地使用制度改革，完善法规制度，实施城镇低效用地再开发，推进土地二级市场改革试点。统筹推进农村土地制度改革，做好农村土地征收、集体经营性建设用地入市、宅基地制度改革试点。

实行最严格水资源管理制度。严格水资源开发利用控制、用水效率控制、水功能区限制纳污"三条红线"管理。加强水资源开发利用控制管理，严格规划管理和水资源论证，控制流域和区域取用水总量，严格实施取水许可和水资源有偿使用制度。加强用水效率控制管理，强化各地区、各行业用水定额管理。加快推进节水技术改造，加强水功能区限制纳污管理，从严核定水域纳污容量，严格控制入河湖排污总量。加快水权交易试点，培育和规范水权市场。健全水资源监控体系，建立水资源管理责任考核制度。

深化矿产资源管理制度改革。探索建立矿产资源权益金制度，进一步深化矿产资源有偿使用制度改革，建立最低勘查投入标准和矿业权使用费动态调整机制，调整矿业权使用费征收标准。严格控制和规范矿业权协议出让，全面推进矿业权市场建设，完善矿产资源开发收益分配机制。健全完善矿产资源节约与综合利用技术标准体系，制定完善重要矿产资源"三率"（开采回采率、选矿回收率、综合利用率）标准。健全矿产资源节约与综合利用调查和监测评价制度，强化矿产资源节约与综合利用激励约束机制，完善资源配置、经济激励等引导政策，促进资源持续利用。制定矿产资源勘查、矿产资源储备保护、矿山生态保护和恢复治理等支持政策。

完善海域使用管理制度。严格用海规划管理，发挥海洋功能区划、规划的管控作用，强化集约用海，严格围填海计划约束。科学确定海洋开发规模、方式和时序。合理控制各类建设用海规模，优先安排鼓励类产业、战略性新兴产业和社会公益项目用海。推进海域使用权招标、拍卖、挂牌出让，规范海域使用权的转让、出租和抵押管理。完善海域金征收管理制度，加大海域、海岸带整治修复投入。建立陆海统筹、区域联动的海洋生态环境保护修复机制，加强滩涂、近岸海域、重要海湾和脆弱岸线综合治理，严格控制陆源污染物排放入海。

健全环境保护管理制度。划定生态保护红线，严守环境质量底线，将大气、水、土壤等环境质量"只能更好、不能变坏"作为地方各级政府环保责任红线，相应确定污染物排放总量限值和环境风险防控措施。建立完善严格监管所有污染物排放的环境保护管理制度，建立陆海统筹的生态系统修复和污染防治区域联动机制，完善排污许可制。落实环境目标责任制，推进主要污染物总量减排和环境质量监督考核。在重金属污染综合防治重点区域实施污染物排放总量控制，健全排污权有偿取得和使用制度，扩大排污权有偿使用和交易试点范围，发展排污权交易市场。推进建立企业环境行为信用评价制度。严格执行环境影响评价制度，健全规划环境影响评价和建设项目影响评价联动机制。积极推进环境污染第三方治理，引入社会力量投入环境污染治理。

第二节 产业投资政策

完善产业政策。按照加快转变经济发展方式和优化国土空间开发格局的总体要求，定期修订产业结构调整指导目录和外商投资产业指导目录。按照区别对待、有保有压、分类指导的原则，针对不同地区资源环境约束条件，深化细化产业政策体系。强化节能节地节水、环境、技术、安全等市场准入标准，加快淘汰落后产能，合理控制能源消费总量，调整能源结构，推动传统能源安全绿色开发和清洁低碳利用。发展清洁能源、可再生能源。建立完善节能量、碳排放权交易市场。发展循环经济，提高造纸、印染、化工、建材、有色、制革等行业污染物排放标准和清洁生产评价标准。大力发展节能环保产业，实施节能环保产业重大技术装备产业化工程。发展有机农业、生态农业以及特色经济林、林下经济、森林旅游等林产业。

优化投资政策。加大对国土综合整治地区、重点生态功能区、老少边贫等特殊地区的投入力度,建立多元投入激励机制,科学引导民间资本参与国土开发、保护和整治,完善投资收益分配机制,形成国土开发保护合力。

第三节 财政税收政策

健全促进耕地保护和农业发展的财税政策。健全耕地保护补偿制度。加大公共财政对"三农"的支持力度,保证"三农"投入稳定增长。逐步加大中央对农产品主产区的财政转移支付力度。健全粮食主产区利益补偿制度,支持粮食主产区公共服务和基础设施配套建设。增加产粮大县奖励资金,提高产粮大县人均财力水平,调整完善农业补贴政策,着重支持粮食适度规模经营,加大对耕地地力保护的支持力度。加强财税政策与农村金融政策的有效衔接,引导更多信贷资金投向"三农",完善农业保险政策。

建立健全促进生态保护的利益补偿机制。进一步改革完善财税体制,完善转移支付制度,归并和规范现有生态保护补偿渠道,逐步加大中央财政对重点生态功能区的转移支付力度和对禁止开发区域的投入力度。推动地区间、流域上下游建立横向生态保护补偿机制,坚持谁受益、谁补偿的原则,探索开发地区对保护地区、生态受益区对生态保护区通过资金补助、产业转移、人才培训、园区共建等方式实施生态保护补偿。

第十章 《纲要》实施

《纲要》实施要充分发挥市场配置资源的决定性作用,各级政府要正确履行职责,切实加强组织领导,合理配置公共资源,有效引导社会资源,健全体制机制,夯实实施基础,保障《纲要》目标任务顺利完成。

第一节 夯实实施基础

完善规划体系。以主体功能区规划为基础,统筹各类空间性规划,推进"多规合一",编制国家级、省级国土规划,并与城乡建设、区域发展、环境保护等规划相协调,推动市县层面经济社会发展、城乡建设、土地利用、生态环境保护等"多规合一"。各地区、各部门、各行业编制相关规划、制定相关政策,在国土开发、保护和整治等方面,应与国土规划相衔接。

完善法律制度。推动制修订相关法律法规,完善科学化、民主化、规范化的规划编制与实施管理制度,严格规范国土规划编制、审批、实施及修改程序。

加强队伍建设。加强国土规划理论、方法和技术研究,促进国土规划学科发展;加快制定国土规划编制规程、技术标准和成果质量规范。建立完善规划从业人员上岗认证和机构资质认证制度,推进国土规划人才队伍和机构建设;切实提高国土规划技术和管理人才专业素养,提升国土规划管理水平。

第二节 加强实施管理

强化组织领导。国土资源部、国家发展改革委要会同有关部门建立《纲要》实施的部门沟通协商机制,切实履行职责,强化制度机制设计,统筹重大政策研究和制定,协调解决国土开发、保护和整治中的重大问题,共同推进实施。地方各级人民政府要建立健全工作机制,研究制定具体政策措施和工作方案,全面落实《纲要》目标任务。要强化中央与地方之间的协调联动,明确职责分工,形成推进实施的共同责任机制。建立《纲要》实施绩效考核制度,将实施情况纳入国家土地督察机构对省级人民政府监督检查范围。

推动公众参与。建立专家咨询制度,成立具有广泛代表性的专家委员会,加强国土规划编制实施的咨询论证。建立健全公众参与制度,加大宣传力度,增强公众对科学、高效、集约利用国土空间重要性的认识,提高全社会参与《纲要》实施与监督的主动性,营造有利于依法依规开发利用国土空间的良好氛围。

加强实施监管。国土资源部、国家发展改革委要建立健全《纲要》实施监督检查制度,坚持专项检查与日常监督检查相结合,强化实施情况专项统计,全面及时准确掌握基础数据和信息。健全国土资源调查评价和动态监测体制机制,建立国土空间变化监测体系,完善调查监测指标和网络,对国土规划实施情况进行全面监测和评估。建立《纲要》实施定期评估和动态调整机制。建立信息发布制度,提升国土规划管理信息化水平,推动信息共享。重大情况及时向国务院报告。

土地利用总体规划编制审查办法

中华人民共和国国土资源部令

第43号

《土地利用总体规划编制审查办法》已经2009年1月5日国土资源部第1次部务会议审议通过，现予以发布，自发布之日起施行。

国土资源部部长
二〇〇九年二月四日

第一章 总 则

第一条 为规范土地利用总体规划的编制、审查和报批，提高土地利用总体规划的科学性，根据《中华人民共和国土地管理法》和《中华人民共和国土地管理法实施条例》等法律、行政法规，制定本办法。

第二条 土地利用总体规划依法由各级人民政府组织编制，国土资源行政主管部门具体承办。国土资源行政主管部门会同有关部门编制本级土地利用总体规划，审查下级土地利用总体规划，适用本办法。

第三条 土地利用总体规划是实行最严格土地管理制度的纲领性文件，是落实土地宏观调控和土地用途管制，规划城乡建设和统筹各项土地利用活动的重要依据。

各地区、各部门、各行业编制的城市、村镇规划，基础设施、产业发展、生态环境建设等专项规划，应当与土地利用总体规划相衔接。

第四条 编制和审查土地利用总体规划，应当贯彻落实科学发展观，坚持节约资源和保护环境的基本国策，坚持最严格的耕地保护制度和最严格的节约用地制度，紧密结合国民经济和社会发展的要求，不断提高土地资源对经济社会全面协调可持续发展的保障能力。

第五条 国土资源行政主管部门会同财政等部门落实规划编制工作经费，保障规划编制工作的顺利开展。

第二章 规划编制

第六条 土地利用总体规划分为国家、省、市、县和乡（镇）五级。

根据需要可编制跨行政区域的土地利用总体规划。

村庄土地利用总体规划是乡（镇）土地利用总体规划的重要内容。各地应当在编制乡（镇）土地利用总体规划时对村庄土地利用的总体布局作出科学规划和统筹安排。

第七条 编制土地利用总体规划，应当坚持政府组织、专家领衔、部门合作、公众参与、科学决策的工作方针。

第八条 土地利用总体规划编制前，国土资源行政主管部门应当对现行规划的实施情况进行评估，开展基础调查、重大问题研究等前期工作。

第九条 国土资源行政主管部门应当在前期工作基础上，以真实、准确、合法的土地调查基础数据为依据，组织编制土地利用总体规划大纲。

前款规定的土地利用总体规划大纲，包括：规划背景，指导思想和原则，土地利用战略定位和目标，土地利用规模、结构与布局总体安排，规划实施措施等内容。

第十条 国土资源行政主管部门依据经审查通过的土地利用总体规划大纲，编制土地利用总体规划。

乡（镇）土地利用总体规划可以与所在地的县级土地利用总体规划同步编制。

第十一条 在土地利用总体规划编制过程中，对涉及资源保护与可持续发展、区域和城乡协调、土地节约集约利用、土地利用结构布局优化、土地生态环境保护与建设等重大问题,国土资源行政主管部门应当组织相关方面的专家进行专题研究和论证。

第十二条 在土地利用总体规划编制过程中,国土资源行政主管部门应当建立部门协调机制,征求各有关部门的意见。

第十三条 对土地利用总体规划编制中的重大问题,可以向社会公众征询解决方案。

对直接涉及公民、法人和其他组织合法权益的规划内容,应当举行听证会,充分听取公众的意见。

采取听证会形式听取意见的,按照《国土资源听证规定》的程序进行。

第十四条 国土资源行政主管部门应当组织相关方面专家对土地利用总体规划进行论证,论证意见及采纳情况应当作为报送审查材料一并上报。

第十五条 承担土地利用总体规划具体编制工作的单位,应当具备下列条件:

(一)具有法人资格;

(二)具有编制土地利用总体规划的工作业绩;

(三)有完备的技术和质量管理制度;

(四)有经过培训且考核合格的专业技术人员。

国土资源部和省、自治区、直辖市国土资源行政主管部门应当定期公布符合本条规定条件的单位目录。

第三章 规划内容

第十六条 土地利用总体规划应当包括下列内容:

(一)现行规划实施情况评估;

(二)规划背景与土地供需形势分析;

(三)土地利用战略;

(四)规划主要目标的确定,包括:耕地保有量、基本农田保护

面积、建设用地规模和土地整理复垦开发安排等;

（五）土地利用结构、布局和节约集约用地的优化方案;

（六）土地利用的差别化政策;

（七）规划实施的责任与保障措施。

乡（镇）土地利用总体规划可以根据实际情况，适当简化前款规定的内容。

第十七条 省级土地利用总体规划，应当重点突出下列内容：

（一）国家级土地利用任务的落实情况;

（二）重大土地利用问题的解决方案;

（三）各区域土地利用的主要方向;

（四）对市（地）级土地利用的调控;

（五）土地利用重大专项安排;

（六）规划实施的机制创新。

第十八条 市级土地利用总体规划，应当重点突出下列内容：

（一）省级土地利用任务的落实;

（二）土地利用规模、结构与布局的安排;

（三）土地利用分区及分区管制规则;

（四）中心城区土地利用控制;

（五）对县级土地利用的调控;

（六）重点工程安排;

（七）规划实施的责任落实。

前款第（四）项规定的中心城区，包括城市主城区及其相关联的功能组团，其土地利用控制的重点是按照土地用途管制的要求，确定规划期内新增建设用地的规模与布局安排，划定中心城区建设用地的扩展边界。

第十九条 县级土地利用总体规划，应当重点突出下列内容：

（一）市级土地利用任务的落实;

（二）土地利用规模、结构和布局的具体安排;

（三）土地用途管制分区及其管制规则;

（四）城镇村用地扩展边界的划定；
（五）土地整理复垦开发重点区域的确定。

第二十条 乡（镇）土地利用总体规划，应当重点突出下列内容：
（一）基本农田地块的落实；
（二）县级规划中土地用途分区、布局与边界的落实；
（三）各地块土地用途的确定；
（四）镇和农村居民点用地扩展边界的划定；
（五）土地整理复垦开发项目的安排。

第二十一条 土地利用总体规划图件，包括：
（一）土地利用总体规划图；
（二）土地利用总体规划附图。

前款第（二）项规定的土地利用总体规划附图，包括规划现状图、专题规划图和规划分析图。

第二十二条 编制土地利用总体规划，应当依据国家、行业标准和规范。

第四章 审查和报批

第二十三条 土地利用总体规划审查报批，分为土地利用总体规划大纲审查和土地利用总体规划审查报批两个阶段。

土地利用总体规划大纲经本级人民政府审查同意后，逐级上报审批机关同级的国土资源行政主管部门审查。

第二十四条 国土资源行政主管部门应当对土地利用总体规划大纲的指导思想、战略定位、基础数据、规划目标、土地利用结构与空间布局调整等内容进行审查。

第二十五条 土地利用总体规划大纲未通过审查的，有关国土资源行政主管部门应当根据审查意见修改土地利用总体规划大纲，重新申报审查。

土地利用总体规划大纲通过审查后，有关国土资源行政主管部门应当依据审查通过的土地利用总体规划大纲，编制土地利用总体规划。

第二十六条 土地利用总体规划按照下级规划服从上级规划的原则，自上而下审查报批。

第二十七条 土地利用总体规划审查报批，应当提交下列材料：

（一）规划文本及说明；

（二）规划图件；

（三）专题研究报告；

（四）规划成果数据库；

（五）其他材料，包括征求意见及论证情况、土地利用总体规划大纲审查意见及修改落实情况、公众听证材料等。

第二十八条 有关国土资源行政主管部门应当自收到人民政府转来的下级土地利用总体规划之日起5个工作日内，征求有关部门和单位意见，并自收到有关部门和单位的意见之日起15个工作日内，完成规划审查工作。

对土地利用总体规划有较大分歧时，有关国土资源行政主管部门应当组织各方进行协调。因特殊情况，确需延长规划审查期限的，可以延长审查。

第二十九条 国土资源行政主管部门依据下列规定对土地利用总体规划进行审查：

（一）现行法律、法规及相关规范；

（二）国家有关土地利用和管理的各项方针、政策；

（三）上级土地利用总体规划；

（四）土地利用相关规划；

（五）其他可以依据的基础调查资料等。

第三十条 土地利用总体规划审查重点内容包括：

（一）现行规划实施评价；

（二）规划编制原则与指导思想；

（三）战略定位与规划目标；

（四）土地利用结构、规模、布局和时序；

（五）土地利用主要指标分解情况；

（六）规划衔接协调论证情况和公众参与情况；

（七）规划实施保障措施。

第三十一条 国土资源行政主管部门应当根据审查情况和相关部门意见，提出明确的审查结论，提请有批准权的人民政府审批。

第五章 附 则

第三十二条 国土资源行政主管部门根据需要可以编制土地利用专项规划。

行业主管部门可以结合本行业特点编制行业土地利用规划。

土地利用专项规划、行业土地利用规划应当符合土地利用总体规划。

土地利用专项规划、行业土地利用规划的编制和审查，参照本办法执行。

第三十三条 本办法自发布之日起施行。1997年10月28日原国家土地管理局发布的《土地利用总体规划编制审批规定》同时废止。

土地利用年度计划管理办法

中华人民共和国国土资源部部令

第 66 号

《土地利用年度计划管理办法》已经 2016 年 5 月 10 日国土资源部第 3 次部务会议审议通过，现予公布，自公布之日起施行。

中华人民共和国国土资源部
2016 年 5 月 12 日

（1999 年 2 月 24 日国土资源部第 4 次部务会议通过；根据 2004 年 10 月 29 日国土资源部第 9 次部务会议修订；根据 2006 年 11 月 20 日国土资源部第 5 次部务会议第二次修订；根据 2016 年 5 月 10 日国土资源部第 3 次部务会议第三次修订）

第一条 为加强土地管理和调控，严格实施土地用途管制，切实保护耕地，节约集约用地，合理控制建设用地总量，根据《中华人民共和国土地管理法》、《中华人民共和国土地管理法实施条例》、《国务院关于深化改革严格土地管理的决定》和《国务院关于加强土地调控有关问题的通知》，制定本办法。

第二条 土地利用年度计划的编制、下达、执行、监督和考核，适用本办法。

本办法所称土地利用年度计划，是指国家对计划年度内新增建设用地量、土地整治补充耕地量和耕地保有量的具体安排。

前款规定的新增建设用地量，包括建设占用农用地和未利用地。

城乡建设用地增减挂钩和工矿废弃地复垦利用,依照本办法的规定纳入土地利用年度计划管理。

第三条 土地利用年度计划管理应当遵循下列原则:

(一)严格执行土地利用总体规划安排,合理控制建设用地总量和强度,切实保护耕地特别是基本农田,保护和改善生态环境,保障土地的可持续利用;

(二)运用土地政策参与宏观调控,创新计划管理方式,以土地供应引导需求,促进土地利用结构优化和经济增长方式转变,提高土地节约集约利用水平;

(三)坚持绿色发展,实行耕地保护数量、质量、生态并重,确保建设占用耕地与补充耕地相平衡,提高补充耕地质量;

(四)严格执行国家区域政策、产业政策和供地政策,优先安排社会民生建设用地,保障国家重点建设项目和基础设施项目用地;

(五)坚持协调发展,统筹区域、城乡建设用地,促进国土空间开发格局优化。统筹存量与新增建设用地,促进存量用地盘活利用,严格控制农村集体建设用地规模;

(六)尊重群众意愿,维护群众土地合法权益,保障群众共享城镇化发展成果。

第四条 土地利用年度计划指标包括:

(一)新增建设用地计划指标。包括新增建设用地总量和新增建设占用农用地及耕地指标;

(二)土地整治补充耕地计划指标;

(三)耕地保有量计划指标;

(四)城乡建设用地增减挂钩指标和工矿废弃地复垦利用指标。

各地可以根据实际需要,在上述分类的基础上增设控制指标。

第五条 土地利用年度计划中,新增建设用地计划指标,依据国民经济和社会发展计划、国家区域政策、产业政策、土地利用总体规划以及土地利用变更调查成果等确定。

土地整治补充耕地计划指标,依据土地利用总体规划、土地整治规划、建设占用耕地、耕地后备资源潜力和土地整治实际补充耕地等情况确定。

耕地保有量计划指标，依据国务院向省、自治区、直辖市下达的耕地保护责任考核目标确定。

城乡建设用地增减挂钩指标和工矿废弃地复垦利用指标，依据土地利用总体规划、土地整治规划等专项规划和建设用地整治利用等工作进展情况确定。

第六条 国土资源部会同国家发展改革委以全国土地利用总体规划安排为基础，根据经济社会发展状况和各地用地实际等情况，测算全国未来三年新增建设用地计划指标控制总规模。

第七条 需国务院及国家发展改革委等部门审批、核准和备案的重点建设项目拟在计划年度内使用土地，涉及新增建设用地的，由行业主管部门按项目向国土资源部提出计划建议，同时抄送项目拟使用土地所在地的省、自治区、直辖市国土资源主管部门以及发展改革部门。

第八条 县级以上地方国土资源主管部门，以本级土地利用总体规划安排为基本依据，综合考虑本地规划管控、固定资产投资、节约集约用地、人口转移等因素，测算本地未来三年新增建设用地计划指标控制规模，以此为基础，按照年度间相对平衡的原则，会同有关部门提出本地的土地利用年度计划建议，经同级政府审查后，报上一级国土资源主管部门。

计划单列市、新疆生产建设兵团的土地利用年度计划建议在相关省、自治区的计划建议中单列。

第九条 国土资源部会同国家发展改革委根据未来三年全国新增建设用地计划指标控制总规模，结合省、自治区、直辖市和国务院有关部门提出的计划指标建议，编制全国土地利用年度计划草案，纳入国民经济和社会发展计划草案，报国务院批准，提交全国人民代表大会审议确定后，下达各地执行。

第十条 全国土地利用年度计划下达到省、自治区、直辖市以及计划单列市、新疆生产建设兵团。

国务院及国务院有关部门、中央军委或者中央军委授权的军队有关机关审批、核准、备案的单独选址重点基础设施建设项目，所需的新增建设用地计划指标不下达地方，在建设项目用地审批时直接安排。其它项目所需的新增建设用地计划指标和城乡建设用地增减挂钩指标、工矿废弃地复垦利用指标等每年一次性全部下达地方。

新增建设用地计划指标下达前，各省、自治区、直辖市、计划单列市及新疆生产建设兵团，可以按照不超过上一年度国家下达新增建设用地计划指标总量的百分之五十预先安排使用。

第十一条 城乡建设用地增减挂钩指标和工矿废弃地复垦利用指标，由国土资源部会同国家发展改革委依据全国人民代表大会审议通过的全国土地利用年度计划总量指标，根据各地经济社会发展状况、规划安排、农村建设用地状况、资源潜力和相关工作进展情况，提出分解方案并下达地方执行。

第十二条 省级以下国土资源主管部门应当将上级下达的土地利用年度计划指标予以分解，经同级人民政府同意后下达。省、自治区、直辖市国土资源主管部门应当将分解下达的土地利用年度计划报国土资源部。

省、自治区、直辖市国土资源主管部门应当根据省级重点建设项目安排、建设项目用地预审和市县建设用地需求，合理确定预留省级的土地利用计划指标和下达市县的土地利用计划指标，并保障农村居民申请宅基地的合理用地需求。市县的土地利用计划指标应当一次性全部下达。

第十三条 新增建设用地计划指标实行指令性管理，不得突破。

批准使用的建设用地应当符合土地利用年度计划。凡不符合土地利用总体规划、国家区域政策、产业政策和供地政策的建设项目，不得安排土地利用年度计划指标。

没有土地利用年度计划指标擅自批准用地的，按照违法批准用地追究法律责任。

第十四条 土地利用年度计划一经批准下达,必须严格执行。

因特殊情况需增加全国土地利用年度计划中新增建设用地计划的,按规定程序报国务院审定。

因地震、洪水、台风、泥石流等重大自然灾害引发的抗灾救灾、灾后恢复重建用地等特殊情况,制定灾后重建规划,经发展改革、国土资源、民政等部门审核,省级以上人民政府批准,可以先行安排新增建设用地指标,列出具体项目,半年内将执行情况报国土资源部。

水利设施工程建设区域以外的水面用地,不占用计划指标。

第十五条 县级以上地方国土资源主管部门应当加强土地利用年度计划执行监管,严格执行土地利用年度计划指标使用在线报备制度,对土地利用年度计划指标使用情况及时进行登记,并按月在线上报。

国土资源部依据在线报备数据,按季度对各省、自治区、直辖市土地利用计划安排使用情况进行通报。

第十六条 省、自治区、直辖市国土资源主管部门应当加强对土地利用年度计划执行情况的跟踪检查,于每年一月底前形成上一年度土地利用年度计划执行情况报告报国土资源部,抄送同级发展改革部门。

第十七条 上级国土资源主管部门应当对下级国土资源主管部门土地利用年度计划的执行情况进行年度评估考核。土地利用年度计划以每年一月一日至十二月三十一日为考核年度。

新增建设用地计划执行情况考核,以农用地转用审批、土地利用变更调查等数据为依据,重点考核新增建设用地总量、新增建设占用耕地计划执行情况和农村宅基地指标保障情况。

城乡建设用地增减挂钩指标和工矿废弃地复垦利用指标考核,重点考核实施管理、进展成效、群众满意度、整治利用质量等情况。

第十八条 土地利用年度计划执行情况年度评估考核结果,应当作为下一年度土地利用年度计划编制和管理的重要依据。

对实际新增建设用地面积超过当年下达计划指标的,视情况相应扣减下一年度计划指标。

对建设用地整治利用中存在侵害群众权益、整治利用未达到时间、数量和质量要求等情形，情节严重的，扣减下一年度用地计划指标。

第十九条 节余的新增建设用地计划指标，经国土资源部审核同意后，允许在三年内结转使用。

第二十条 本办法自发布之日起施行。

国土资源部关于严格土地利用总体规划实施管理的通知

国土资发〔2012〕2号

各省、自治区、直辖市国土资源主管部门，新疆生产建设兵团国土资源局，各派驻地方的国家土地督察局，部有关直属单位，部机关各司局：

国务院批准《全国土地利用总体规划纲要（2006—2020年）》（以下简称《纲要》）以来，各省（区、市）根据《纲要》确定的各项土地利用目标和要求，积极推进地方各级土地利用总体规划修编和审批工作。目前，地方各级土地利用总体规划修编工作已基本完成，大部分规划已批准实施。从2012年4月1日起，土地管理各项相关工作以经批准的新一轮土地利用总体规划和数据库为依据。为严格实施土地利用总体规划，充分发挥土地利用总体规划的统筹管控作用，落实最严格的土地管理制度，保障和促进科学发展，现就有关事项通知如下：

一、充分认识严格实施土地利用总体规划的重要意义

土地利用总体规划是指导土地管理的纲领性文件，是落实土地宏观调控和土地用途管制的重要依据，事关国家和人民长远利益。各级国土资源主管部门要充分认识土地利用总体规划在土地管理工作中的基础地位和引领作用，切实做好土地利用总体规划实施管理工作，不断提高土地资源对经济社会全面协调可持续发展的保障能力。

土地利用总体规划一经批准，具有法定效力，任何单位和个人不得违反。各级国土资源主管部门要严格依据土地利用总体规划，从严审查各地区、各部门、各行业编制的城乡建设、区域发展、产业布局、基础设施建设、生态环境建设等相关规划，不得以任何名义改变土地利用总体规划确定的用地规模、结构和布局安排，确保各类规划

在土地利用上与土地利用总体规划相衔接。凡不符合土地利用总体规划的，必须及时调整和修改，核减用地规模，调整用地布局，强化土地利用总体规划对土地利用的整体管控作用。

二、严格依据规划划定和保护基本农田

（一）及时划定基本农田。各地要严格按照土地利用总体规划确定的基本农田保护目标、保护区布局及管制规则，在土地利用总体规划批准之后3个月内完成基本农田划定工作。基本农田划定后，实行永久保护，任何单位和个人未经批准不得改变或者占用。

（二）完善基本农田保护区管理。列入县、乡级土地利用总体规划设定的交通廊道内，或已列入土地利用总体规划重点建设项目清单的民生、环保等特殊项目，在不突破多划基本农田面积额度的前提下，占用基本农田保护区中规划多划的基本农田时，按一般耕地办理建设用地审批手续，不需另外补划基本农田，但用地单位必须落实补充耕地任务，按占用基本农田标准缴纳税费和对农民进行补偿。未在土地利用总体规划设定的交通廊道内，未列入土地利用总体规划项目清单的民生、环保等特殊项目，或超出多划基本农田面积额度的，均按占用基本农田认定。

（三）建立基本农田建设集中投入制度。各级国土资源主管部门要将新增建设用地土地有偿使用费、耕地开垦费、土地复垦费、土地出让收入用于农业开发部分等土地整治专项资金向基本农田保护区、集中区和整备区倾斜，积极试点探索"以奖代投、以补促建"模式，加快建设旱涝保收高标准基本农田，改善基本农田生产条件，提高基本农田质量，引导基本农田整备区内建设用地等其他土地逐步退出，将零星分散的基本农田集中布局，形成集中连片、高标准农产品生产基地。

三、强化建设用地空间管制

（一）落实建设用地管制边界和管制区域。各地要严格按照土地利用总体规划划定的"三界四区"（即城乡建设用地规模边界、扩展边界和禁止建设边界，允许建设区、有条件建设区、限制建设区和禁止建设区），尽快将城镇建设用地管制边界和管制区域落到实地，明确四至范围，确定管制边界的拐点坐标，在主要拐点设置标识，并向社会公告，防止城镇建设无序蔓延扩张。

（二）认真执行各项空间管制规则。城乡建设用地允许建设区在面积不改变的前提下，空间布局可在有条件建设区内进行形态调整，但不得突破建设用地扩展边界。城乡建设用地规模边界的调整，须经规划原批准机关的同级国土资源主管部门批准。城乡建设用地扩展边界原则上不得调整，如需调整，应按规划修改程序报规划原批准机关批准。禁止建设用地边界，除法律法规另有规定外，不得进行调整。

四、严格土地利用总体规划实施

（一）加强土地利用计划调控。土地利用计划是实施土地利用总体规划的重要手段，各地要依据土地利用年度计划，严格建设用地审批。凡不符合国家产业政策和供地政策的建设项目，不得安排计划指标，没有计划指标的不得批准用地。要积极推进计划差别化、精细化管理，努力化解土地供需矛盾，保障科学发展用地。

各地要采取措施，加强土地利用计划执行监管，认真做好土地利用计划安排使用登记统计，落实计划安排使用网络直报制度，实时监控计划执行情况。要加强土地利用计划执行考核，全面落实计划指标奖罚，提高计划的约束力，确保计划有效执行。

（二）严格建设项目用地预审。强化建设项目用地规划审查，凡不符合法律规定和土地利用总体规划的，不得通过建设项目用地预审。做好经营性和工业项目出让土地的用地预审，在项目审批（核准）前，必须先按程序进行用地预审，预审意见提出的要求，要作为出让条件纳入出让方案。

加强对部委托建设项目用地预审的管理，除法律法规章明确的项目用地外，对部有关政策性文件明确的灾后重建等特殊地区的项目用地委托预审事宜，实行一事一报制度。

（三）严格依据规划审查各类用地。单独选址建设项目，已列入土地利用总体规划重点建设项目清单，在土地利用总体规划设定的交通廊道内,或选址在土地利用总体规划确定的独立工矿区的,要按照规定及时审查报批用地;未列入土地利用总体规划,但符合《土地管理法》第26条规定的,要按照有关规定,根据国务院和省级人民政府对项目的批准文件,及时修改规划,并将规划修改方案与建设用地报批资料一并报批;未列入土地利用总体规划,也不符合《土地管理法》第26条规定的,不得批准用地,确需建设的项目,需先修改规划,按规定程序报规划原批准机关批准后才能审批用地。

城镇村建设用地,在土地利用总体规划确定的城乡建设用地允许建设区内选址的,按照规定审查报批用地。需要改变允许建设区的空间布局形态,在有条件建设区进行选址建设的,要在确保允许建设区规模不增加的前提下,编制规划布局调整方案,经规划原批准机关的同级国土资源主管部门批准后才能审批用地。因城镇化进程加快,超过规划城镇建设用地规模,需要在允许建设区规模之外使用有条件建设区的,必须在对规划进行定期评估后,在确保耕地保有量和基本农田保护面积不减少、质量有提高,建设用地规模不增加、布局更合理的前提下,编制规划布局调整方案,经规划原批准机关同级国土资源主管部门批准后才能审批用地。

围填海造地,涉及围填海的规模、用途和布局符合土地利用总体规划的,要按照规定审查报批;未纳入土地利用总体规划的,要编制规划修改方案,经规划原批准机关批准后审查报批。

土地整治项目,应当优先在土地利用总体规划及土地整治规划确定的土地整治重点区域、重大工程、示范区和基本农田保护区、集中区、整备区内安排。

(四)严格中心城区规划控制范围的管控。各级国土资源主管部门要严格控制中心城区规划控制范围内、中心城区规划建设用地扩展边界外的规划修改,国务院批准的城市土地利用总体规划确定的中心城区规划控制范围内、中心城区规划建设用地扩展边界外的规划修改,须报国土资源部备案。

(五)规范土地利用总体规划评估修改。经国务院批准的大型能源、交通、水利、矿山、军事设施等建设项目，需要改变土地利用总体规划的，根据国务院的批准文件修改土地利用总体规划；经省、自治区、直辖市人民政府批准的能源、交通、水利、矿山、军事设施等建设项目，需要改变土地利用总体规划的，属于省级人民政府土地利用总体规划批准权限内的，根据省级人民政府的批准文件修改土地利用总体规划。

建立土地利用总体规划实施定期评估和适时修改机制，严格规范土地利用总体规划修改。对土地利用总体规划的修改，必须就修改的必要性、合理性和合法性等进行评估，组织专家论证，依法组织听证，并向社会公示。规划实施评估报告经规划原批准机关同级国土资源主管部门同意后，方可开展规划修改。凡涉及改变城乡建设用地扩展边界、禁止建设用地边界，改变约束性指标，调整重大布局等原则性修改，必须经规划原批准机关批准。严禁擅自通过修改下级土地利用总体规划，扩大建设用地规模和改变建设用地布局，降低耕地保有量和基本农田保护面积。

（六）补充和深化土地利用总体规划安排。在土地利用总体规划的控制和指导下，积极推进地方各级土地整治规划编制工作；县（区、市）可根据当地实际，编制土地复垦规划、后备土地资源开发规划、建设用地再开发规划，补充和深化土地利用总体规划安排。今后，凡开展土地整治、低丘缓坡荒滩等未利用地开发利用、工矿废弃地复垦调整利用等相关工作，必须符合土地利用总体规划、土地整治规划和相关专项规划。

五、保障土地利用总体规划有效实施

（一）加快推进土地利用规划数据库建设。建立与土地利用总体规划编制审批实施相适应的数据库建设、维护和更新长效机制。省级国土资源主管部门要加强对地方各级土地利用总体规划数据库建库、维护和更新的组织指导，严格规范数据的检查和汇交，保障成果质量，保证规划数据库建设各项工作与规划同步完成，并按统一标准和规定时限将数据库成果汇交到部。开展城乡建设用地增减挂钩、低丘缓坡荒滩等未利用土地开发利用、工矿废弃地复垦调整利用等试点的地方，必须将项目区信息上图入库，按规定时限汇交到部。各类规划数据库均纳入部"一张图"和综合监管平台进行统一管理。今后，土地审批和执法督察等工作中审核、审查是否符合土地利用总体规划和专项规划，均以纳入部"一张图"和综合监管平台的相关数据为准。

（二）制订完善土地利用总体规划管理的地方配套法规。各地要根据《土地管理法》及其配套条例、规章，结合各地实际，制订和完善土地利用规划管理的地方配套法规，规范土地利用总体规划各项管理工作，维护土地利用总体规划的严肃性和权威性。

（三）加大土地利用总体规划宣传力度。经批准的土地利用总体规划，应当依法公告，采用网络、报纸发布和张贴布告、设立公告牌等形式，对规划主要内容进行广泛宣传和解读，让全社会了解规划、监督规划的有效实施。

（四）加强土地利用总体规划实施动态监管。通过"一张图"和综合监管平台，加大土地利用总体规划实施情况的监测，及时发现、制止违反土地利用总体规划的行为。加大执法力度，对违法修改土地利用总体规划的行为要严肃查处，限期改正，并依法追究相关责任人的责任。对违反规划批地用地的行为，坚决依法查处。非法占用土地，违反土地利用总体规划的，责令限期拆除违法占地新建建筑物，拒不执行的，依法申请人民法院强制执行。

（五）发挥国家土地督察机构的监督作用。市、县、乡级土地利用总体规划经依法批准后一个月内，省级国土资源主管部门须将土地利用总体规划文本、图件和批准文件送派驻地方的国家土地督察局备案。各派驻地方的国家土地督察局在对地方人民政府土地利用和管理情况的监督检查中，要加强对土地利用总体规划批准、备案和实施情况的监督检查，发现问题后及时向有关地方人民政府和省级国土资源主管部门提出督察意见，并向国家土地总督察报告。

（六）加强土地利用规划专业人才队伍建设。各级国土资源主管部门要加强土地利用规划专业人才队伍建设，采取专业技术知识更新培训、学历学位教育、实践锻炼等多种方式，不断提高专业人才队伍的政治素质和业务素质。严格规范土地利用规划甲级机构管理，进一步稳定、扩大土地利用规划编制机构队伍。省级国土资源主管部门可参照土地利用规划甲级机构审查要求，结合实际，指导省级土地学会积极开展土地利用规划乙级机构的申报认定工作，健全、充实和稳定土地利用规划技术队伍。

二〇一二年二月二十二日

国土资源部关于有序开展村土地利用规划编制工作的指导意见

国土资规〔2017〕2号

各省、自治区、直辖市国土资源主管部门，新疆生产建设兵团国土资源局，各派驻地方的国家土地督察局，部机关各司局：

党的十八大以来，党中央、国务院对做好新时期农业农村工作作出一系列重要部署，提出深入推进农业供给侧结构性改革、深化农村土地制度改革、赋予农民更多财产权利、维护农民合法权益、实现城乡统筹发展等重大决策，并明确要求"加快编制村级土地利用规划"。为贯彻落实党中央、国务院决策部署，适应新形势下农村土地利用和管理需要，鼓励有条件的地区编制村土地利用规划，统筹安排农村各项土地利用活动，深入推进农业供给侧结构性改革，促进社会主义新农村建设，特制定本指导意见。

一、充分认识编制村土地利用规划的重要意义

改革开放以来，我国农村土地管理不断加强，各地通过编制实施土地利用总体规划，加强土地用途管制，严守耕地保护红线，不断提高节约集约用地水平，夯实了农业发展基础，维护了农民权益，促进了农村经济发展和社会稳定。同时，农村土地利用和管理仍然面临建设布局散乱、用地粗放低效、公共设施缺乏、乡村风貌退化等问题。正在开展的农村土地征收、集体经营性建设用地入市、宅基地制度改革试点，推进农村一二三产业融合发展以及社会主义新农村建设等工作，也对土地利用规划工作提出新的更高要求。当前，迫切需要通过编制村土地利用规划，细化乡（镇）土地利用总体规划安排，统筹合理安排农村各项土地利用活动，以适应新时期农业农村发展要求。

各地区要充分认识编制村土地利用规划的重要性和紧迫性，全面贯彻创新、协调、绿色、开放、共享的发展理念，坚持稳中求进，统

一部署安排，积极研究探索，在有条件的地区开展村土地利用规划编制工作，加强农村土地利用供给的精细化管理，促进农业农村发展由过度依赖资源消耗、主要满足量的需求，向追求绿色生态可持续、更加注重满足质的需求转变，为农村地区同步实现全面建成小康社会目标做好服务和保障。

二、扎实有效做好村土地利用规划编制工作

（一）村土地利用规划编制工作，由县级人民政府统一部署，县级国土资源主管部门会同有关部门统筹协调，乡（镇）人民政府具体组织编制，引导村民委员会全程参与。

开展农村土地制度改革试点、社会主义新农村建设、新型农村社区建设、土地整治和特色景观旅游名镇名村保护的地方，应当编制村土地利用规划；其他地方要明确推进时间表，结合实际有序开展。

（二）编制村土地利用规划，要按照"望得见山、看得见水、记得住乡愁"的要求，以乡（镇）土地利用总体规划为依据，坚持最严格的耕地保护制度和最严格的节约用地制度，统筹布局农村生产、生活、生态空间；统筹考虑村庄建设、产业发展、基础设施建设、生态保护等相关规划的用地需求，合理安排农村经济发展、耕地保护、村庄建设、环境整治、生态保护、文化传承、基础设施建设与社会事业发展等各项用地；落实乡（镇）土地利用总体规划确定的基本农田保护任务，明确永久基本农田保护面积、具体地块；加强对农村建设用地规模、布局和时序的管控，优先保障农村公益性设施用地、宅基地，合理控制集体经营性建设用地，提升农村土地资源节约集约利用水平；科学指导农村土地整治和高标准农田建设，遵循"山水林田湖是一个生命共同体"的重要理念，整体推进山水林田湖村路综合整治，发挥综合效益；强化对自然保护区、人文历史景观、地质遗迹、水源涵养地等的保护，加强生态环境的修复和治理，促进人与自然和谐发展。

（三）村土地利用规划是乡（镇）土地利用总体规划的重要组成部分，是乡（镇）土地利用总体规划在村域内的进一步细化和落实。

规划期限与乡（镇）土地利用总体规划保持一致。规划范围可结合当地实际，以一个村或数个村进行编制。规划基数以土地调查成果为基础和控制，进行补充调查确定。规划编制应当执行国家、行业标准和规范，充分运用遥感影像、信息化、大数据分析等先进技术手段，切实提高成果水平。鼓励大中专院校、机关企事业单位及社会各方面的青年志愿者，为村土地利用规划编制工作提供志愿服务。

三、规范村土地利用规划成果

（一）村土地利用规划成果由规划图件、表格和管制规则组成。规划图件宜采用1：2000比例尺或精度更高的数据制作，包括村土地利用现状图、村土地利用规划图，以及根据需要编制的其他规划图件。规划表格包括规划目标表、土地利用结构调整表、重点建设项目表等。规划管制规则包括耕地、宅基地、设施农用地、公益性设施用地、集体经营性建设用地等不同用途土地的使用规则。

（二）村土地利用规划图上应当标明村庄建设用地规模边界和扩展边界；农村宅基地、集体经营性建设用地、公益性设施等用地范围；交通、水利等基础设施和其他独立选址建设项目的位置和用地范围；永久基本农田保护红线和生态保护红线；一般耕地和其他农用地的范围；土地整理复垦开发项目区、高标准农田建设项目区、增减挂钩项目区、工矿废弃地复垦利用项目区等范围。

四、坚持村民主体地位

做好村土地利用规划编制工作，必须充分发挥村民自治组织作用，坚持村民的主体地位，切实保障村民的知情权、参与权、表达权和监督权，让村民真正参与到规划编制各个环节。要通过实地踏勘、入户调查、资料收集等方式开展调查，摸清村域经济社会发展现状和土地资源利用状况，了解村民生产生活现状、实际需求与发展愿景等，全面准确掌握村域建设发展总体情况；规划编制过程中，要充分考虑村民意愿，合理安排各类用地规模、布局和时序；规划成果要通过征询、论证、听证、公示等多种途径，充分听取村民意见建议，使村土地利用规划成为实现村民意愿的载体和平台。

五、严格村土地利用规划实施管理

（一）规划成果经村民会议三分之二以上成员或者三分之二以上村民代表同意后，纳入乡（镇）土地利用总体规划按法定程序报批。规划成果经批准后，应当在规划区域内予以公告。

（二）村土地利用规划一经公告，应当作为土地利用的村规民约严格执行。村庄建设、基础设施建设和各项土地利用活动，必须按照村土地利用规划确定的用途使用土地，不得随意突破或修改。确因特殊情况需要修改规划的，应制定规划修改方案，经村民会议三分之二以上成员或者三分之二以上村民代表同意后，按法定程序报规划原审批机关同意，确保规划的严肃性。

（三）各地区要结合社会主义新农村建设、城乡统筹发展和农村一二三产业融合发展等总体部署，以村土地利用规划为依据，在控制农村建设用地总量、不占用永久基本农田前提下，加大力度盘活存量建设用地，允许通过村庄整治、宅基地整理等节约的建设用地，重点支持农村产业发展；有序推进农村土地征收、集体经营性建设用地入市、宅基地制度改革试点工作开展；优先安排土地整理复垦开发资金、城乡建设用地增减挂钩指标、工矿废弃地复垦利用指标；用好土地综合整治平台，引导聚合各类涉地涉农资金，整体推进山水林田湖村路综合整治，让农村成为农民幸福生活的美好家园。

各地区可结合实际，细化村土地利用规划编制和实施管理要求，适时开展村土地利用规划实施评估，及时总结规划编制和实施管理方面的经验。

本指导意见有效期5年。

2017 年 2 月 3 日

节约集约利用土地规定

中华人民共和国国土资源部令
第 61 号

《节约集约利用土地规定》已经 2014 年 3 月 27 日国土资源部第 1 次部务会议审议通过,现予以发布,自 2014 年 9 月 1 日起施行。

部长
2014 年 5 月 22 日

第一章 总 则

第一条 为贯彻十分珍惜、合理利用土地和切实保护耕地的基本国策,落实最严格的耕地保护制度和最严格的节约集约用地制度,提升土地资源对经济社会发展的承载能力,促进生态文明建设,根据《中华人民共和国土地管理法》和《国务院关于促进节约集约用地的通知》,制定本规定。

第二条 本规定所称节约集约利用土地,是指通过规模引导、布局优化、标准控制、市场配置、盘活利用等手段,达到节约土地、减量用地、提升用地强度、促进低效废弃地再利用、优化土地利用结构和布局、提高土地利用效率的各项行为与活动。

第三条 土地管理和利用应当遵循下列原则：

（一）坚持节约优先的原则，各项建设少占地、不占或者少占耕地，珍惜和合理利用每一寸土地；

（二）坚持合理使用的原则，盘活存量土地资源，构建符合资源国情的城乡土地利用新格局；

（三）坚持市场配置的原则，妥善处理好政府与市场的关系，充分发挥市场在土地资源配置中的决定性作用；

（四）坚持改革创新的原则，探索土地管理新机制，创新节约集约用地新模式。

第四条 县级以上地方国土资源主管部门应当加强与发展改革、财政、城乡规划、环境保护等部门的沟通协调，将土地节约集约利用的目标和政策措施纳入地方经济社会发展总体框架、相关规划和考核评价体系。

第五条 国土资源主管部门应当建立节约集约用地制度，开展节约集约用地活动，组织制定节地标准体系和相关标准规范，探索节约集约用地新机制，鼓励采用节约集约用地新技术和新模式，促进土地利用效率的提高。

第六条 在节约集约用地方面成效显著的市、县人民政府，由国土资源部按照有关规定给予表彰和奖励。

第二章 规模引导

第七条 国家通过土地利用总体规划，确定建设用地的规模、布局、结构和时序安排，对建设用地实行总量控制。

土地利用总体规划确定的约束性指标和分区管制规定不得突破。

下级土地利用总体规划不得突破上级土地利用总体规划确定的约束性指标。

第八条 土地利用总体规划对各区域、各行业发展用地规模和布局具有统筹作用。

产业发展、城乡建设、基础设施布局、生态环境建设等相关规划，应当与土地利用总体规划相衔接，所确定的建设用地规模和布局必须符合土地利用总体规划的安排。

相关规划超出土地利用总体规划确定的建设用地规模的，应当及时调整或者修改，核减用地规模，调整用地布局。

第九条 国土资源主管部门应当通过规划、计划、用地标准、市场引导等手段，有效控制特大城市新增建设用地规模，适度增加集约用地程度高、发展潜力大的地区和中小城市、县城建设用地供给，合理保障民生用地需求。

第三章 布局优化

第十条 城乡土地利用应当体现布局优化的原则。引导工业向开发区集中、人口向城镇集中、住宅向社区集中，推动农村人口向中心村、中心镇集聚，产业向功能区集中，耕地向适度规模经营集中。

禁止在土地利用总体规划和城乡规划确定的城镇建设用地范围之外设立各类城市新区、开发区和工业园区。

鼓励线性基础设施并线规划和建设，促进集约布局和节约用地。

第十一条 国土资源主管部门应当在土地利用总体规划中划定城市开发边界和禁止建设的边界，实行建设用地空间管制。

城市建设用地应当因地制宜采取组团式、串联式、卫星城式布局，避免占用优质耕地。

第十二条 市、县国土资源主管部门应当加强与城乡规划主管部门的协商，促进现有城镇用地内部结构调整优化，控制生产用地，保障生活用地，提高生态用地的比例，加大城镇建设使用存量用地的比例，促进城镇用地效率的提高。

第十三条 鼓励建设项目用地优化设计、分层布局，鼓励充分利用地上、地下空间。

建设用地使用权在地上、地下分层设立的，其取得方式和使用年期参照在地表设立的建设用地使用权的相关规定。

出让分层设立的建设用地使用权，应当根据当地基准地价和不动产实际交易情况，评估确定分层出让的建设用地最低价标准。

第十四条 促进整体设计、合理布局的建设项目用地节约集约开发。

对不同用途高度关联、需要整体规划建设、确实难以分割供应的综合用途建设项目用地，市、县国土资源主管部门可以按照一宗土地实行整体出让供应，综合确定出让底价。

综合用途建设项目用地供应，包含需要通过招标拍卖挂牌的方式出让的，整宗土地应当采用招标拍卖挂牌的方式出让。

第四章 标准控制

第十五条 国家实行建设项目用地标准控制制度。

国土资源部会同有关部门制定工程建设项目用地控制指标、工业项目建设用地控制指标、房地产开发用地宗地规模和容积率等建设项目用地控制标准。

地方国土资源主管部门可以根据本地实际，制定和实施更加节约集约的地方性建设项目用地控制标准。

第十六条 建设项目应当严格按照建设项目用地控制标准进行测算、设计和施工。

市、县国土资源主管部门应当加强对用地者和勘察设计单位落实建设项目用地控制标准的督促和指导。

第十七条 建设项目用地审查、供应和使用，应当符合建设项目用地控制标准和供地政策。

对违反建设项目用地控制标准和供地政策使用土地的，县级以上国土资源主管部门应当责令纠正，并依法予以处理。

第十八条 国家和地方尚未出台建设项目用地控制标准的建设项目，或者因安全生产、特殊工艺、地形地貌等原因，确实需要超标准建设的项目，县级以上国土资源主管部门应当组织开展建设项目用地评价，并将其作为建设用地供应的依据。

第十九条 国土资源部会同有关部门根据国家经济社会发展状况和宏观产业政策，制定《禁止用地项目目录》和《限制用地项目目录》，促进土地节约集约利用。

国土资源主管部门为限制用地的建设项目办理建设用地供应手续必须符合规定的条件；不得为禁止用地的建设项目办理建设用地供应手续。

第五章　市场配置

第二十条 各类有偿使用的土地供应应当充分贯彻市场配置的原则，通过运用土地租金和价格杠杆，促进土地节约集约利用。

第二十一条 国家扩大国有土地有偿使用范围，减少非公益性用地划拨。

除军事、保障性住房和涉及国家安全和公共秩序的特殊用地可以以划拨方式供应外，国家机关办公和交通、能源、水利等基础设施（产业）、城市基础设施以及各类社会事业用地中的经营性用地，实行有偿使用。

具体办法由国土资源部另行规定。

第二十二条 经营性用地应当以招标拍卖挂牌的方式确定土地使用者和土地价格。

各类有偿使用的土地供应不得低于国家规定的用地最低价标准。

禁止以土地换项目、先征后返、补贴、奖励等形式变相减免土地出让价款。

第二十三条 市、县国土资源主管部门可以采取先出租后出让、在法定最高年期内实行缩短出让年期等方式出让土地。

采取先出租后出让方式供应工业用地的，应当符合国土资源部规定的行业目录。

第二十四条 鼓励土地使用者在符合规划的前提下,通过厂房加层、厂区改造、内部用地整理等途径提高土地利用率。

在符合规划、不改变用途的前提下,现有工业用地提高土地利用率和增加容积率的,不再增收土地价款。

第二十五条 符合节约集约用地要求、属于国家鼓励产业的工业用地,可以实行差别化的地价政策。

分期建设的大中型工业项目,可以预留规划范围,根据建设进度,实行分期供地。

具体办法由国土资源部另行规定。

第二十六条 市、县国土资源主管部门供应工业用地,应当将工业项目投资强度、容积率、建筑系数、绿地率、非生产设施占地比例等控制性指标纳入土地使用条件。

第二十七条 市、县国土资源主管部门在有偿供应各类建设用地时,应当在建设用地使用权出让、出租合同中明确节约集约用地的规定。

在供应住宅用地时,应当将最低容积率限制、单位土地面积的住房建设套数和住宅建设套型等规划条件写入建设用地使用权出让合同。

第六章 盘活利用

第二十八条 国家鼓励土地整治。县级以上地方国土资源主管部门应当会同有关部门,依据土地利用总体规划和土地整治规划,对田、水、路、林、村进行综合治理,对历史遗留的工矿等废弃地进行复垦利用,对城乡低效利用土地进行再开发,提高土地利用效率和效益,促进土地节约集约利用。

第二十九条 农用地整治应当促进耕地集中连片,增加有效耕地面积,提升耕地质量,改善生产条件和生态环境,优化用地结构和布局。

宜农未利用地开发，应当根据环境和资源承载能力，坚持有利于保护和改善生态环境的原则，因地制宜适度开展。

第三十条 高标准基本农田建设，应当严格控制田间基础设施占地规模，合理缩减田间基础设施占地率。

对基础设施占地率超过国家高标准基本农田建设相关标准规范要求的，县级以上地方国土资源主管部门不得通过项目验收。

第三十一条 县级以上地方国土资源主管部门可以依据国家有关规定，统筹开展农村建设用地整治、历史遗留工矿废弃地和自然灾害毁损土地的整治，提高建设用地利用效率和效益，改善人民群众生产生活条件和生态环境。

第三十二条 县级以上地方国土资源主管部门在本级人民政府的领导下，会同有关部门建立城镇低效用地再开发、废弃地再利用的激励机制，对布局散乱、利用粗放、用途不合理、闲置浪费等低效用地进行再开发，对因采矿损毁、交通改线、居民点搬迁、产业调整形成的废弃地实行复垦再利用，促进土地优化利用。

鼓励社会资金参与城镇低效用地、废弃地再开发和利用。鼓励土地使用者自行开发或者合作开发。

第七章 监督考评

第三十三条 县级以上国土资源主管部门应当加强土地市场动态监测与监管，对建设用地批准和供应后的开发情况实行全程监管，定期在门户网站上公布土地供应、合同履行、欠缴土地价款等情况，接受社会监督。

第三十四条 省级国土资源主管部门应当对本行政区域内的节约集约用地情况进行监督，在用地审批、土地供应和土地使用等环节加强用地准入条件、功能分区、用地规模、用地标准、投入产出强度等方面的检查，依据法律法规对浪费土地的行为和责任主体予以处理并公开通报。

第三十五条 县级以上国土资源主管部门应当组织开展本行政区域内的建设用地利用情况普查,全面掌握建设用地开发利用和投入产出情况、集约利用程度、潜力规模与空间分布等情况,并将其作为土地管理和节约集约用地评价的基础。

第三十六条 县级以上国土资源主管部门应当根据建设用地利用情况普查,组织开展区域、城市和开发区节约集约用地评价,并将评价结果向社会公开。

节约集约用地评价结果作为主管部门绩效管理和开发区升级、扩区、区位调整和退出的重要依据。

第八章　法律责任

第三十七条 县级以上国土资源主管部门及其工作人员违反本规定,有下列情形之一的,对有关责任人员依法给予处分;构成犯罪的,依法追究刑事责任:

(一)违反本规定第十七条规定,为不符合建设项目用地标准和供地政策的建设项目供地的;

(二)违反本规定第十九条规定,为禁止或者不符合限制用地条件的建设项目办理建设用地供应手续的;

(三)违反本规定第二十二条规定,低于国家规定的工业用地最低价标准供应工业用地的;

(四)违反本规定第三十条规定,通过高标准基本农田项目验收的;

(五)其他徇私舞弊、滥用职权和玩忽职守的行为。

第九章　附　　则

第三十八条 本规定自2014年9月1日起实施。

土地开发利用资金管理法律法规

地方政府土地储备专项债券管理办法（试行）

财政部 国土资源部关于印发《地方政府土地储备专项债券管理办法（试行）》的通知

财预〔2017〕62号

各省、自治区、直辖市、计划单列市财政厅（局）、各省级国土资源主管部门：

根据《中华人民共和国预算法》和《国务院关于加强地方政府性债务管理的意见》（国发〔2014〕43号）等有关规定，为完善地方政府专项债券管理，逐步建立专项债券与项目资产、收益对应的制度，有效防范专项债务风险，2017年先从土地储备领域开展试点，发行土地储备专项债券，规范土地储备融资行为，促进土地储备事业持续健康发展，今后逐步扩大范围。为此，我们研究制订了《地方政府土地储备专项债券管理办法（试行）》。

2017年土地储备专项债券额度已经随同2017年分地区地方政府专项债务限额下达，请你们在本地区土地储备专项债券额度内组织做好土地储备专项债券额度管理、预算编制和执行等工作,尽快发挥债券资金效益。

现将《地方政府土地储备专项债券管理办法(试行)》印发给你们,请遵照执行。

附件:地方政府土地储备专项债券管理办法(试行)

财政部　国土资源部
2017 年 5 月 16 日

第一章　总　则

第一条　为完善地方政府专项债券管理,规范土地储备融资行为,建立土地储备专项债券与项目资产、收益对应的制度,促进土地储备事业持续健康发展,根据《中华人民共和国预算法》和《国务院关于加强地方政府性债务管理的意见》(国发〔2014〕43 号)等有关规定,制订本办法。

第二条　本办法所称土地储备,是指地方政府为调控土地市场、促进土地资源合理利用,依法取得土地,进行前期开发、储存以备供应土地的行为。

土地储备由纳入国土资源部名录管理的土地储备机构负责实施。

第三条　本办法所称地方政府土地储备专项债券(以下简称土地储备专项债券)是地方政府专项债券的一个品种,是指地方政府为土地储备发行,以项目对应并纳入政府性基金预算管理的国有土地使用权出让收入或国有土地收益基金收入(以下统称土地出让收入)偿还的地方政府专项债券。

第四条　地方政府为土地储备举借、使用、偿还债务适用本办法。

第五条　地方政府为土地储备举借债务采取发行土地储备专项债券方式。省、自治区、直辖市政府(以下简称省级政府)为土地储备专项债券的发行主体。设区的市、自治州，县、自治县、不设区的市、市辖区级政府（以下简称市县级政府）确需发行土地储备专项债券的，由省级政府统一发行并转贷给市县级政府。经省级政府批准，计划单列市政府可以自办发行土地储备专项债券。

第六条 发行土地储备专项债券的土地储备项目应当有稳定的预期偿债资金来源，对应的政府性基金收入应当能够保障偿还债券本金和利息，实现项目收益和融资自求平衡。

第七条 土地储备专项债券纳入地方政府专项债务限额管理。土地储备专项债券收入、支出、还本、付息、发行费用等纳入政府性基金预算管理。

第八条 土地储备专项债券资金由财政部门纳入政府性基金预算管理，并由纳入国土资源部名录管理的土地储备机构专项用于土地储备，任何单位和个人不得截留、挤占和挪用，不得用于经常性支出。

第二章 额度管理

第九条 财政部在国务院批准的年度地方政府专项债务限额内，根据土地储备融资需求、土地出让收入状况等因素，确定年度全国土地储备专项债券总额度。

第十条 各省、自治区、直辖市年度土地储备专项债券额度应当在国务院批准的分地区专项债务限额内安排，由财政部下达各省级财政部门，抄送国土资源部。

第十一条 省、自治区、直辖市年度土地储备专项债券额度不足或者不需使用的部分，由省级财政部门会同国土资源部门于每年8月底前向财政部提出申请。财政部可以在国务院批准的该地区专项债务限额内统筹调剂额度并予批复，抄送国土资源部。

第三章 预算编制

第十二条 县级以上地方各级土地储备机构应当根据土地市场情况和下一年度土地储备计划，编制下一年度土地储备项目收支计划，提出下一年度土地储备资金需求,报本级国土资源部门审核、财政部门复核。市县级财政部门将复核后的下一年度土地储备资金需求,经本级政府批准后于每年9月底前报省级财政部门,抄送省级国土资源部门。

第十三条 省级财政部门会同本级国土资源部门汇总审核本地区下一年度土地储备专项债券需求,随同增加举借专项债务和安排公益性资本支出项目的建议,经省级政府批准后于每年10月底前报送财政部。

第十四条 省级财政部门在财政部下达的本地区土地储备专项债券额度内,根据市县近三年土地出让收入情况、市县申报的土地储备项目融资需求、专项债务风险、项目期限、项目收益和融资平衡情况等因素,提出本地区年度土地储备专项债券额度分配方案,报省级政府批准后将分配市县的额度下达各市县级财政部门,并抄送省级国土资源部门。

第十五条 市县级财政部门应当在省级财政部门下达的土地储备专项债券额度内,会同本级国土资源部门提出具体项目安排建议,连同年度土地储备专项债券发行建议报省级财政部门备案,抄送省级国土资源部门。

第十六条 增加举借的土地储备专项债券收入应当列入政府性基金预算调整方案。包括:

(一)省级政府在财政部下达的年度土地储备专项债券额度内发行专项债券收入;

(二)市县级政府收到的上级政府转贷土地储备专项债券收入。

第十七条 增加举借土地储备专项债券安排的支出应当列入预算调整方案,包括本级支出和转贷下级支出。土地储备专项债券支出应当明确到具体项目,在地方政府债务管理系统中统计,纳入财政支出预算项目库管理。

地方各级国土资源部门应当建立土地储备项目库,项目信息应当包括项目名称、地块区位、储备期限、项目投资计划、收益和融资平衡方案、预期土地出让收入等情况，并做好与地方政府债务管理系统的衔接。

第十八条 土地储备专项债券还本支出应当根据当年到期土地储备专项债券规模、土地出让收入等因素合理预计、妥善安排，列入年度政府性基金预算草案。

第十九条 土地储备专项债券利息和发行费用应当根据土地储备专项债券规模、利率、费率等情况合理预计，列入政府性基金预算支出统筹安排。

第二十条 土地储备专项债券收入、支出、还本付息、发行费用应当按照《地方政府专项债务预算管理办法》（财预〔2016〕155号）规定列入相关预算科目。

第四章 预算执行和决算

第二十一条 省级财政部门应当根据本级人大常委会批准的预算调整方案，结合市县级财政部门会同本级国土资源部门提出的年度土地储备专项债券发行建议，审核确定年度土地储备专项债券发行方案，明确债券发行时间、批次、规模、期限等事项。

市县级财政部门应当会同本级国土资源部门、土地储备机构做好土地储备专项债券发行准备工作。

第二十二条 地方各级国土资源部门、土地储备机构应当配合做好本地区土地储备专项债券发行准备工作，及时准确提供相关材料，配合做好信息披露、信用评级、土地资产评估等工作。

第二十三条 土地储备专项债券应当遵循公开、公平、公正原则采取市场化方式发行，在银行间债券市场、证券交易所市场等交易场所发行和流通。

第二十四条 土地储备专项债券应当统一命名格式，冠以"××年××省、自治区、直辖市（本级或××市、县）土地储备专项债券（×期）——×年××省、自治区、直辖市政府专项债券（×期）"名称，具体由省级财政部门商省级国土资源部门确定。

第二十五条 土地储备专项债券的发行和使用应当严格对应到项目。根据土地储备项目区位特点、实施期限等因素,土地储备专项债券可以对应单一项目发行,也可以对应同一地区多个项目集合发行,具体由市县级财政部门会同本级国土资源部门、土地储备机构提出建议,报省级财政部门确定。

第二十六条 土地储备专项债券期限应当与土地储备项目期限相适应,原则上不超过5年,具体由市县级财政部门会同本级国土资源部门、土地储备机构根据项目周期、债务管理要求等因素提出建议,报省级财政部门确定。

土地储备专项债券发行时,可以约定根据土地出让收入情况提前偿还债券本金的条款。鼓励地方政府通过结构化创新合理设计债券期限结构。

第二十七条 省级财政部门应当按照合同约定,及时偿还土地储备专项债券到期本金、利息以及支付发行费用。市县级财政部门应当及时向省级财政部门缴纳本地区或本级应当承担的还本付息、发行费用等资金。

第二十八条 土地储备项目取得的土地出让收入,应当按照该项目对应的土地储备专项债券余额统筹安排资金,专门用于偿还到期债券本金,不得通过其他项目对应的土地出让收入偿还到期债券本金。

因储备土地未能按计划出让、土地出让收入暂时难以实现,不能偿还到期债券本金时,可在专项债务限额内发行土地储备专项债券周转偿还,项目收入实现后予以归还。

第二十九条 年度终了,县级以上地方各级财政部门应当会同本级国土资源部门、土地储备机构编制土地储备专项债券收支决算,在政府性基金预算决算报告中全面、准确反映土地储备专项债券收入、安排的支出、还本付息和发行费用等情况。

第五章 监督管理

第三十条 地方各级财政部门应当会同本级国土资源部门建立和

完善相关制度，加强对本地区土地储备专项债券发行、使用、偿还的管理和监督。

第三十一条 地方各级国土资源部门应当加强对土地储备项目的管理和监督，保障储备土地按期上市供应，确保项目收益和融资平衡。

第三十二条 地方各级政府不得以土地储备名义为非土地储备机构举借政府债务，不得通过地方政府债券以外的任何方式举借土地储备债务，不得以储备土地为任何单位和个人的债务以任何方式提供担保。

第三十三条 地方各级土地储备机构应当严格储备土地管理，切实理清土地产权，按照有关规定完成土地登记，及时评估储备土地资产价值。县级以上地方各级国土资源部门应当履行国有资产运营维护责任。

第三十四条 地方各级土地储备机构应当加强储备土地的动态监管和日常统计，及时在土地储备监测监管系统中填报相关信息，获得相应电子监管号，反映土地储备专项债券运行情况。

第三十五条 地方各级土地储备机构应当及时在土地储备监测监管系统填报相关信息，反映土地储备专项债券使用情况。

第三十六条 财政部驻各地财政监察专员办事处对土地储备专项债券额度、发行、使用、偿还等进行监督，发现违反法律法规和财政管理、土地储备资金管理等政策规定的行为，及时报告财政部，抄送国土资源部。

第三十七条 违反本办法规定情节严重的，财政部可以暂停其地方政府专项债券发行资格。违反法律、行政法规的，依法追究有关人员责任；涉嫌犯罪的，移送司法机关依法处理。

第六章　职责分工

第三十八条 财政部负责牵头制定和完善土地储备专项债券管理制度，下达分地区土地储备专项债券额度，对地方土地储备专项债券管理实施监督。

国土资源部配合财政部加强土地储备专项债券管理,指导和监督地方国土资源部门做好土地储备专项债券管理相关工作。

第三十九条 省级财政部门负责本地区土地储备专项债券额度管理和预算管理、组织做好债券发行、还本付息等工作,并按照专项债务风险防控要求审核项目资金需求。

省级国土资源部门负责审核本地区土地储备规模和资金需求(含成本测算等),组织做好土地储备项目库与地方政府债务管理系统的衔接,配合做好本地区土地储备专项债券发行准备工作。

第四十条 市县级财政部门负责按照政府债务管理要求并根据本级国土资源部门建议以及专项债务风险、土地出让收入等因素,复核本地区土地储备资金需求,做好土地储备专项债券额度管理、预算管理、发行准备、资金监管等工作。

市县级国土资源部门负责按照土地储备管理要求并根据土地储备规模、成本等因素,审核本地区土地储备资金需求,做好土地储备项目库与政府债务管理系统的衔接,配合做好土地储备专项债券发行各项准备工作,监督本地区土地储备机构规范使用土地储备专项债券资金,合理控制土地出让节奏并做好与对应的专项债券还本付息的衔接,加强对项目实施情况的监控。

第四十一条 土地储备机构负责测算提出土地储备资金需求,配合提供土地储备专项债券发行相关材料,规范使用土地储备专项债券资金,提高资金使用效益。

第七章 附 则

第四十二条 省、自治区、直辖市财政部门可以根据本办法规定,结合本地区实际制定实施细则。

第四十三条 本办法由财政部会同国土资源部负责解释。

第四十四条 本办法自印发之日起实施。

土地开发整理项目资金管理暂行办法

国土资源部关于印发《土地开发整理
项目资金管理暂行办法》的通知
国土资发〔2000〕282号

各省、自治区、直辖市国土资源厅（局），各有关单位：
　　为适应财政预算改革和实行部门预算管理的要求，加强对土地开发整理项目资金的管理，提高项目资金的使用效益，根据《新增建设用地土地有偿使用费收缴使用管理办法》，部制定了《土地开发整理项目资金管理暂行办法》。现印发给你们，请遵照执行。

国土资源部
2000年10月10日

　　第一条　为了加强对土地开发整理项目资金（以下简称项目资金）的管理，提高项目资金的使用效益，根据《土地管理法》和《新增建设用地土地有偿使用费收缴使用管理办法》等有关财经法规的规定，制定本办法。
　　第二条　本办法所称项目资金是指用于中央确定的耕地开发整理重点项目、经中央批准的耕地开发整理示范项目和对地方耕地开发整理项目进行补助的资金。
　　第三条　项目资金来源于中央所得的新增建设用地土地有偿使用费（30%部分）。项目资金实行专款专用，单独核算，不得截留、挪用或挤占。
　　第四条　项目资金的开支范围为组织、实施、管理土地开发整理项目发生的各项支出，包括前期工作费、工程施工费、竣工验收费和业主管理费与不可预见费等。

（一）前期工作费，是指在项目施工前所发生的各项支出，包括项目立项审查及报批费、项目可行性研究费、项目规划设计预算编制费、项目施工设计费、项目招标费、土地清查登记费和工程监理费等。

（二）工程施工费，是指实施土地平整、农田水利和田间道路等各项土地开发整理工程发生的支出，包括直接工程费、间接费、计划利润和各种税金。

直接工程费由直接费和其他直接费组成。直接费主要包括直接人工、直接材料和施工机械费；其他直接费主要包括冬雨季施工增加费和施工辅助费。

间接费由企业管理费、财务费用和现场经费等组成。

（三）竣工验收费，是指土地开发整理工程完工后，因项目竣工验收、决算、成果的管理等发生的各项支出，包括：项目工程验收费、项目决算的编制及决算的审计费，整理后土地的重估与登记费、基本农田重划及标志设定费等。

（四）业主管理费，是指项目承担单位为项目的组织、管理所发生的各项管理性支出，主要包括：项目管理人员的工资、补助工资、其他工资、职工福利费、公务费、业务招待费和其他费用等。

（五）不可预见费，指在施工过程中因自然灾害、人工、材料、设备、工程量等的变化而增加的费用。项目资金可用于购置与土地开发整理项目配套的设备。用项目资金购置的配套设备按固定资产进行管理。

项目资金不得用于购建固定资产（项目配套设备的购置除外）和无形资产，对外投资，支付滞纳金、罚款、违约金、赔偿金、赞助和捐赠支出，以及国家法律、法规规定不得列入成本、费用的其他支出。

第五条 土地开发整理项目预算根据国家宏观经济政策、年度土地利用计划和财政部关于编制年度预算的要求，结合土地有偿使用费年度收入预算，按"以收定支、略有节余"的原则进行编制。

第六条 土地开发整理项目预算由收入预算和支出预算组成。收入预算来源包括中央财政投入、地方财政投入和其他投入。公式为：

收入预算＝中央财政投入＋地方财政投入＋其他投入。

支出预算包括项目前期工作费、工程施工费、竣工验收费、业主管理费和不可预见费。公式为：支出预算＝前期工作费＋工程施工费＋竣工验收费＋业主管理费＋不可预见费。

工程施工费区分土地开发整理类型、工程类型和工程技术等级，按工程预算指标和预算定额标准进行编报；前期工作费按不超过工程施工费预算7%的比例核定；竣工验收费按不超过工程施工预算3%的比例核定；业主管理费和不可预见费分别按不超过前期工作费、工程施工费、竣工验收费三项费用合计2%、3%的比例核定。

项目预算应逐级审核、汇总上报。各省、自治区、直辖市国土资源行政管理部门应于上一年度5月底前将年度项目预算报部，部按财政部规定的时间和预算编制要求审核、汇总，经部批准后报财政部。土地开发整理项目预算的表式见附件。

第七条 项目承担单位应按规定及时编报土地开发整理项目预算。并在报送项目预算时附送项目立项申请报告、项目资金概、预算明细表等其他必要材料。

第八条 项目预算一经确定，任何单位或个人不得随意调整。有特殊情况确需调整的，应按规定的程序报批。

第九条 部根据土地有偿使用费年度收入预算的执行情况、下达的项目预算和项目工作进度办理项目资金的拨付。在项目竣工验收前，拨付的项目资金不超过预算的80%，其余20%待项目竣工验收合格后拨付。

第十条 土地开发整理资金按项目进行全成本核算。项目全成本是指实施项目过程中耗费的全部支出，包括直接人工、直接材料、其他直接费和管理费。

（一）直接人工费，是指直接从事工程施工人员的工资、补助工资、职工福利费、工资性津贴、劳动保护费和必要奖励资金等。

（二）直接材料费，是指工程直接耗用的材料、燃料及动力、工具、器具和其他消费性物品等。

（三）其他直接费，是指工程实施过程中发生的运输费、外部施工费、资料图件费、用于工程施工的固定资产折旧费、修理费、设施安装费及与工程施工有关的税费、财务费、工程监理费和工程取费等。

（四）管理费，是指项目的组织和实施过程中发生的各项管理性支出，主要包括：项目管理人员的工资、补助工资、其他工资、职工福利费、公务费、业务招待费和其他费用等。

第十一条 年度终了，项目承担单位应按照规定编制土地开发整理项目资金年度支出决算。项目资金决算按资金拨付渠道逐级汇总、上报，并经部审核、汇总后报财政部审批。

第十二条 项目完工后，项目承担单位应及时办理竣工决算。项目经验收合格后实现的资金节余归项目承担单位，由项目承担单位按有关规定进行分配。

年终未完工项目的资金结余，可结转下年度继续使用。

第十三条 项目因不可抗逆的原因而终止，应由项目组织部门会同部有关部门对项目进行清算；项目承担单位应积极配合，清算后剩余资金按原拨款渠道上缴。

因项目调整而结余的项目资金，由项目承担单位按原资金拨款渠道退回，用于其他开发整理项目。

第十四条 项目资金实行预算管理制度，项目承担单位必须严格按照批准的预算执行，超预算支出一律不予补助。

第十五条 部负责对土地开发整理项目资金的财务管理与监督，并对项目预算执行情况、资金使用与管理情况进行经常性的监督、检查，追踪问效。

各项目承担单位的财务部门要主动接受对项目资金的管理与使用的监督检查，如实反映情况，提供所需资料，并对项目资金的使用与管理进行经常性的监督和检查。

对弄虚作假、截留、挪用和挤占项目资金等违法违纪行为，应采取通报批评、停止拨款和终止项目等措施；情节严重的，追究单位和有关责任人员的经济、行政责任；构成犯罪的依法追究其刑事责任。

第十六条 各省、自治区、直辖市国土资源行政管理部门可参照本办法制定本省（区、市）土地开发整理项目资金管理办法。

第十七条 本办法由国土资源部负责解释。

第十八条 本办法自颁布之日起执行。

用于农业土地开发的土地出让金收入管理办法

财政部 国土资源部关于印发《用于农业土地开发的土地出让金收入管理办法》的通知

财综〔2004〕49号

各省、自治区、直辖市、计划单列市财政厅（局）、国土资源管理厅、国土资源和房屋管理局、规划和国土资源局、房屋土地资源管理局、国土环境资源厅：

根据《国务院关于将部分土地出让金用于农业土地开发有关问题的通知》（国发〔2004〕8号）的规定，从2004年1月1日起，将部分土地出让金用于农业土地开发。为加强对各地用于农业土地开发的土地出让金收入管理情况的检查、监督和考核工作，确保国务院关于将部分土地出让金用于支持农业土地开发的重大决策落到实处，现将《用于农业土地开发的土地出让金收入管理办法》印发你们。请结合本地区的实际情况，抓紧组织研究落实。

执行中有何问题，请及时向财政部、国土资源部报告。

财政部
国土资源部
2004年7月12日

第一条 根据《国务院关于将部分土地出让金用于农业土地开发有关问题的通知》（国发〔2004〕8号）的规定，从2004年1月1日起，将部分土地出让金用于农业土地开发。为加强对各地用于农业土地开发的土地出让金收入管理情况的检查、监督和考核工作，特制定本办法。

第二条 土地出让金用于农业土地开发的比例,由各省、自治区、直辖市及计划单列市人民政府根据不同情况,按各市、县不低于土地出让平均纯收益的15%确定。

从土地出让金划出的农业土地开发资金计算公式为:

从土地出让金划出的农业土地开发资金＝土地出让面积×土地出让平均纯收益征收标准(对应所在地征收等别)×各地规定的土地出让金用于农业土地开发的比例(不低于15%)。

第三条 本办法所称土地出让平均纯收益征收标准是指地方人民政府出让土地取得的土地出让纯收益的平均值。由财政部、国土资源部根据全国城镇土地等别、城镇土地级别、基准地价水平、建设用地供求状况、社会经济发展水平等情况制定、联合发布,并根据土地市场价格变动情况适时调整。土地出让平均纯收益征收标准附后。

第四条 调整现行政府预算收入科目,将"基金预算收入科目"第85类"土地有偿使用收入"下的850101项"土地出让金"取消;增设850103项"用于农业土地开发的土地出让金",反映从"土地出让金财政专户"中划入的用于农业土地开发的资金;增设850104项"其他土地出让金",反映从"土地出让金财政专户"中扣除划入农业土地开发资金专账后的土地出让金。

第五条 市(地、州、盟)、县(市、旗)国土资源管理部门根据办理的土地出让合同,按季统计土地出让面积送同级财政部门,同时抄报省级国土资源管理部门、财政部门。

第六条 市(地、州、盟)、县(市、旗)财政部门根据同级国土资源管理部门提供的土地出让面积、城镇土地级别、土地出让平均纯收益征收标准和各省(自治区、直辖市)及计划单列市人民政府规定的土地出让金用于农业土地开发的比例(不低于15%),计算应从土地出让金中划出的农业土地开发资金,并按照专账管理的原则和土地出让金缴交情况,由财政部门在次月5日前办理土地出让金清算时,按级次分别开具缴款书,办理缴库手续,将属于本市(地、州、盟)、县(市、旗)的用于农业土地开发的土地出让金收入(不低于农业土地开发资金的70%部分）缴入同级国库用于农业土地开发的土地出让金收入专账；将属于各省（自治区、直辖市）及计划单列市集中的用于农业土地开发的土地出让金收入（不高于农业土地开发资金30%的部分）按就地缴库方式缴入省国库用于农业土地开发的土地出让金收入专账。

第七条 各省（自治区、直辖市）及计划单列市人民政府要加强对用于农业土地开发的土地出让金收缴的监督，保证土地出让金专户资金优先足额划入用于农业土地开发的资金专账。

第八条 财政部和国土资源部要会同监察部、审计署等有关部门，对用于农业土地开发的土地出让金的提取比例、收入征缴情况进行定期或不定期的监督检查。各省（自治区、直辖市）及计划单列市人民政府要定期将用于农业土地开发的土地出让金收入管理情况报财政部、国土资源部。

第九条 财政部可授权财政部驻各地财政监察专员办事处对用于农业土地开发的土地出让金的收入管理情况进行监督检查。

第十条 各省（自治区、直辖市）及计划单列市人民政府可根据本办法，结合本地实际情况，制定用于农业土地开发的土地出让金收入管理实施细则，并报财政部、国土资源部备案。

第十一条 本办法自2004年1月1日起实行。

第十二条 本办法由财政部、国土资源部负责解释。

用于农业土地开发的土地
出让金使用管理办法

财政部、国土资源部关于印发《用于农业土地开发的土地出让金使用管理办法》的通知

财建〔2004〕174号

各省、自治区、直辖市、计划单列市财政厅（局）、国土资源厅（局）：

为切实保护耕地，加强粮食生产能力建设，抑制城市盲目扩张，促进城乡协调发展，国务院决定从2004年起将部分土地出让金用于农业土地开发。为加强用于农业土地开发的土地出让金的使用和管理，根据《国务院关于将部分土地出让金用于农业土地开发有关问题的通知》（国发〔2004〕8号），我们制定了《用于农业土地开发的土地出让金使用管理办法》。现印发给你们，请遵照执行。

财政部
国土资源部
2004年6月24日

第一条 为加强用于农业土地开发的土地出让金的使用管理，根据《国务院关于将部分土地出让金用于农业土地开发有关问题的通知》（国发〔2004〕8号），特制定本办法。

第二条 本办法所称用于农业土地开发的土地出让金是指省（自治区、直辖市）及计划单列市、市（地、州、盟）、县（市、旗）从土地出让金中按规定比例划出的专账管理的资金。

第三条 土地出让金用于农业土地开发的比例，由各省、自治

区、直辖市及计划单列市人民政府根据不同情况，按各市（地、州、盟）、县（市、旗）不低于土地出让平均纯收益的15%确定，并将其中不超过30%的资金集中到各省、自治区、直辖市及计划单列市使用。上述两个比例确定后，分别报财政部、国土资源部备案。

第四条 本办法所称土地出让平均纯收益标准是指地方人民政府出让土地取得的土地出让纯收益的平均值。由财政部、国土资源部根据全国城镇土地等别、城镇土地级别、基准地价水平、建设用地供求状况、社会经济发展水平等情况制定、联合发布，并根据土地市场价格变动情况适时调整。土地出让平均纯收益具体标准由财政部、国土资源部另行发布。

第五条 用于农业土地开发的土地出让金纳入财政预算，实行专项管理。省（自治区、直辖市）及计划单列市、市（地、州、盟）、县（市、旗）财政部门应分别对农业土地开发资金实行专账核算，按规定的标准和用途足额划缴及使用，不得截留、坐支和挪用，并实行社会公示制度。

第六条 调整现行政府预算收支科目，取消"基金预算收入科目"第85类"土地有偿使用收入"下的850101项"土地出让金"；增设850103项"用于农业土地开发的土地出让金"，反映从土地出让金中划入的用于农业土地开发的资金；增设850104项"其他土地出让金"，反映扣除划入农业土地开发资金专账后的土地出让金。在"基金预算支出科目"第85类"土地有偿使用支出"下增设一款8503款"农业土地开发支出"，反映用从土地出让金中划出的农业土地开发资金安排的农业土地开发支出。

第七条 市（地、州、盟）、县（市、旗）国土资源管理部门根据办理的土地出让合同，按季统计土地出让面积送同级财政部门，同时抄报省级国土资源管理部门、财政部门。同级财政部门根据国土资源管理部门提供的土地出让面积、城镇土地等别、土地出让平均纯收益标准和各省、自治区、直辖市及计划单列市人民政府规定的土地出让金用于农业土地开发的比例（不低于15%），计算应从土地出让金中划缴的农业土地开发资金,并按照专账管理的原则和土地出让金缴交情况,由财政部门在办理土地出让金清算时,按级次分别开具缴款书,办理缴库手续,将属于本市(地、州、盟)、县(市、旗)的用于农业土地开发的土地出让金收入(不低于农业土地开发资金的70%部分)缴入同级国库;将属于各省、自治区、直辖市及计划单列市集中的用于农业土地开发的土地出让金收入(不高于农业土地开发资金30%的部分)按就地缴库方式缴入省级国库。

从土地出让金划缴的农业土地开发资金计算公式为:

从土地出让金划缴的农业土地开发资金=土地出让面积×土地出让平均纯收益标准(对应所在城镇等别)×各地规定的土地出让金用于农业土地开发的比例(不低于15%)。

第八条 本办法所称的农业土地开发主要包括:土地整理和复垦、宜农未利用地的开发、基本农田建设以及改善农业生产条件的土地开发。

土地整理和复垦是指:按照土地利用总体规划和土地开发整理规划,有组织地对农村地区田、水、路、林及村庄进行综合整治;对在生产建设过程中挖损、塌陷、压占及污染破坏的土地和洪灾滑坡崩塌、泥石流、风沙等自然灾害损毁的土地进行复垦。

宜农未利用地的开发是指:在保护和改善生态环境、防治水土流失和土地沙漠化的前提下,对滩涂、盐碱地、荒草地、裸土地等未利用的宜农土地进行开发利用。

基本农田建设是指:采取相应措施对基本农田进行改造、改良和保护,促进基本农田综合生产能力提高和持续利用。具体包括:经国务院有关主管部门或者县级以上地方人民政府批准确定的粮、棉、油生产基地内的耕地的建设;有良好的水利与水土保持设施的耕地建设;对中低产田的改造;蔬菜生产基地建设;国务院规定应当划入基本农田保护区的其他耕地的建设等。

改善农业生产条件的土地开发是指:为改善农业生产条件而独立进行的农田道路、电力通讯、水源、给排水等生产设施的建设。

第九条 财政部门负责农业土地开发专项资金的预算审批、下达、资金的拨付和资金的监督管理工作；国土资源部门负责项目预算的编报、汇总、项目实施的监督检查及竣工验收等项目管理工作。地方财政部门和国土资源部门具体职责分工由各省、自治区、直辖市及计划单列市自行确定。

第十条 各省、自治区、直辖市及计划单列市人民政府要加强对用于农业土地开发的土地出让金收缴的监督，保证土地出让金专户资金优先足额划入用于农业土地开发的资金专账。

第十一条 财政部和国土资源部要会同监察部、审计署等有关部门，对用于农业土地开发的土地出让金的提取比例、预算管理、支出范围等进行定期或不定期的监督检查。各省、自治区、直辖市及计划单列市人民政府要定期将用于农业土地开发的土地出让金使用情况报财政部和国土资源部。

财政部除会同有关部门进行检查外，可委托财政部驻各地财政监察专员办事处进行专项检查或抽查。对于违反规定的，除通报外，对提取比例不足的，负责督促其限时足额划入，督促未果的，依法强行划入专账；对于违反专账管理的，负责督促其在7个工作日内予以纠正；对于违反支出范围的，除负责督促其在7个工作日内纠正外，应将超出本办法规定支出范围的资金收回专账；对挪用专账资金的，由省级人民政府负责追缴，并追究有关人员责任。

第十二条 各省、自治区、直辖市及计划单列市人民政府可根据本办法的规定，结合本地的实际情况，制定具体的资金使用管理办法。

第十三条 本办法自2004年1月1日起实行。

第十四条 本办法由财政部、国土资源部负责解释。

国务院关于将部分土地出让金用于农业土地开发有关问题的通知

国发〔2004〕8号

各省、自治区、直辖市人民政府，国务院各部委、各直属机构：

根据《中华人民共和国城市房地产管理法》和《中华人民共和国土地管理法》有关土地使用权出让金的用途及土地出让金上缴、使用的规定，为切实保护耕地，加强粮食综合生产能力建设，抑制城市盲目扩张，促进城乡协调发展，国务院决定从2004年起将部分土地出让金用于农业土地开发。现就有关问题通知如下：

一、关于土地出让金用于农业土地开发的用途

按照"取之于土，用之于土"的原则，将部分土地出让金专项用于土地整理复垦、宜农未利用地开发、基本农田建设以及改善农业生产条件的土地开发。

二、关于土地出让金用于农业土地开发的比例

土地出让金用于农业土地开发的比例，由各省、自治区、直辖市及计划单列市人民政府根据不同情况，按各市、县不低于土地出让平均纯收益的15%确定。土地出让平均纯收益的具体标准由财政部、国土资源部确定。

三、关于用于农业土地开发的土地出让金的管理

用于农业土地开发的土地出让金纳入财政预算，实行专项管理。省（自治区、直辖市）及计划单列市、市（地、州、盟）、县（市、旗）应分别在现有账户中设立专账，分账核算。用于农业土地开发的土地出让金主要留在市、县，专款专用；各地可根据不同情况，将不超过30%的资金集中到省、自治区、直辖市及计划单列市使用。资金使用管理具体办法由财政部会同国土资源部制订。

四、关于用于农业土地开发的土地出让金的监督

各省、自治区、直辖市及计划单列市人民政府要加强对用于农业土地开发的土地出让金收缴的监督，保证土地出让金专户资金优先足额划入用于农业土地开发的资金专账；对挪用专账资金的，由省级人民政府负责追缴，并追究有关人员的责任。财政部、国土资源部要会同监察部、审计署等部门加强对用于农业土地开发的土地出让金收缴、使用和管理情况进行监督检查，对检查出的问题要及时采取措施予以纠正。

中华人民共和国国务院
二〇〇四年三月二十二日

国土资源执法监督规定

国土资源执法监督规定

中华人民共和国国土资源部令

第 79 号

《国土资源执法监督规定》已经 2017 年 12 月 27 日国土资源部第 4 次部务会议审议通过,现予公布,自 2018 年 3 月 1 日起施行。

部长

2018 年 1 月 2 日

第一条 为了规范国土资源执法监督行为,依法履行国土资源执法监督职责,切实保护国土资源,维护公民、法人和其他组织的合法权益,根据《中华人民共和国土地管理法》《中华人民共和国矿产资源法》等法律法规,制定本规定。

第二条 本规定所称国土资源执法监督,是指县级以上国土资源主管部门依照法定职权和程序,对公民、法人和其他组织执行和遵守国土资源法律法规的情况进行监督检查,并对违反国土资源法律法规的行为进行制止和查处的行政执法活动。

第三条 国土资源执法监督,遵循依法、规范、严格、公正、文明的原则。

第四条 县级以上国土资源主管部门应当强化遥感监测、视频监控等科技和信息化手段的应用,也可以通过购买社会服务等方式,发挥现代科技对执法监督工作的支撑作用,提升执法监督效能。

第五条 对在执法监督工作中认真履行职责,依法执行公务成绩显著的国土资源主管部门及其执法人员,由上级国土资源主管部门给予通报表扬。

第六条 县级以上国土资源主管部门依照法律法规规定,履行下列执法监督职责:

(一)对执行和遵守国土资源法律法规的情况进行检查;

(二)对发现的违反国土资源法律法规的行为进行制止,责令限期改正;

(三)对涉嫌违反国土资源法律法规的行为进行调查;

(四)对违反国土资源法律法规的行为依法实施行政处罚和行政处理;

(五)对违反国土资源法律法规依法应当追究国家工作人员行政纪律责任的,依照有关规定提出行政处分建议;

(六)对违反国土资源法律法规涉嫌犯罪的,向公安、检察机关移送案件有关材料;

(七)法律法规规定的其他职责。

第七条 县级以上地方国土资源主管部门根据工作需要,可以委托国土资源执法监督队伍行使执法监督职权。具体职权范围由委托机关决定。

上级国土资源主管部门应当加强对下级国土资源主管部门行政执法行为的监督和指导。

第八条 县级以上地方国土资源主管部门应当加强与人民法院、人民检察院和公安机关的沟通和协作,依法配合有关机关查处涉嫌国土资源犯罪的行为。

第九条　从事国土资源执法监督的工作人员应当具备下列条件：

（一）具有较高的政治素质，忠于职守、秉公执法、清正廉明；

（二）熟悉国土资源法律法规和相关专业知识；

（三）取得国土资源执法证件。

第十条　国土资源执法人员经过考核合格后，方可取得国土资源执法证件。

国土资源主管部门应当定期组织对执法人员的业务培训。

执法人员不得超越法定职权使用执法证件，不得将执法证件用于国土资源执法监督以外的活动。

第十一条　国土资源部负责省级以上国土资源主管部门执法证件的颁发工作。

省级国土资源主管部门负责市、县国土资源主管部门执法证件的颁发工作。

国土资源执法证件的样式，由国土资源部规定。

第十二条　单位名称、执法人员信息等发生变化的，应当申领新的执法证件。

遗失执法证件的，应当及时向所在国土资源主管部门书面报告。有关国土资源主管部门在门户网站声明作废后，核发新的执法证件。

省级国土资源主管部门应当在每年1月底前，通过国土资源执法综合监管平台将上年度执法人员基本信息、培训、发证以及变更、注销、撤销等情况报国土资源部备案。

国土资源部和省级国土资源主管部门应当结合备案情况定期审验相关信息。

第十三条　因调离、辞职、退休或者其他情形不再履行国土资源执法监督职责的，有关国土资源主管部门应当收回其执法证件，由发证机关予以注销。

第十四条　有下列情形之一的，有关国土资源主管部门应当收回其执法证件，并报发证机关备案：

（一）因涉嫌违法违纪被立案审查，尚未作出结论的；

（二）暂时停止履行执法监督职责的；

（三）擅自涂改、转借执法证件的；

（四）有利用执法证件开展与执法监督职责无关的活动，尚未造成严重后果的；

（五）因其他原因应当收回执法证件的。

本条第一、二种情形消除后，经审查合格，可以继续履行执法监督职责的，应当将执法证件及时发还。

第十五条　有下列情形之一的，有关国土资源主管部门应当收回其执法证件，逐级上报发证机关，由发证机关予以撤销，并在门户网站上公布：

（一）弄虚作假取得执法证件的；

（二）在执法监督活动中存在徇私舞弊、滥用职权、玩忽职守等行为，不再适合履行执法监督职责的；

（三）利用执法证件开展与执法监督职责无关的活动，造成严重后果的；

（四）有其他依法应当撤销执法证件情形的。

执法证件被撤销的，不得再重新申领。

第十六条　国土资源执法人员依法履行执法监督职责时，应当主动出示执法证件，并且不得少于2人。

第十七条　县级以上国土资源主管部门可以组织特邀国土资源监察专员参与国土资源执法监督活动，为国土资源执法监督工作提供意见和建议。

第十八条　市、县国土资源主管部门可以根据工作需要，聘任信息员、协管员，收集国土资源违法行为信息，协助及时发现国土资源违法行为。

第十九条　县级以上国土资源主管部门履行执法监督职责，依法可以采取下列措施：

（一）要求被检查的单位或者个人提供有关文件和资料，进行查阅或者予以复制；

（二）要求被检查的单位或者个人就有关问题作出说明，询问违法案件的当事人、嫌疑人和证人；

（三）进入被检查单位或者个人违法现场进行勘测、拍照、录音和摄像等；

（四）责令当事人停止正在实施的违法行为，限期改正；

（五）对当事人拒不停止违法行为的，应当将违法事实书面报告本级人民政府和上一级国土资源主管部门，也可以提请本级人民政府协调有关部门和单位采取相关措施；

（六）对涉嫌违反国土资源法律法规的单位和个人，依法暂停办理其与该行为有关的审批或者登记发证手续；

（七）对执法监督中发现有严重违反国土资源法律法规，国土资源管理秩序混乱，未积极采取措施消除违法状态的地区，其上级国土资源主管部门可以建议本级人民政府约谈该地区人民政府主要负责人；

（八）执法监督中发现有地区存在违反国土资源法律法规的苗头性或者倾向性问题，可以向该地区的人民政府或者国土资源主管部门进行反馈，提出执法监督建议；

（九）法律法规规定的其他措施。

第二十条 县级以上地方国土资源主管部门应当按照有关规定保障国土资源执法监督工作的经费、车辆、装备等必要条件，并为执法人员提供人身意外伤害保险等职业风险保障。

第二十一条 市、县国土资源主管部门应当建立执法巡查制度，制订巡查工作计划，组织开展巡查活动，及时发现、报告和依法制止国土资源违法行为。

第二十二条 国土资源部在全国部署开展土地矿产卫片执法监督。

省级国土资源主管部门按照国土资源部的统一部署，组织所辖行政区域内的市、县国土资源主管部门开展土地矿产卫片执法监督，并向国土资源部报告结果。

第二十三条　省级以上国土资源主管部门实行国土资源违法案件挂牌督办和公开通报制度。

符合下列条件之一的违法案件可以挂牌督办：

（一）公众反映强烈，影响社会稳定的；

（二）给国家、人民群众利益造成重大损害的；

（三）造成耕地大量破坏，或者非法采出矿产品价值数额巨大的；

（四）其他需要挂牌督办的。

省级以上国土资源主管部门应当将重大典型案件和挂牌督办案件的案情、处理结果向社会公开通报。

第二十四条　对上级国土资源主管部门交办的国土资源违法案件，下级国土资源主管部门拖延办理的，上级国土资源主管部门可以发出督办通知，责令限期办理；必要时，可以派员督办或者挂牌督办。

第二十五条　县级以上国土资源主管部门实行行政执法全过程记录制度。根据情况可以采取下列记录方式，实现全过程留痕和可回溯管理：

（一）将行政执法文书作为全过程记录的基本形式；

（二）对现场检查、随机抽查、调查取证、听证、行政强制、送达等容易引发争议的行政执法过程，进行音像记录；

（三）对直接涉及重大财产权益的现场执法活动和执法场所，进行音像记录。

第二十六条　县级以上国土资源主管部门实行重大行政执法决定法制审核制度。在作出重大行政处罚决定前，由该部门的法制工作机构对拟作出决定的合法性、适当性进行审核。未经法制审核或者审核未通过的，不得作出决定。

重大行政处罚决定，包括没收违法采出的矿产品、没收违法所得、没收违法建筑物、限期拆除违法建筑物、吊销勘查许可证或者采矿许可证等。

第二十七条 县级以上国土资源主管部门的执法监督机构提请法制审核的，应当提交以下材料：

（一）处罚决定文本；

（二）案件调查报告；

（三）法律法规规章依据；

（四）相关的证据材料；

（五）需要提供的其他相关材料。

第二十八条 法制审核原则上采取书面审核的方式，审核以下内容：

（一）执法主体是否合法；

（二）是否超越本机关执法权限；

（三）违法定性是否准确；

（四）法律适用是否正确；

（五）程序是否合法；

（六）行政裁量权行使是否适当。

第二十九条 县级以上国土资源主管部门的法制工作机构自收到送审材料之日起5个工作日内完成审核。情况复杂需要进一步调查研究的，可以适当延长，但延长期限不超过10个工作日。

经过审核，对拟作出的重大行政处罚决定符合本规定第二十八条的，法制工作机构出具通过法制审核的书面意见；对不符合规定的，不予通过法制审核。

第三十条 县级以上国土资源主管部门实行行政执法公示制度。县级以上国土资源主管部门建立行政执法公示平台，依法及时向社会公开下列信息，接受社会公众监督：

（一）本部门执法查处的法律依据、管辖范围、工作流程、救济方式等相关规定；

（二）本部门国土资源执法证件持有人姓名、编号等信息；

（三）本部门作出的生效行政处罚决定和行政处理决定；

（四）本部门公开挂牌督办案件处理结果；

（五）本部门认为需要公开的其他执法监督事项。

第三十一条 有下列情形之一的，县级以上国土资源主管部门及其执法人员，应当采取相应处置措施，履行执法监督职责：

（一）对于下达《责令停止违法行为通知书》后制止无效的，及时报告本级人民政府和上一级国土资源主管部门；

（二）依法申请人民法院强制执行，人民法院不予受理的，应当作出明确记录。

第三十二条 上级国土资源主管部门应当通过检查、抽查等方式，评议考核下级国土资源主管部门执法监督工作。

评议考核结果应当在适当范围内予以通报，并作为年度责任目标考核、评优、奖惩的重要依据，以及干部任用的重要参考。

评议考核不合格的，上级国土资源主管部门可以对其主要负责人进行约谈，责令限期整改。

第三十三条 县级以上国土资源主管部门实行错案责任追究制度。国土资源执法人员在查办国土资源违法案件过程中，因过错造成损害后果的，所在的国土资源主管部门应当予以纠正，并依照有关规定追究相关人员的过错责任。

第三十四条 县级以上国土资源主管部门及其执法人员有下列情形之一，致使公共利益或者公民、法人和其他组织的合法权益遭受重大损害的，应当依法给予处分：

（一）对发现的国土资源违法行为未依法制止的；

（二）应当依法立案查处，无正当理由，未依法立案查处的；

（三）已经立案查处，依法应当申请强制执行、提出处分建议或者移送有权机关追究行政纪律或者刑事责任，无正当理由，未依法申请强制执行、提出处分建议、移送有权机关的。

第三十五条 县级以上国土资源主管部门及其执法人员有下列情形之一的，应当依法给予处分；构成犯罪的，依法追究刑事责任：

（一）伪造、销毁、藏匿证据，造成严重后果的；

（二）篡改案件材料，造成严重后果的；

（三）不依法履行职责，致使案件调查、审核出现重大失误的；

（四）违反保密规定，向案件当事人泄露案情，造成严重后果的；

（五）越权干预案件调查处理，造成严重后果的；

（六）有其他徇私舞弊、玩忽职守、滥用职权行为的。

第三十六条 阻碍国土资源主管部门依法履行执法监督职责，对国土资源执法人员进行威胁、侮辱、殴打或者故意伤害，构成违反治安管理行为的，依法给予治安管理处罚；构成犯罪的，依法追究刑事责任。

第三十七条 本规定自2018年3月1日起施行。原国家土地管理局1995年6月12日发布的《土地监察暂行规定》同时废止。

附 录

违反土地管理规定行为处分办法

中华人民共和国监察部
人力资源和社会保障部 国土资源部令
第15号

《违反土地管理规定行为处分办法》已经2007年12月5日监察部第11次部长办公会议、2007年12月4日原人事部第5次部务会议、2007年11月2日国土资源部第12次部长办公会议审议通过。2008年5月2日经国务院批准,现予公布,自2008年6月1日起施行。2000年3月2日监察部、国土资源部第9号令发布的《关于违反土地管理规定行为行政处分暂行办法》同时废止。

监察部部长
人力资源和社会保障部部长
国土资源部部长
2008年5月2日

第一条 为了加强土地管理,惩处违反土地管理规定的行为,根据《中华人民共和国土地管理法》、《中华人民共和国行政监察法》、《中华人民共和国公务员法》、《行政机关公务员处分条例》及其他有关法律、行政法规，制定本办法。

第二条 有违反土地管理规定行为的单位，其负有责任的领导人员和直接责任人员，以及有违反土地管理规定行为的个人，应当承担纪律责任，属于下列人员的（以下统称有关责任人员），由任免机关或者监察机关按照管理权限依法给予处分：

（一）行政机关公务员；

（二）法律、法规授权的具有公共事务管理职能的事业单位中经批准参照《中华人民共和国公务员法》管理的工作人员；

（三）行政机关依法委托的组织中除工勤人员以外的工作人员；

（四）企业、事业单位中由行政机关任命的人员。

法律、行政法规、国务院决定和国务院监察机关、国务院人力资源和社会保障部门制定的处分规章对违反土地管理规定行为的处分另有规定的，从其规定。

第三条 有下列行为之一的，对县级以上地方人民政府主要领导人员和其他负有责任的领导人员，给予警告或者记过处分；情节较重的，给予记大过或者降级处分；情节严重的，给予撤职处分：

（一）土地管理秩序混乱，致使一年度内本行政区域违法占用耕地面积占新增建设用地占用耕地总面积的比例达到15%以上或者虽然未达到15%，但造成恶劣影响或者其他严重后果的；

（二）发生土地违法案件造成严重后果的；

（三）对违反土地管理规定行为不制止、不组织查处的；

（四）对违反土地管理规定行为隐瞒不报、压案不查的。

第四条 行政机关在土地审批和供应过程中不执行或者违反国家土地调控政策，有下列行为之一的，对有关责任人员，给予记大过处分；情节较重的，给予降级或者撤职处分；情节严重的，给予开除处分：

（一）对国务院明确要求暂停土地审批仍不停止审批的；

（二）对国务院明确禁止供地的项目提供建设用地的。

第五条　行政机关及其公务员违反土地管理规定，滥用职权，非法批准征收、占用土地的，对有关责任人员，给予记过或者记大过处分；情节较重的，给予降级或者撤职处分；情节严重的，给予开除处分。

有前款规定行为，且有徇私舞弊情节的，从重处分。

第六条　行政机关及其公务员有下列行为之一的，对有关责任人员，给予记过或者记大过处分；情节较重的，给予降级或者撤职处分；情节严重的，给予开除处分：

（一）不按照土地利用总体规划确定的用途批准用地的；

（二）通过调整土地利用总体规划，擅自改变基本农田位置，规避建设占用基本农田由国务院审批规定的；

（三）没有土地利用计划指标擅自批准用地的；

（四）没有新增建设占用农用地计划指标擅自批准农用地转用的；

（五）批准以"以租代征"等方式擅自占用农用地进行非农业建设的。

第七条　行政机关及其公务员有下列行为之一的，对有关责任人员，给予警告或者记过处分；情节较重的，给予记大过或者降级处分；情节严重的，给予撤职处分：

（一）违反法定条件，进行土地登记、颁发或者更换土地证书的；

（二）明知建设项目用地涉嫌违反土地管理规定，尚未依法处理，仍为其办理用地审批、颁发土地证书的；

（三）在未按照国家规定的标准足额收缴新增建设用地土地有偿使用费前，下发用地批准文件的；

（四）对符合规定的建设用地申请或者土地登记申请，无正当理由不予受理或者超过规定期限未予办理的；

（五）违反法定程序批准征收、占用土地的。

第八条　行政机关及其公务员违反土地管理规定，滥用职权，非法低价或者无偿出让国有建设用地使用权的,对有关责任人员,给予记过或者记大过处分;情节较重的,给予降级或者撤职处分;情节严重的,给予开除处分。

有前款规定行为,且有徇私舞弊情节的,从重处分。

第九条　行政机关及其公务员在国有建设用地使用权出让中,有下列行为之一的,对有关责任人员,给予警告或者记过处分;情节较重的,给予记大过或者降级处分;情节严重的,给予撤职处分:

(一)应当采取出让方式而采用划拨方式或者应当招标拍卖挂牌出让而协议出让国有建设用地使用权的;

(二)在国有建设用地使用权招标拍卖挂牌出让中,采取与投标人、竞买人恶意串通,故意设置不合理的条件限制或者排斥潜在的投标人、竞买人等方式,操纵中标人、竞得人的确定或者出让结果的;

(三)违反规定减免或者变相减免国有建设用地使用权出让金的;

(四)国有建设用地使用权出让合同签订后,擅自批准调整土地用途、容积率等土地使用条件的;

(五)其他违反规定出让国有建设用地使用权的行为。

第十条　未经批准或者采取欺骗手段骗取批准,非法占用土地的,对有关责任人员,给予警告、记过或者记大过处分;情节较重的,给予降级或者撤职处分;情节严重的,给予开除处分。

第十一条　买卖或者以其他形式非法转让土地的,对有关责任人员,给予警告、记过或者记大过处分;情节较重的,给予降级或者撤职处分;情节严重的,给予开除处分。

第十二条　行政机关侵占、截留、挪用被征收土地单位的征地补偿费用和其他有关费用的,对有关责任人员,给予记大过处分;情节较重的,给予降级或者撤职处分;情节严重的,给予开除处分。

第十三条　行政机关在征收土地过程中,有下列行为之一的,对有关责任人员,给予警告或者记过处分;情节较重的,给予记大过或者降级处分;情节严重的,给予撤职处分:

（一）批准低于法定标准的征地补偿方案的;

（二）未按规定落实社会保障费用而批准征地的;

（三）未按期足额支付征地补偿费用的。

第十四条　县级以上地方人民政府未按期缴纳新增建设用地土地有偿使用费的,责令限期缴纳;逾期仍不缴纳的,对有关责任人员,给予记大过处分;情节较重的,给予降级或者撤职处分;情节严重的,给予开除处分。

第十五条　行政机关及其公务员在办理农用地转用或者土地征收申报、报批等过程中,有谎报、瞒报用地位置、地类、面积等弄虚作假行为,造成不良后果的,对有关责任人员,给予记过或者记大过处分;情节较重的,给予降级或者撤职处分;情节严重的,给予开除处分。

第十六条　国土资源行政主管部门及其工作人员有下列行为之一的,对有关责任人员,给予记过或者记大过处分;情节较重的,给予降级或者撤职处分;情节严重的,给予开除处分:

（一）对违反土地管理规定行为按规定应报告而不报告的;

（二）对违反土地管理规定行为不制止、不依法查处的;

（三）在土地供应过程中,因严重不负责任,致使国家利益遭受损失的。

第十七条　有下列情形之一的,应当从重处分:

（一）致使土地遭受严重破坏的;

（二）造成财产严重损失的;

（三）影响群众生产、生活,造成恶劣影响或者其他严重后果的。

第十八条　有下列情形之一的,应当从轻处分:

（一）主动交代违反土地管理规定行为的;

（二）保持或者恢复土地原貌的；

（三）主动纠正违反土地管理规定行为，积极落实有关部门整改意见的；

（四）主动退还违法违纪所得或者侵占、挪用的征地补偿安置费等有关费用的；

（五）检举他人重大违反土地管理规定行为，经查证属实的。

主动交代违反土地管理规定行为，并主动采取措施有效避免或者挽回损失的，应当减轻处分。

第十九条 任免机关、监察机关和国土资源行政主管部门建立案件移送制度。

任免机关、监察机关查处的土地违法违纪案件，依法应当由国土资源行政主管部门给予行政处罚的，应当将有关案件材料移送国土资源行政主管部门。国土资源行政主管部门应当依法及时查处，并将处理结果书面告知任免机关、监察机关。

国土资源行政主管部门查处的土地违法案件，依法应当给予处分，且本部门无权处理的，应当在作出行政处罚决定或者其他处理决定后10日内将有关案件材料移送任免机关或者监察机关。任免机关或者监察机关应当依法及时查处，并将处理结果书面告知国土资源行政主管部门。

第二十条 任免机关、监察机关和国土资源行政主管部门移送案件时要做到事实清楚、证据齐全、程序合法、手续完备。

移送的案件材料应当包括以下内容：

（一）本单位有关领导或者主管单位同意移送的意见；

（二）案件的来源及立案材料；

（三）案件调查报告；

（四）有关证据材料；

（五）其他需要移送的材料。

第二十一条 任免机关、监察机关或者国土资源行政主管部门应当移送而不移送案件的，由其上一级机关责令其移送。

第二十二条 有违反土地管理规定行为,应当给予党纪处分的,移送党的纪律检查机关处理;涉嫌犯罪的,移送司法机关依法追究刑事责任。

第二十三条 本办法由监察部、人力资源和社会保障部、国土资源部负责解释。

第二十四条 本办法自2008年6月1日起施行。

查处土地违法行为立案标准

国土资源部关于印发《查处土地违法行为立案标准》的通知
国土资发〔2005〕176号

各省、自治区、直辖市国土资源厅（国土环境资源厅、国土资源局、国土资源和房屋管理局、房屋土地资源管理局、规划和国土资源局），计划单列市国土资源行政主管部门，解放军土地管理局，新疆生产建设兵团国土资源局：

  为贯彻落实《国务院关于深化改革严格土地管理的决定》（国发〔2004〕28号）精神，强化土地执法监察，规范土地执法行为，依法维护土地管理秩序，根据《中华人民共和国土地管理法》、《中华人民共和国城市房地产管理法》等法律法规的规定，结合各级国土资源管理部门办理土地违法案件的实际情况，部制定了《查处土地违法行为立案标准》，现予印发，请遵照执行。

二〇〇五年八月三十一日

  违反《中华人民共和国土地管理法》、《中华人民共和国城市房地产管理法》等土地管理法律、法规和规章的规定，有下列各类违法行为之一，依法应当给予行政处罚或行政处分的，应及时予以立案。但是违法行为轻微并及时纠正，没有造成危害后果的，或者法律、法规和规章未规定法律责任的，不予立案。

一、非法转让土地类

（一）未经批准，非法转让、出租、抵押以划拨方式取得的国有土地使用权的；

（二）不符合法律规定的条件，非法转让以出让方式取得的国有土地使用权的；

（三）将农民集体所有的土地的使用权非法出让、转让或者出租用于非农业建设的；

（四）不符合法律规定的条件，擅自转让房地产开发项目的；

（五）以转让房屋（包括其他建筑物、构筑物），或者以土地与他人联建房屋分配实物、利润，或者以土地出资入股、联营与他人共同进行经营活动，或者以置换土地等形式，非法转让土地使用权的；

（六）买卖或者以其他形式非法转让土地的。

二、非法占地类

（一）未经批准或者采取欺骗手段骗取批准，非法占用土地的；

（二）农村村民未经批准或者采取欺骗手段骗取批准，非法占用土地建住宅的；

（三）超过批准的数量占用土地的；

（四）依法收回非法批准、使用的土地，有关当事人拒不归还的；

（五）依法收回国有土地使用权，当事人拒不交出土地的；

（六）临时使用土地期满，拒不归还土地的；

（七）不按照批准的用途使用土地的；

（八）不按照批准的用地位置和范围占用土地的；

（九）在土地利用总体规划确定的禁止开垦区内进行开垦，经责令限期改正，逾期不改正的；

（十）在临时使用的土地上修建永久性建筑物、构筑物的；

（十一）在土地利用总体规划制定前已建的不符合土地利用总体规划确定的用途的建筑物、构筑物，重建、扩建的。

三、破坏耕地类

（一）占用耕地建窑、建坟，破坏种植条件的；

（二）未经批准，擅自在耕地上建房、挖砂、采石、采矿、取土等，破坏种植条件的；

（三）非法占用基本农田建窑、建房、建坟、挖砂、采石、采矿、取土、堆放固体废弃物或者从事其他活动破坏基本农田，毁坏种植条件的；

（四）拒不履行土地复垦义务，经责令限期改正，逾期不改正的；

（五）建设项目施工和地质勘查临时占用耕地的土地使用者，自临时用地期满之日起1年以上未恢复种植条件的；

（六）因开发土地造成土地荒漠化、盐渍化的。

四、非法批地类

（一）无权批准征收、使用土地的单位或者个人非法批准占用土地的；

（二）超越批准权限非法批准占用土地的；

（三）没有农用地转用计划指标或者超过农用地转用计划指标，擅自批准农用地转用的；

（四）规避法定审批权限，将单个建设项目用地拆分审批的；

（五）不按照土地利用总体规划确定的用途批准用地的；

（六）违反法律规定的程序批准占用、征收土地的；

（七）核准或者批准建设项目前，未经预审或者预审未通过，擅自批准农用地转用、土地征收或者办理供地手续的；

（八）非法批准不符合条件的临时用地的；

（九）应当以出让方式供地，而采用划拨方式供地的；

（十）应当以招标、拍卖、挂牌方式出让国有土地使用权，而采用协议方式出让的；

（十一）在以招标、拍卖、挂牌方式出让国有土地使用权过程中，弄虚作假的；

（十二）不按照法定的程序，出让国有土地使用权的；

（十三）擅自批准出让或者擅自出让土地使用权用于房地产开发的；

（十四）低于按国家规定所确定的最低价，协议出让国有土地使用权的；

（十五）依法应当给予土地违法行为行政处罚或者行政处分，而未依法给予行政处罚或者行政处分，补办建设用地手续的；

（十六）对涉嫌违法使用的土地或者存在争议的土地，已经接到举报，或者正在调查，或者上级机关已经要求调查处理，仍予办理审批、登记或颁发土地证书等手续的；

（十七）未按国家规定的标准足额缴纳新增建设用地土地有偿使用费，擅自下发农用地转用或土地征收批准文件的。

五、其他类型的土地违法行为

（一）依法应当将耕地划入基本农田保护区而不划入，经责令限期改正而拒不改正的；

（二）破坏或者擅自改变基本农田保护区标志的；

（三）依法应当对土地违法行为给予行政处罚或者行政处分，而不予行政处罚或者行政处分、提出行政处分建议的；

（四）土地行政主管部门的工作人员，没有法律、法规的依据，擅自同意减少、免除、缓交土地使用权出让金等滥用职权的；

（五）土地行政主管部门的工作人员，不依照土地管理的规定，办理土地登记、颁发土地证书，或者在土地调查、建设用地报批中，虚报、瞒报、伪造数据以及擅自更改土地权属、地类和面积等滥用职权的。

六、依法应当予以立案的其他土地违法行为。